思想家ドラッカーを読む

リベラルと保守のあいだで

仲正昌樹＝著

NTT出版

装画　髙柳浩太郎

Peter Ferdinand Drucker

(1909-2005)

まえがき　人文学者、ドラッカーを読む

「自己啓発書」と呼ばれるジャンルの本がある。文字通り、自分磨きの方法を指南する本である。人文系の学者、特に哲学や思想史を専門とする学者のほとんどは、自己啓発書が嫌いである。私自身もそうである。なぜかと言えば、自己啓発書のほとんどは、人間の心理や社会の構造、真理探究のための方法などについての厳密な考察をすっ飛ばして、気分を高揚させ、問題を解決したような気にさせるためのハウツーを手軽に伝授することを売りにしているからである。学者からしてみれば、それによって問題が解決するとどういう根拠を持って言っているのか、どういう意味での「解決」なのか、学問的裏付けはあるのか、（体験者の証言のようなものではない）客観的データはあるのか、……などと聞きたくなるところだが、啓発書を読んで感動し、人生の真実を知ることができたと確信している読者がそんな懐疑的な声に耳を傾けるはずがない。それどころか、そういう学者の懐疑の声を聞かされると、自分がせっかく見つけたバイブルを汚されたように感じ、「これだから、現実を知らずに、机の上の思いつきで適当な評論ばかりしている学者先生は……」、と言いだす人

が出てくる。それで、学者、特に、現実を知らない学者の筆頭格に挙げられる哲学・思想史の専門家は、嫌な思いをすることになる。だから、あまり関わり合いになりたくない。

近年最も成功を収めた〝自己啓発書〟は、岩崎夏海（一九六八― ）の『もし高校野球の女子マネージャーがドラッカーの『マネジメント』を読んだら』（もしドラ）（二〇〇九）であろう。この本がベストセラーになり、映画化もされたことで、ドラッカー（一九〇九―二〇〇五）という名前が多くの人、経営学とはあまり縁のなさそうな若者にも広く知られることになった。これを機に、ドラッカーの著作や解説本、さらには「マネジメント」や「イノベーション」に関する本が数多く出版され、書店で頻繁に見かけるようになった。ただ、経済学者の江上哲が指摘しているように、『もしドラ』は、営利目的の企業ではなく、高校の野球部という組織外の「他者」が介在しない閉鎖空間での自己啓発の過程を軸にした物語を描いていることや、部員たちがマネージャーの女の子を介して『マネジメント』の中の都合のいいところだけ〝学んでいる〟ところなど、学問的に見てかなり問題がある。(1) 社会学者の樫村愛子も、著者である岩崎がそのプロデュースに関与したAKB48にまつわる実話―感動体験をモデルにしたストーリーテリングの巧みさによって、（失敗者もいるという）現実を隠蔽し、幻想を共有させるやり方に疑問を呈している。(2)

無論、元ネタであるドラッカーの『マネジメント』（一九七三）それ自体は、経営学の著作であって、成功への感動を安売りしているわけではない。資本主義社会に存在する営利企業を経営するに当たって、どのような目標を設定し、組織を動かすか冷徹に論じた著作である。ちゃんと読めば、企業と関係ない人間に人生の指針とかヒューマンな感動を与えることを狙った本でないことはすぐ分かる。その意味では、私のような懐疑的な人文系の学者も一応安心できる。[3] ただ、『マネジメント』や『企業とは何か』(一九四六)、『イノベーションと企業家精神』(一九八五)等の彼の主要著作を読み進めていくと、別の意味で気になる記述に出くわす。彼の著作は、西欧諸国の企業やそれを取り巻く社会環境を即物的に分析しているだけでなく、市場、企業、自由をめぐる思想史的な議論を随所に織り込んでいる。経営学の教科書とか、カリスマ経営者による指南書のようなものとはかなり装いを異にする。彼なりの経済・社会哲学があって、その応用として、「経営」の本質論を展開しているようにさえ見える。彼の「マネジメント」論全体を、人文的な「教養」という面から理解すべきだという議論もある。[4]

それはある意味、当然のことである。オーストリアのウィーンで富裕なユダヤ系の家――ユダヤ系であったが、ルター派プロテスタントに改宗していた――に生まれたドラッカーは、父親の仕事や姻戚関係で、幼い頃から、著名な経済学者や法学者と面識があった。ギムナジウム(日本の中学と高校を合わせたような中等教育機関)を卒業した後、ドイツでジャーナリストとして働きながら、法学博士号を取得している。ナチスの政権獲得のため、英国を経由してアメリカに亡命してからは、政治学と哲学を教える大学教授、フリーライター、エコノミスト、経営コンサルタントという三足もしくは四足の草鞋で仕事をするようになる。最初の著作である『「経済人」の終わり』(一九三九)、二番目の著作『産業人の未来』(一九四二)は、「経営」ではなく、むしろ経済思想もしくは政治思想の領域に属するものであった。これらの著作で展開された全体主義批判と自由主義の擁護が、資本主義社会の中での企業のあり方をめぐる一連の考察に繋がった。後期の著作でも、『新しい現実』(一九八九)や『ポスト資本主義社会』(一九九三)のように、狭い意味での「経営」を離れて、現在の資本主義がどのように変容していくか、社会・経済哲学的な見地から大局的に論じたものがある。

本書では、そうした背景を念頭に置いて、経営論あるいは企業論という視点からではなく、「思想史」という観点から、ドラッカーを再考していきたい。無論、ドラッカーの経営論のキーワードのいくつかは、文脈上の必要に応じて考察する。第1章では、ドラッカーが生まれ育ったウィーンの、一九世期末から第一次世界大戦期にかけての知的雰囲気を概観しながら、彼の思想形成の歴史的・文化的背景を考える。第2章では、もともと法学者であった彼が、国家や市民社会、自由主義について、法・政治思想史的に掘り下げて論じた初期の論文「フリードリヒ・ユリウス・シュタール」(一九三三)や『ドイツにおけるユダヤ人問題』(一九三六)を検討することで、彼の思想家としての原点を探る。第3章では『「経済人」の終わり』と『産業人の未来』などに見られる彼の経済思想を、ハイエクやフリードマンのそれと比較しながら、思想史的に位置付ける。第4章では、1～3章で見たドラッカーの経済・社会思想が、『マネジメント』や『企業家精神とイノベーション』などで展開された経営論にどう繋がっているのか考察する。終章では、以上を踏まえて、彼の「思想」のアクチュアリティーについて改めて考える。

思想家ドラッカーを読む
目　次

第3章　なぜファシズムと闘うのか？——ドラッカーの自由主義

第1章

ウィーンのドラッカー

1　世紀転換期のウィーンとユダヤ人

ウィーンのユダヤ知識人

思想史や文学・芸術史を研究している学者にとって、一九世紀末から一九三〇年代初頭まで、言い換えれば、世紀転換期のウィーンは特別な意味を持っている。数多くの世界的に有名な思想家、文学者、芸術家がウィーンを本拠地として活動している。芸術分野では、音楽家のブルックナー（一八二四—九六）、ブラームス（一八三三—九七）、マーラー（一八六〇—一九一一）、シェーンベルク（一八七四—一九五一）、アルバン・ベルク（一八八五—一九三五）、アントン・ヴェーベルン（一八八三—一九四五）、画家のクリムト（一八六二—一九一八）、エゴン・シーレ（一八九〇—一九一八）、建築家のアドルフ・ロース（一八七〇—一九三三）などが特に有名である。文学では、ホフマンスタール（一八七四—一九二九）、シュニッツラー（一八六二—一九三一）、カール・クラウス（一八七四—一九三六）、シュテファン・ツヴァイク（一八八一—一九四二）、ロベルト・ムジール（一八八〇—一九四二）など、同時代のドイツ文学の主要な作家の大半がウィーンを拠点にしている。

ウィーンは精神分析発祥の地であり、創始者であるフロイト（一八五六—一九三九）を筆頭に、その弟子に当たるヴィルヘルム・ライヒ（一八九七―一九五七）、オットー・ランク（一八八四―一九三九）など初期の有力メンバーの多くがウィーンで仕事をしている。ドラッカーの母カロリーネ（一八八五―一九五三）が医学部出身でフロイトに強い関心を持っていた関係で、彼は幼い時にフロイトと握手させられ、後で、あの人はヨーロッパで一番偉い人だ、と両親から言われたことを記憶している。哲学だと、ウィトゲンシュタイン（一八八九―一九五一）と、分析哲学の源流になったカルナップ（一八九一―一九七〇）、ノイラート（一八八二―一九四五）などのウィーン学団が有名である。ウィーン学団の論理実証主義を批判して反証主義を提唱した科学哲学者のカール・ポパー（一九〇二―九四）や現象学的社会学の創始者であるアルフレート・シュッツ（一八九九―一九五九）、不完全性の定理で有名なクルト・ゲーデル（一九〇六―七八）も初期の活動拠点はウィーンである。

ドラッカーと専門的に近い経済学の分野では、限界効用価値説の発見者の一人であるカール・メンガー（一八四〇―一九二一）に始まるオーストリア学派がウィーン大学を根城にしていた。ドラッカーの父アドルフ・ドルッカー（一八七六―一九七四）――「ドラッカー」は彼の姓〈Drucker〉の英語読み――が弁護士資格を持つ高級官僚で、経済関係の要職にあったことから、学派のメンバーの内、第三世代の主要メンバーであるシュンペーター（一八八三―一九五〇）、ミーゼス（一八八一―一九七三）、ハイエク（一八九九―一九九二）などが彼の家を訪れ、父親と議論を交わしており、ドラッカーはそうした光景を見ながら成長した。後で見るように、この三人はドラッカーの思想に強い影響を与えたと考えられる。ハンガリー系の社会主義者で、後に経済人類学の創始者であるカール・ポランニー（一八八六―一九六四）も第一次大戦後、ウィーンに亡命して来て、経済関係の雑誌の編集者になっている――ドラッカーもこの雑誌の寄稿者になる。

また、法実証主義の究極の形態である「純粋法学」を提唱し、ウィーン大学の教授であったハンス・ケルゼン（一八八一―一九七三）[1]は、ドラッカーの母の妹の夫で、義理の叔父に当たり、彼の家を頻繁に訪れている――ただし、彼はあまりにも合理的態度を取るこの叔父にあまり馴染めなかったようである。彼の父親の交友関係の中には、その他、哲学者で帝国議会議員でもあり、第一次大戦後チェコスロヴァキアの初代大統領になったトマーシュ・マサリク（一八五〇―一九三七）や、その息子で外相になったヤン・マサリク（一八八六―一九四八）、ウィーン国立劇場の有名女優などがいた[2]。

このように、多様な立場の学者や文化人が集うウィーンで、**ドラッカーは、政治・経済の論客、芸術家が頻繁に訪問し、医学や精神分析とも接点がある知的環境がある家庭で成長したわけである。**〝世紀転換期のウィーンの学者・文化人〟と一口に言っても、前衛芸術家、精神分析家、経済学者、哲学者というのはまったく異質の分野で相互にあまり接点はないように思えるが、一つはっきりした共通点がある。**それは彼らの多数がユダヤ系だということである。**先に名前を挙げた人たちにも、ユダヤ系が多く含まれている。ウィーンの精神分析家たちはフロイトを始め大半がユダヤ系であり、ユダヤ教の厳格な教義と、父と息子の関係を重視する精神分析の間には密接な繋がりがあることはしばしば指摘されている[3]――これは、フロイト等の精神分析家たちがユダヤ教の教義を理論に取り入れたということでなく、むしろユダヤ教との対決の中で、自らの思考の軸を見出したということである。マーラー、シェーンベルク、ウィトゲンシュタイン、シュニッツラー、ホフマンスタール、ツヴァイク、ケルゼン、ミーゼス、ノイラート、ポパー、シュッツ等がユダヤ系であり、それゆえに他の（ドイツ語を話す）オーストリア人やドイツ人とは異なったアイデンティティ意識・世界観を持っていたことはよく知られている。ウィーンは、歴史的にユダヤ系の知識人・文化人たちが活躍しやすい都市であったとされている。(4)

ウィーンの歴史

ウィーンの歴史を簡単に要約しておこう。高校の世界史の教科書にあるように、ウィーンは何世紀にもわたって、神聖ローマ帝国の皇帝であるハプスブルク王朝の首都として繁栄した。一八〇六年に、オーストリアが対ナポレオン戦争で敗北したため、ハプスブルク家のフランツ二世（一七六八―一八三五）がナポレオン（一七六九―一八二一）に帝位を奪われるのを恐れて、神聖ローマ帝国は解体したが、ナポレオン失脚後の欧州の秩序復興のための会議がウィーンで開かれ、オーストリアの宰相メッテルニヒ（一八七三―一八五九）が主導権を握ったこと（＝ウィーン体制）から、ウィーンは再びドイツ諸邦の、そしてヨーロッパの中心になった。

しかし、フランスの二月革命（一八四八年）に影響されて、ドイツ諸邦のブルジョワや学生、労働者が、民主化と経済的平等を求める運動（三月革命）を起こし、オーストリアにもそれが波及した。

ウィーンでも暴動が起こり、メッテルニヒの政権は崩壊する。ハプスブルク家は、憲法を制定するなど、一時民衆側に妥協する姿勢を示したが、その後、軍事力によって各地の暴動を鎮圧し、専制体制を再び強化する。その一方で、革命を契機に、ハプスブルク朝の広大な領土に組み込まれていたボヘミア、北イタリア、ハンガリー、クロアチア、ルーマニアなどに居住する他民族の間に独立や自治を求める声が強まった。また、ドイツ諸邦において、様々なレベルで統一ドイツ国家を求める声が次第に高まっていく中で、急速に近代化を進めているプロイセンと、神聖ローマ帝国の後継者であるものの、多民族国家であるため統一ドイツ国家の中心になるうえで不安定要因を抱えているオーストリアのいずれが核になるかという問題が浮上した（小ドイツ主義 対 大ドイツ主義）。普墺戦争（一八六六年）で敗北したオーストリアは、一八六七年に、オーストリア皇帝がハンガリー国王を兼ねるという形のオーストリア＝ハンガリー二重帝国に移行したうえ、オーストリア領内のボヘミア地方のチェコ人、ガリツィア地方のポーランド人など、非ドイツ系民族に大幅な自治を認めた。

三月革命の後で即位した皇帝フランツ・ヨーゼフ一世（一八三〇―一九一六）は、ユダヤ人に対して寛容な政策を取り、職業、結婚、居住、信教などに関する制限を取り除いた。オーストリア＝ハンガリー領内の農村の人口過剰による貧困化や、ロシア領を中心とする東欧各地でのポグロム（ユダヤ人迫害）が横行していたことなどから、**東欧の各地からユダヤ系の人びとが、自由の発信地で首都であるウィーンにやって来て、世紀末にはウィーンの人口の一〇％前後がユダヤ系になった。**(5)

東欧と中欧の大部分を占める二重帝国の首都であるウィーンの人口自体も、一九世紀の後半に大幅に増加し、一八五〇年には四四・四万だったのが、一九一〇年には、四・六倍の二〇三万人に達している。これは、プロイセンを中心とするドイツ帝国の首都になったベルリンとほぼ同じ数字である。[6]

ユダヤ系の子供はかなり高い割合で大学に進学し、卒業後は、学者や、法律家、医師、ジャーナリストなどの知的自由業を選択している。「教養」を自らの社会的基盤にしようとしたわけである。世紀末には、ウィーン大学の学生の約三分の一がユダヤ系であった。[7] 文化的生活の面ではかなりドイツ化していたものの、社会全体の中では依然としてよそ者扱いされ、反ユダヤ主義のターゲットにされることも多かったユダヤ人エリートたちは自然と、自由主義的な政治思想を支持するようになった。**自由主義的ブルジョワ層の中核を占めるユダヤ人たちが、神聖ローマ帝国を継承する伝統的文化や慣習と、多文化主義が混在するウィーンで、世紀末文化の中心的担い手にもなった。**

第一次大戦の敗戦によって、ハプスブルク家の帝国は崩壊し、オーストリアは現在のような小国になったが、ドルフース（一八九二―一九三四）によってオーストロファシズムと呼ばれる独裁体制が樹立されるまで、あるいは、ナチス・ドイツによるオーストリア併合（一九三八年）までは、ウィーンの多文化主義的な雰囲気は保持された。ドラッカーは、自由と文化的繁栄が次第に失われつつあった過渡期のウィーンで成長したわけである。**ドラッカーが政治、哲学、歴史、マネジメント、技術、経済など、あらゆる領域における「多様性 diversity」と「多元主義 pluralism」の重要性を強調するようになったのは、ウィーンの発展の源泉になった「多様性」と「多元主義」を体感したからではないかと考えられる。**[8]

ちなみに、ハプスブルク帝国のドイツとの国境に近い町に生まれたヒトラー（一八八九―一九四五）も、一九〇七年にウィーンを訪れて、エゴン・シーレなども学んだ美術アカデミーを受験したが、二度続けて失敗している。その後も一三年までウィーンに留まり、美術館や歌劇場を訪れて、友人と芸術談義を交わすディレッタント的な生活を送っている。この時に彼の反ユダヤ主義的思想が固まったとされている。(9)ユダヤ系を中心とするウィーンの繁栄から排除されたという彼の疎外感が、ナチズムの原点になったのかもしれない。

2 〝傍観者〟の視点とは？

何も変えない、しかしそこにいること

ドラッカーには、『**傍観者の冒険 Adventures of a Bystander**』（一九七九：邦訳タイトル『傍観者の時代』）という奇妙なタイトルの半自伝的著作がある。時代の動向を第三者的に見ている「傍観者」が「冒険」するというのは何か矛盾しているように思える。

冒頭の「プロローグ」でドラッカーは「傍観者」を以下のように定義している。

傍観者自身に取りたてての歴史はない。舞台にはいるが演じてはいない。観客でもない。少なくとも観客は芝居の命運を左右する。傍観者は何も変えない。しかし、役者や観客とは違うものを見る。違う角度で見る。反射する。鏡ではないプリズムのように反射する。屈折させる。[10]

非常に明解なので、あまりコメントすることもないように思えるが、「舞台 stage」上にいるが演じてはいないという点と、「観客 audience」のようにその評価によって芝居が成功するか否かを決めることができるような存在ではない、という点には注意が必要だろう。**大きな出来事が起こっている場に入るけれど、その出来事の進行に影響を与えることはない存在**ということである。だからこそ、役者や役者に感情移入している観客とは異なる見方ができてしまうわけである。そういう意味での傍観者だからこそ、時代の潮流、社会の風潮に逆らうような、「冒険」をしてしまう、というのが、この本のタイトルが示唆していることだろう。

こうした「傍観者」的な態度は、彼がユダヤ系であったことと関係しているように思えるが、彼自身は自らの思想形成と出自の関係をはっきりと示そうとしない。むしろ、「傍観者」であるのは、自分の個性であることを強調しているように見える。その姿勢は、ほぼ同年代で、同じくドイツ語圏の教養あるユダヤ系の家庭に生まれ、アメリカに亡命してから自由主義擁護の論客として知られるようになった政治哲学者ハンナ・アーレントが、ユダヤ人女性としての自らの視点の独自性を示唆し続けたのと対照的である。[11]

先ほど引用のすぐ後で、ドラッカーは自分が「傍観者」であることに気づいたきっかけについて述べている。それは、一九二三年一一月一二日の「共和国の日」のことだった、という。五年前のこの日に、第一次大戦の敗戦で、オーストリアの最後の皇帝になったカール一世（一八八七―一九二二）が退位して、オーストリア共和国が成立し、ドイツ・オーストリア社会民主労働者党（SDAPDÖ）中心の政権が発足した――SDAPDÖの主要な指導者であるヴィクトル・アドラー（一八五二―一九一八）、オットー・バウアー（一八八一―一九三八）、マックス・アドラー（一八七三―一九三七）、ルドルフ・ヒルファーディング（一八七七―一九四一）等は、ユダヤ系でウィーン大学出身。SDAPDÖは二〇年には、キリスト教社会党（CS）との連立を解消し、下野したが、ウィーンの市政を掌握し、二大政党の一つとして強い影響を保持し続けた。なお、ドラッカーの義理の叔父であるケルゼンは、SDAPDÖ所属の初代首相カール・レンナー（一八七〇―一九五〇）の依頼で、共和国の憲法草案を執筆し、憲法裁判所の判事にも就任している。

共和制の支持者、特に社会主義者にとっては勝利の記念日であり、社会主義のシンボルである赤旗を掲げたデモ行進がウィーン中で行われた。ドラッカーは住んでいるデェーブリング地区の社会主義労働者青年同盟（SAJ）の活動家の女子医学生からデモに誘われ、最初は喜んで赤旗を持って先頭を歩いていた。しかし、市役所前の水溜まりの前に差し掛かった時、彼の中に違和感が生じた。彼は元来水溜まりに入ってじゃぶじゃぶするのが好きなのだが、その時は、自分の意思ではなく、デモの隊列に押されて仕方なく水溜まりに入らざるをえない状況であった。それで進路を変えようとしたが、後ろからの物理的圧力で強制的に水溜まりを通過させられた。その後、彼は旗を女子医学生に返して、二時間くらい歩いて家に帰った。その時、自分は「傍観者」だと分かったという。

同調圧力への嫌悪

このエピソードには、二重の意味で、ドラッカーの思考の特徴を示しているように思える。一つは、**たとえもともと自分の好きなことでも、他人に強制されると嫌になってしまう、というへそ曲がりな性格であること**。もう一つは、**そうした状況を作りだしてしまう、運動団体が苦手だということ**である。SDAPDÖやSAJは、長年にわたってオーストリアにおける選挙権の拡大や労働者の生活改善のために闘ってきた、〝自由の闘士〟としての歴史を持っており、若いドラッカーもそれを知ったうえで、デモに参加したはずである。また、この本を執筆している時点でのドラッカーは、当然その後のオーストリアの歴史の行方を知っている。SDAPDÖの社会主義路線と、連立相手だった（CS）の保守主義の対立が激化する中で、世界恐慌の影響による経済危機に陥り、CSを中心とした保守勢力が結集した「祖国戦線」が、三四年に祖国の危機克服を名目にファシズム的政権を樹立し、その四年後にナチス・ドイツに併合され、オーストリアは独立を失う。そうした歴史の流れを念頭に置くと、共和国を守っていこうとするSAJの若者たちの暑苦しい集団行動を無礙《むげ》に否定できないように思えるが、ドラッカーは、幼かった自分が個人的に感じた違和感を率直に表明している。誰が政治的に正しかったか、自分は誰に味方すべきだったか、今から振り返ってその時の自分の考えは間違っていなかったか、……といったことに配慮することなく、淡々と述懐している。ドラッカーは世界的に影響力を持つ学者になっても、「傍観者」であり続けたわけである。

ドラッカーはこのエピソードからさらに遡って、八歳の時、第一次大戦中のクリスマス・パーティーの席でのやりとりのことも述懐している。経済的に混乱していた当時のウィーンでは闇の取引が横行していて、新聞では連日闇屋の摘発が報じられていた。その日、クランツ氏というホテルとレストランのオーナーが逮捕されたというニュースが、パーティーに集まった上流家庭の子供たちの間で話題になっていた。クランツ氏は闇で牛肉を仕入れたが、それを高値で売ったわけではないし、配給切符以上の量を提供したわけでもなかったが、人びとは彼を国賊扱いしていた。他の子供たちからクランツ氏の事件のことを説明するように頼まれたドラッカーは、彼はお客の期待に懸命に応えようとし、客の支払った代価に値するものを提供しただけだ、と言い放ってクランツ氏を賞賛する演説を始めてしまった。一同は静まりかえった。それを見ていた大人たちは静かに微笑んでいたが、戦争で重傷を負って帰って来たばかりの父の友人からは、君の考えに反対はしないが、自分の考えが人とかなり違っていることには気を付けておいた方がいい、と忠告されたという。

ここからもドラッカーに、世間の雰囲気に同調しようとする意識が希薄であることが窺えるが、それと共に、**社会が決めた形式的なルールや愛国心よりも、自分の仕事に忠実であること、顧客の利益を図ることに価値を置く、経営学的な発想の最初の芽生えと見ることもできる。**「傍観者」であるドラッカーは、世の中の大勢に合わせることなく、自分の現実感覚に忠実に行動しようとする。それゆえ周りから浮いた突飛な行動をすることになってしまう。それが彼の「冒険」なのだろう。

ドラッカーは大戦中にGMに依頼され、GMの経営の実体を第三者の目で調べて、その成果を『**企業とは何か**』(一九四六)として発表したが、この本の叙述にミクロ経済学の方法を用いず、その代わりに当時としては新規な「マネジメント」という概念を軸にしたことから、経済学者たちから学問的でないとして非難された。それどころかシボレー事業部門を分離・独立させることなど、分権制を提案したため、GM内部でも、左翼による敵対的攻撃とみなされ、無視されることになった。[12]依頼主からさえ嫌われることを承知で、自分の認識を率直に表現できるメンタリティは、ウィーンでの幼少期にすでに培われていたように思える。

3　「昨日の世界」からの離脱

「理論」と「実感」のあいだで

第一次大戦後、オーストリアは、東欧や南チロルの領土を失い、八分の一の面積にまで縮小し、ヨーロッパの一小国になってしまった。鉱工業や食料生産の面で重要な地域を失い、新たに設定された国境によって物資の流れが制限されたため、最初から経済的に困難な状況に置かれていた[13]。ドラッカーの父の友人であったシュンペーターは、大戦中から、大量の戦時公債の発行による超インフレ状態を収束させるための財産税の導入を主張し[14]、一九年三月にSDAPDÖ主導の連立内閣で財務大臣に就任した際には、その案を実現しようとしたが、七カ月後に解任されたため、実現に至らなかった[15]。ドラッカーは、シュンペーターをヨーロッパ随一の経済学者と呼んでいる[16]。

『傍観者の冒険』の第一章はドラッカーの母方の祖母の思い出に当てられているが、彼は、「戦前にしがみついていた」祖母の人となりに即して古き良きオーストリアが崩れていく様を物語っている。一九世紀のオーストリアは銀本位制で、単位はグルデンだった。一グルデン＝一〇〇クロイツァーだった。それが、一八九二年に金本位制になり、基本単位がクローネになった。一クローネ＝一〇〇ヘラーだった。従来の一グルデンが二クローネに交換された。しかしその三〇年後、第一次大戦に伴う超インフレで、戦前一クローネだったものが、七万五千クローネもするようになった。そこで一九二五年に新たにシリングという単位が導入された。法律では、一万クローネ（紙幣）が一シリングと換算された――ドラッカーは、二万五千クローネ＝一シリングとしているが、これは実質的な物価水準を比較しての換算だろう。

多くの人はすぐにシリングで考えることに切り替えたが、祖母は、グルデンの時代の物の価値に固執した。つまり、シリングで表示されている値段をまず、インフレ時のクローネに換算し、それからインフレ前のクローネに換算し、最後にグルデン―クロイツァーに換算した。現在の値段×

2500×3×2という計算をしたわけである。そのうえで祖母はグルデン表示での値段として高い安いを判断していたわけだが、それでも、高いと感じることが多く、昔は一ダース二五クロイツァーだった卵が、今では三五クロイツァーもするのはおかしい、共和政になっても、鶏が社会主義者になったわけではないから餌代が増えるはずはない、などと不平を言っていた。義理の息子であり、経済学者でもあったドラッカーの父は、インフレでお金の価値が変わったと説明してやった。それに対して、祖母はそれは経済学者の尺度であることくらい分かっているけれど、経済学の尺度が変わったからといって、物の大きさが変わるわけではない、というズレた反応をした、という。

これは、経済学的な発想が理解できない人の頓珍漢な発想だと片づけることもできるが、経済思想史の背景から考えると、興味深いやりとりである。現代では、社会主義経済ではないかぎり、物の価値は市場での需要と供給のバランスによって決まり、さらに流通している貨幣の総量との関係で価格が決まるというのが常識になっているが、中世のヨーロッパでは、そうではなかった。トマス・アクィナス（一二二五頃—七四）は『神学大全』で、災害等のために困窮している人がいるのをいいことに価格を上げるのは不当であると非難している。これは、物には、それを作るのに要したコストに見合う「公正な価格 just price (justum pretium)」[17]があるという考え方を反映していると見ることができる。

それに対して後期サラマンカ学派は、市場で決まる価格こそが公正価格であって、それ以外の基準はないという立場を取った。[18] 近代経済学の始祖であるアダム・スミス（一七二三─九〇）は、商品の価格は市場での交換価値として決まるとする一方で、それを作るために投入された労働時間に比例するという労働価値説を主張した。労働価値説は、「公正な価格」論を部分的に引きずっているようにも見えるが、一八七〇年前後にオーストリア学派のメンガー等が提唱した限界効用理論の登場[19]によって、その都度の買い手の主観的満足と、供給の間のバランスによって商品の価値─価格が決定されるという考え方が確立された。「公正な価格」という概念が入り込む余地はほとんどなくなった。さらに現実面から言えば、大戦中に、オーストリア＝ハンガリーを含めて、戦争当事国が増税と国債などで流動的富を動員したため、財やサービスではなく、貨幣と信用の流れが経済の核になった。ドラッカーによれば、シュンペーターはその変化をいち早く見抜いていた。[20]

また、オーストリア学派のミーゼスは、第一次大戦の終戦直後から、後のウィーン学団の一員で、経済学者でもあるノイラート等との間で「社会主義計算論争」を繰り広げていた──すでに見たように、両方ともユダヤ系である。これは、社会主義経済を導入した場合、中央の計画当局が、各生産物の適正な価格を計算したうえで、生産財を各生産部門に割り振ることができるのかをめぐる問題だ。ミーゼスは、そうした特定の機関がそうした計算を行うことは不可能であり、資源の適正配分のためには「市場」の価格決定メカニズムが不可欠であることを主張した。[21]

ドラッカーの父は、そうした最先端の理論の動向を熟知していたはずだが、彼の身内の経済学など学んだことのない人たちは、「公正な価格」論が近似的に通用していた古い世界に固執していたわけである。市場経済擁護の急先鋒となったミーゼスやハイエクなどのオーストリア学派の論客たちと、市場経済を体感的に受けつけることができない古い世界観が染みついている人とが、オーストリア経済の復興に取り組む高級官僚を介して繋がっているというのは、いかにもウィーン的な状況であるように思える。

人間の非合理性への共感

この祖母に関するもう一つの印象的なエピソードとして、ドラッカーは彼女がハンガリーの首都ブダペストにいる長女の所に行こうとした際のことを述懐している。すでに述べたように、第一次大戦の敗戦によってオーストリア＝ハンガリー帝国は解体し、ハンガリーは別の国になった。別の国になった以上、パスポートとビザが必要になる。パスポートとビザの発給においては厳格な手順に従わねばならず、時間がかかった。そのうえ、国境の税関での検査でも長時間待たされた。そのハンガリーの情勢も不安定だった。ハプスブルク朝の皇帝が退位した後、一八年末にハンガリーは独立を宣言したが、新しい体制が整わないまま一九年三月、共産党による革命政権が成立した。共産党政権は、他のオーストリア＝ハンガリーの継承国との間で国境線をめぐる戦争を起こしたが、八月にルーマニアの戦争に敗れて、政権自体が崩壊する。

そうした中で、祖母がブダペストに行くと言い出したので、家族は皆とめようとした。しかし彼女は、ドラッカーの父が貿易省の高官だったことを利用して、省の使送担当者にこっそり頼み込んで、パスポートとハンガリーへのビザを入手した。そのことを後で知ったドラッカーの父は、公僕を私用で使うことは許されませんと怒ったが、祖母は平気な顔で、分かっていますよ、でも私も国民の一人ですよ、としゃあしゃあと答えた。国民だから公僕を利用する権利があるという理屈である。そのうえ、亡き夫が英国人であったことや、チェコスロヴァキアに出張事務所があること、娘がハンガリーにいることを利用して、一人で四つのパスポートを手に入れてしまった。そしてまだ幼かったドラッカーを、ピアノの練習を続けさせるためという名目で同伴して、ハンガリーに向けて旅立った。国境では出入国管理の役人に強引に四つのパスポートにスタンプを押させ、その役人に税関まで荷物を持っていかせた。

ドラッカーは、この祖母は物事を理論的に捉えることはできない間抜けなお婆さんだけど、誰よりも二〇世紀の本質を分かっていて、結果的に賢い振る舞いをしていると述べている。パスポートの件にしても、人間関係よりも書類が重要な意味を持つ時代にあっては、自分の権利を保障してくれる証明書類をできるだけたくさん持っているほど有利になることを直観的に分かっていたからだと見ることができる。

私たちはおばあちゃんがインフレをわかっていないといって笑った。だがいまでは、誰もがインフレをわかっていないことが明らかである。特に経済学者がわかっていない。／おばあちゃんが自分の知っている通貨に換算しようとしたことは、今日では、何も変わったことではない。アメリカの証券取引委員会は最近、インフレ会計導入の必要を示唆した。それこそ、おばあちゃんがしていたことだった。／おばあちゃんは二〇世紀の問題の本質をつかんでいた。お金が通貨であるためには、価値の基準となることができなければならない。その基準となるべきものを政府が変えてしまったならば、お金とは何であるということになるのか。／確かに、一八九二年のクロイツァー価格は、あらゆるものの価格の基準とはなりえない。だが、何もないよりはましだった。(22)

ここでドラッカーが経済学者の無知として指摘しているのは、恐らく、「物の価値」を正確に測定できるかのような前提で議論をしているということだろう。貨幣の価値自体が純粋に市場での取引だけで決まるのであれば、市場の動向を研究する経済学者は、貨幣を通じて、物の価値を測定することができるだろう。しかし実際には、貨幣は政府によって発行されており、政府の思惑によって操作される。戦争があったり、国家が崩壊したりすれば、通貨の価値はきわめて不安定になる。本当に信頼できる価値の基準がないのなら、自分にとって一番しっくりきた過去の基準に照らしながら、目の前にある物が（自分にとって）適正な価格かどうか手探りで決めていこうとする、そして、政治の一貫性のなさを、できるだけ自分の利益になるように利用しようとする祖母の態度は、必ずしも不合理ではない。こうした少年期に遭遇した、**経済学と現実の人間の振る舞いのギャップの体験が、市場の動向を客観的に分析する経済学ではなく、常に論理的に思考するわけではない個々の**

人間の行動を目的合理的に組織することを目指す「経営―マネジメント」の理論にドラッカーが取り組むようになった背景にあるのかもしれない。『現代の経営』（一九五四）の中でドラッカーは、経済の動きに適応して、利益を最大化するという意味での「合理性」を追求する経済学の受動的性格を指摘したうえで、自らが探究するマネジメントは、意識的かつ目的的な行動によって経済を作りだすことを目指すものであることを強調している[23]。

このように、古き良きウィーンのコミュニティにこだわる祖母に共感する一方で、ドラッカーは、自分がごく若い頃から「戦前」の世界から離脱したがっていたことも明言している。実際、一七歳でギムナジウム（日本の中学と高校を合わせたような中等の大学進学希望者向けの教育機関）を卒業すると、すぐにウィーンを離れて、北ドイツのハンブルクの貿易会社で見習いとして働き始める。知り合いの政府高官と教育者の夫婦を中心とする、「戦前」の古き良きウィーンを象徴するようなサークルについて述懐する文脈で、以下のように述べている。

私はごく若い頃から、本能的に「戦前」から逃れなければならないと思い続けていた。私が早くウィーンを離れるであろうことを信じていたのは、そのためだった。／しかし、ウィーン以外のヨーロッパでも、「戦前」は毒気のように息を詰まらせていた。私が「戦前」から逃れられたのは、一九三七年にアメリカに来てからだった。もちろんアメリカにも何とか前症候群はあった。大恐慌前が一つの基準であり、尺度だった。しかしそれらのものは、鉄鋼生産量、雇用、株価など、あくまでも経済についてのものだった。／他のことについては、ニューディール時代のアメリカは未来を見ていた。「戦前」症候群はヨーロッパのビジョンと意思を蝕んだが、「大恐慌前」症候群がアメリカの創造力を麻痺させたことはなかった。それがフランクリン・デラノ・ローズヴェルトの最大の功績だった。私が、大西洋を渡ったとたんにアトランティスの夢を見なくなった原因は、ここにあった。(24)

ここからドラッカーが、**共同体的な繋がりを重視しながらも、〝古き良きもの〟にこだわる復古的な体質を嫌っていたこと、そして、そうしたしがらみが最も少なそうな国であるアメリカを第二の故郷にしたことがよく分かる。**また、そうした復古的体質に陥らないよう、大胆な手を打った人としてローズヴェルトを評価している点も興味深い。ハイエクやミルトン・フリードマン（一九一二―二〇〇六）などのリバタリアン（自由至上主義）系の経済・社会思想家が、政府が市場に介入し、コントロールしようとしたことによって、個人の「自由」を尊重するアメリカの立憲体制の原則を変更したとしてニューディールを批判的に見ているのとは対照的である。(25)

4　ドラッカーのフロイト観

フロイトの反ユダヤ性

『傍観者の冒険』（全一五章）の第四章はフロイト論に当てられている。ストレートな形では表に出てくることのない無意識の領域を扱う「精神分析」と、人びとの関係を目的合理的に組織化する「マネジメント」は、真逆の方向を向いているように思えるだけに、意外である。先に見たように、母カロリーネがフロイトに関心を持っていた関係で、ドラッカーは幼い頃から偉大な学者であるフロイトの存在を知っていた。その母からフロイトの二冊の著作『夢判断』（一九〇〇）、『日常生活における精神病理』（一九〇七）を受け継いだという。ただ、精神分析の理論自体に積極的な関心を持っていたわけではないようである。ドラッカーの記述には、歴史的事実に合致しているかどうか不確かな所もあるので、以下では、筆者に確認できるかぎりで、事実関係を補足・修正したうえで、ドラッカーのフロイト観を再考することを試みる。

ドラッカーはまず、世の中に出回っているフロイトにまつわる三つの誤解を正すことから始めている。貧しかったこと、ウィーンの医学界に無視されたこと、ユダヤ人として差別されたことの三つである。実際には裕福であったことの証拠として、フロイトの父親は中流の上層に位置する豊かな商人であり、数人の使用人、週に一度の洗濯女、月に一度の縫子を雇い、温泉地で夏休みを過ごせるくらいの余裕があった。フロイトの兄弟は全員大学へ行かせてもらっている。また、彼はウィーンの医学界で早くから認められ、一九〇二年に四六歳でウィーン大学の神経病理学の教授に就任している。当時のオーストリアでは、「教授」の称号を得た医師は、診療報酬が三倍、四倍にもなったので、医師たちはこの称号を欲しがったが、大病院の診療科長クラスで、五〇代の終わりくらいにならないと、「教授」になることはできなかった。「教授」の肩書は、公立病院で働いたり、困窮者の診療を引き受けたりして、公共に奉仕している医師に対する収入保証という意味合いもあった――オーストリアでは、医学の「教授」の称号は、教授会の構成員ではなく、主として大学外で働いている医師にも付与することができた。公立病院で働いた経験がなく、有料の患者ばかり診ていたにもかかわらず、四〇代で教授に就任できたフロイトはかなり恵まれていたと言える。[26]

ジークムント・フロイト

ウィーン大学が当初フロイトに対して付与したのが、正教授ではなく、員外教授の称号であり、正教授になれたのが一九一九年、六〇代半ばになってからだったことについて反ユダヤ主義のせいであるかのように言われているが、ドラッカーに言わせれば、当時のウィーン大学の医学部で正教授ポストが置かれているのは内科、外科、産婦人科の三つの診療科に限定されており、それ以外の診療科の正教授を任命するには立法措置が必要だった[27]。しかも、多くの場合、員外教授は近い内に正教授になることができた。フロイトも本人が望めば、もっと早く正教授になれたはずである。一九世紀末のウィーンで反ユダヤ主義の勢いが強まったのは確かだが[28]、宮廷、政府機関、教養人の世界、特に医学界では、反ユダヤ主義は忌避されていた。フロイトが開業した当時の一八八一年にはウィーンの開業医の六割、一九一〇年にはウィーン大学医学部の教員の過半数がユダヤ系になっていた[29]。軍医総監、皇帝侍医などの地位もユダヤ系によって占められていた。

ドラッカーの見方では、むしろフロイトの方が、ユダヤ系以外の人たちと付き合おうともせず、非ユダヤ系に対して差別意識を抱いていた。精神分析協会の主要なメンバーはユダヤ系で占められていた。ウィーン大学の付属神経科病院の院長であるワグナー・ヤウレック（一八五七―一九四〇）とその同僚の二人が精神分析協会への入会を希望しても非ユダヤ系であるため拒否された。その拒否の理由は、彼らがユダヤ人であるがゆえにフロイトの業績を認めなかったためだということにされた、という[30]。

ドラッカーは、フロイトがなかなか正教授になれなかったのは反ユダヤ主義のせいではないと断言したうえで、ウィーンの医学界が彼を拒否するようになったのはむしろ彼の〝反ユダヤ性〟のゆえであると主張する。

ウィーンの医学界がフロイトを拒否したのは、まさに医学界そのものが、あまりにユダヤ的だったからだった。やがて、精神分析の支持者さえ公然と口にするようになったフロイト批判は、彼の医者としての反ユダヤ性にあった。困窮者への無料診察を行わなかっただけでなく、高額の診療代を払わせてこそ治療効果は上がると説いていた。これこそ、ウィーンの医師の多くが拠り所にしていたユダヤ倫理に反する言動だった。[31]

かなり強いトーンでのフロイト批判である。ここからドラッカーのユダヤ性に対する両義的なスタンスを読み取ることができる。ユダヤ人であるがゆえの悲劇性を必要以上に強調することを嫌う反面で、ユダヤ系の人たちのメンタリティの奥底にある真のユダヤ性のようなものにこだわっているように見えるスタンスである。

フロイト神話への反発

精神分析の創始者であるフロイトをめぐっては――フロイト自身がそれを積極的に広めたかどうかは別として――二つの神話が流布されてきた。一つは、精神分析が、人間の隠された欲望、特に幼児期における性的欲望を明るみに出したので、人間の理性と幼児の純粋無垢さを信じる良識的なブルジョワジーたちの反発を買い、科学から排除されてきた、という神話である――フロイト自身、そうした社会の反発は、精神分析の被験者の示す抵抗と同根のものであり、自らの理論が正しいことの間接的証拠であると示唆している。[32] もう一つは、ドラッカーがここで問題にしている、ユダヤ人であるがゆえに、キリスト教社会からなかなか受け入れられず、苦労したという神話である。晩年のフロイトが、ナチスのオーストリア侵攻（一九三八）によって、命の危機に瀕したにもかかわらず、故郷を去るのは兵士が持ち場を去るのと同じだと言って、なかなか亡命しようとしなかったというエピソード[33]がこの神話を強化する——最後は周囲の説得に応じて、ロンドンに亡命する。この二つの神話が合わさると、まるで、イエスや旧約聖書の預言者たちのように、受難の道を歩いてきた人というイメージになる。[34] それによって、「精神分析」に犯しがたい神聖なオーラがかかっているような感じになり、権威づけられる。

ドラッカーは、ウィーンのユダヤ人が置かれていた実際の状況について報告することで、この第二の神話を解体しようとしたわけである。この批判から、**ユダヤ人であることの悲劇性を必要以上に誇張することや、〝同じユダヤ人〟であるということで事実を曲げてまでかばい立てすることを好まない、ドラッカーの徹底して冷めた態度、まさに「傍観者」的態度が窺える**——無論、ドラッカーがフロイトをめぐる諸般の状況を本当に客観的に把握していたかというのは、別問題である。そのように、〝ユダヤ性〟に距離を置いているように見える一方で、フロイトが弱者の救済を旨とするユダヤ的倫理に反した振る舞いをしていたと主張することで、「ユダヤ的倫理」を間接的に擁護しているように見える。ドラッカーはそれほど明示的に語っていないものの、彼の内には、本来の「ユダヤ的倫理」についての、幼少期に形成された一定の強いイメージがあるのかもしれない。

ドラッカーはさらに、フロイトの医師としての態度も問題にする。一つは、先に述べたように、困窮者の治療を無料で引き受けず、常に報酬を受け取れる患者だけを相手にしたことである。ユダヤ系の医師でも金儲けしか考えない人もいたが、そうした人物でも大学病院や大病院の診療科長になると、無料診察を引き受けていた。それが医師の倫理とされていたが、フロイトは医師を職業と割り切った。しかも、神経症の治療の場合、高額報酬であるほど治療の効果が上がり、無料だとかえって症状が悪化するということもあったので、ウィーンの医師の中にはフロイトに倣う者も出てきた。実際、フロイトの有名な症例の対象になった、アンナ・O、狼男、鼠男、小さなハンス、ドーラなどは、裕福な家庭に生まれた人、もしくはエリートで、幼い頃は乳母や家庭教師がついているような境遇で育った人たちである。そういう人しかフロイトの眼中になかったと見ることもできなくはない(35)。

もう一つは、患者と、治療を超えた個人的な関わりを持とうとしなかったことである。無論、精神分析は患者に自由に語らせることを通して無意識に抑圧されているものを明らかにしていくので、その点では、患者の人生に関わっているわけだが、それを超えた付き合いをしようとはしなかった。分析の場面以外では関わりを持たなかった。彼は患者に思いやりを見せ、生き方全般に強い関心を示すことは、依存心を起こさせ、治療と回復を遅らせるとして回避していた。それが、精神分析の基本的スタンスであることはよく知られており、ある程度精神分析を知っている人には、さもありなんと、受け入れられていることだが、ドラッカーに言わせれば、それは医師を修理工扱いし、医師の大事にしているものを辱めることになる。[36] さらに言えば、分析を進めるに従って、患者が次第に慢性患者化したり、一度〝治癒〟しても〝再発〟して、精神分析に依存した状態になる、いわば、中毒状態になってしまうことが、多くの識者から指摘されている。ドラッカーはこの点についても少し突っ込んで考えている。これは「精神分析」の本質に関わる批判である。ドラッカーの認識では、近代医学が本当に始まったのは、フロイトの生まれる数年前、一九世紀半ばのことである。一九世紀半ばに、ウィリアム・モートン（一八一九―六八）によってジエチルエーテルによる麻酔が発明され、ウィルヒョー（一八二一―一九〇二）やパスツール（一八二二―九五）によって細胞学が創始され、伝染病の予防と治療の可能性が広がった。フロイトの少年期である一八六〇〜七〇年代には、リスター（一八二七―一九一二）による消毒法の開発、レントゲン（一八四五―一九二三）によるX線写真の開発、コッホ（一八四三―一九一〇）による結核菌やコレラ菌の発見などがあり、フロイトの世代はそれらの成果を利用することができた。近代医学は、病気の原因は多様であって、それぞれ異なった原因、症状、治療があり、壮大な理論体系を構築することとは不可能であるという前提から出発したはずだった。

エディプス・コンプレックスへの懐疑

しかしフロイトは、あらゆる精神障害を同一のメカニズムによって説明しようとした。精神病と神経症の多くが、無意識下の性的衝動を原因とするとされた。それは、特に男の子が、自らと同性の親を排除して異性の親と交わろうとする衝動、エディプス・コンプレックスである。エディプス・コンプレックス（三〜五歳の間）を通過した子供は、同性の親と同化し、親によって代表される社会の規範を内面化することを通して成熟し、親とは異なる異性を恋愛の対象とするようになる。エディプス・コンプレックスが解決されないまま、性的衝動が抑圧され続けると、それが身体に症状として現われて神経症になったり、ひどい場合には、自我の機能を破壊して、精神病を引き起こすとされる[37]。そのような大きな仮説は、近代医学の方向性に合致するのか。エディプス・コンプレックス期は幼児期なので、その真っただ中にいるはずの幼児自身が自分の欲望や葛藤を自らの口で語るとは考えられず、成人した患者が、精神分析医との会話の中で、後者に誘導されながら再現するしかない。科学的信憑性にはかなり疑いがある[38]。

無論、エディプス・コンプレックスの仮説に従った治療によって大きな成果が出ているのであれば、科学的に厳密な方法に基づいていないことも許容されうるだろう。しかし先に述べたように、精神分析中毒になってしまう患者は少なくないし、精神分析医たちは治療効果について具体的な情報を開示してこなかった。そもそも、治療効果を定義することさえ拒んできた。精神分析の側として、人はみな潜在的に神経症や精神病になる潜在的可能性を持っており、人間の主体性は根源的な不安定性を抱え込んでいるので、正常／異常の境界線を引くことは不可能だと抗弁することはできる。しかしそれでは、精神分析が実際に効果があるかどうか第三者の視点では確かめようがない。分析医の誘導で、良い方向に向かっていると患者に思い込ませることができる。ドラッカーによると、当時のウィーンの医師のほとんどが神経症の患者を診たことがあり、治癒する人たちもかなりいた。それらと比べた精神分析の治療成績を示すことができないというのはおかしい。

そうこうする内に、神話に表象される集団的無意識に重きを置くユング（一八七五―一九六一）の分析心理学や、劣等感に焦点を当てるアドラー（一八七〇―一九三七）の個人心理学のような対抗する精神療法が登場した。一九二〇年頃、様々な精神療法の治療効果についての本格的な比較研究が行われ、その結果、それぞれの療法がそれぞれの効果を持つということが分かった。精神分析にも情緒障害に対して一定の効果はあるが、それは他の療法によっても可能なものだった。それはフロイト派の精神分析医にとっては受け入れがたいことだった。この比較研究をめぐって、ドラッカー家の夕食会で、ウィーン大学の親フロイト派の心理学教授で、言語心理学や発達心理学の業績で知られるカール・ビューラー（一八七九―一九六三）と、当時学生だった、後のプリンストン大学教授で、ゲーム理論を経済学に導入したオスカー・モルゲンシュテルン（一九〇二―七七）が論争したことがあるという。ビューラーがその結果が「精神分析の治療効果を示すものであり、さらに調査する価値がある」と主張したのに対し、モルゲンシュテルンは、「情緒障害なるものには実体がないか、あるいは、患者が信頼しさえすれば、どのような治療法でも効果が挙がるということでしかない」と反論した。そこに同席した眼科医は、「ということは、医師が推奨できるような精神分析は、まだ生まれていないということですね」と述べた。[39] 現代風に言うと、精神分析には科学的なエヴィデンスが伴っていなかったのである。

ドラッカーは、**性的なものに神経症や精神病の原因を求めたか否かという医学あるいは心理学の専門的な問題には立ち入らず、理論的仮説と方法に基づく「効果」があると証明できるか、という視点から「精神分析」をかなりしつこく批判しているわけである。**どういうゴールを目指しているのか曖昧にしたまま、神秘的な雰囲気を醸し出し、〝根源的な問題解決〟のための実践を漠然と標榜しているところが、ドラッカーにとって許しがたかったのかもしれない。**こうした曖昧さを嫌う発想は、彼のマネジメント論にも通じていると見ることができよう。**『現代の経営』では、「目標管理 management by objectives」という考え方を呈示している。事業の焦点を絞り、事実を集め、意思決定と活動の有効性についての尺度を用意し、判断を可能にすることである。(40)

5　ポランニーの功罪

カール・ポランニーとの出会い

『傍観者の冒険』で取り上げられている、ドラッカーがウィーン時代に遭遇した人物の内、フロイトと並んで注目すべきは、カール・ポランニーであろう――フロイトの場合と同様、ドラッカーの記述の不正確な点は、筆者に確認できるかぎりで補正することにする。彼の弟で、物理化学者の

カール・ポランニー

マイケル・ポランニー（一八九一―一九七六）も、暗黙知や複雑系における創発など科学哲学・社会科学基礎論的な議論で有名である[41]。この一家には他にも傑出した人物が何人かおり、彼らに関する一章が設けられている。ポランニー家はもともとブダペストに在住していたユダヤ人の家系であるが、鉄道事業者であったカールたちの父の代に一時期ウィーンに居住しており、カールもウィーンで生まれている。

五人きょうだいの三番目のカールは、ブダペスト大学で法学を学び、自由主義的な学生グループ、ガリレオ・サークルを組織し、一九一四年には、オスカール・ヤーシ（一八七五―一九五七）を中心とする急進市民党の設立に参加している[42]。正統な社会主義と、ブルジョワ自由主義の双方から距離を取るこの党は、普通選挙、土地の再分配、自由貿易、政教分離等を政策に掲げた。第一次大戦でカールは騎兵将校としてオーストリア軍に従軍したが、負傷して除隊し、ブダペストに戻るが、いくつもの病に苦しみながら終戦を迎えることになる。ハプスブルク帝国の解体に伴って、ハンガリー民主共和国が成立し、急進市民党もこの政権に参加する。カールはこの政権を支持したが、三月に共産党による第二次革命でこの政権が崩壊する。この政権もルーマニアとの戦争に敗れて崩壊し、ルーマニアに支援された右派政権が成立する。この政権は、共産党政権の指導者ベラ・クーン

（一八八六―一九三九）がユダヤ系であったこともあって、ユダヤ人など、民族的少数派の弾圧に乗り出す。カールは一九年九月にウィーンに亡命し、二四年に『オーストリア・エコノミスト Der Österreichische Volkswirt』紙の副編集長兼論説主幹に就任する。『オーストリア・エコノミスト』は、シュンペーターやハイエクなどオーストリア学派のメンバーやハンス・ケルゼンなど、リベラル系の論客が寄稿する雑誌である。同誌には、経済官僚であった彼の父アドルフもたびたび寄稿していた。一九三三年のドイツでのナチス政権成立の影響で、オーストリアでも反ユダヤ主義・反社会主義の圧力が高まったため、ポランニーは辞任を余儀なくされ、英国を経て、四〇年にアメリカに移り、彼を経済学者として著名にする『大転換』（一九四四）を刊行している。アメリカではベニントン大学やコロンビア大学で教鞭を取っている。ドラッカーがカールと知り合いになるのは、『オーストリア・エコノミスト』の副編集長時代である。

一九二七年にギムナジウムを卒業したドラッカーはストレートに大学に進学せず、ハンブルクの商社で働く傍らで、大学への準備のために執筆していた**「パナマ運河とその経済における役割」**と題した論文をドイツの経済季刊誌に寄稿していた。その論文を『オーストリア・エコノミスト』の編集者が目にし、高く評価したため、その年のクリスマスにウィーンに戻っていたドラッカーは編集会議に招待された。その席でカール・ポランニーと出会うことになる。カールはドラッカーに雑誌の次号の編集について意見を求めた。国民社会主義労働者党（ナチス）を率いるヒトラーの政権獲得の可能性について論じたらどうか、というドラッカーの提案は通らなかったが、その後、二人は親しく交流するようになる。

反レッセフェール

ドラッカーは、ポランニー家の五人のきょうだいをみな優れた人物と見て、それぞれの業績について簡単にコメントしている――一家についてのドラッカーの記述は不正確だという批判がある。[43]それぞれ異なった道を歩いたけれども、その思想的共通性は、「自由でありながらブルジョア的でもリベラルでもない社会、繁栄しつつも経済に支配されない社会、共同体的でありながらマルクス主義的に集団主義的ではない社会の実現[44]」という大義を追求したことにある。彼らにとって、思想的に打倒すべき共通の敵は、「隷従に代わりうるものは市場だけであるとする一九世紀マンチェスター学派のレッセフェール（自由放任主義）」であった。[45]

マンチェスター学派とは、一九世紀半ばに英国で台頭したアダム・スミスや需要と供給の均衡に関するセイの法則で知られるジャン＝バティスト・セイ（一七六七―一八三二）等の理論に基づいて、自由貿易による国際競争力の強化を主張したグループである。マンチェスターの実業家リチャード・コブデン（一八〇四―六五）や政治家のジョン・ブライト（一八一一―八九）が中心的メンバーであり、二大政党の一方である自由党の政策に決定的な影響を与えた。

先に見たように、ポランニーが創設に関与した急進市民党は、正統社会主義と自由主義の間の中道での改革を目指した党であり、エドゥアルト・ベルンシュタイン（一八五〇―一九三二）の修正社会主義の影響を受けている。ポランニー自身、市場経済を維持しながら社会主義へと移行する自由主義的社会主義を提唱している。[46]

ポランニーは、自由主義者であるミーゼスと社会主義者のノイラート等の間で展開された「社会主義計算論争」にも中間的な立場から参加している。論文「社会主義経済計算」（一九二二）でポランニーは、従来想定されていた社会主義経済のように、生産と消費をすべて統制する中央経済当局を想定するのではなく、コミューン＝自治体（Kommune）、生産者アソシエーション（Produktionsverbund）、消費者アソシエーション（Konsumentenorganisation）の三つの機能的組織から成る、「機能的に組織化された社会主義経済 eine funktionell organisierte sozialistische Wirtschaft」の構想を打ち出し、三者の交渉によって価格を決定するようにすれば、各財を公正に配分する、「公正な価格 der gerechte Preis」が見出されるはずだと主張する。[47] この論文をめぐってミーゼスたち、純粋な市場経済の擁護者たちと論争している。[48]

『大転換』の意義

ドラッカーは、ポランニーの主著である『大転換』の学説史的意義についてある程度詳しく触れている。『大転換』は、一九世紀の国際的システムは、①大国間の勢力均衡、②国際金本位制、③自己調整的市場（self-regulating market）、④自由主義的国家の四つの要因から構成されていたとしたうえで、その生成と衰退を、特に③に焦点を当てながら論じている。「自己調整的市場」とは、政治や宗教など外部の影響によらないで、市場自体の価格形成メカニズムによって、財の生産と分配を調整する、自律的な市場ということである。「自己調整的市場」が、社会的関係性のすべてが市場によって統制される「市場社会 market society」を創り出した。ポランニーは、それはユートピア的な幻想であり、市場は社会の人間的・自然的実体を破壊しながら自己を拡大し続けたのであり、それが限界に達したがゆえに、国際システムは、一九二〇年代に崩壊した、と断じている。ファシズムと社会主義は、市場社会が陥った袋小路からの脱出を目指して台頭してきた。

ドラッカーは特に、ポランニーが産業革命の歴史を書き換えようとしていることに注目している。ポランニーの見方では、イギリスの社会と経済を転換させたのは機械の力ではなく、直前の世界貿易の急拡大でも、一七世紀から一八世紀にかけて起こった農業革命のためでもない。自由市場が財と資本のみならず、「土地 land」と「労働 labor」という二つの生産要素まで扱うようになったためである。「労働」は「あらゆる社会を構成する人間それ自体」であり、土地は「その内に社会が存在する自然環境」である。[49] 産業革命によってこの二つの取り込みが行われ、社会のすべてを商品として自由市場体制が確立したわけだが、そのため、各人は（雇用契約以外の）社会的な絆を喪失してアトム化し、大地（自然）からも切り離された。「労働力」しか売るものがない労働者階級は、それ以外の生産手段を所有する資本家によって一方的に支配され、貧困状態に陥っている。また、本来は商品の交換を媒介する手段にすぎない「貨幣 money」も商品化されているせいで、市場全体が不安定性を抱えている。そうした矛盾が、二〇世紀に噴出したわけである。

ドラッカーによると、ポランニーは産業革命をこうした視点から再解釈することを通して、資本主義でも共産主義でもない第三の社会、経済発展と、安定、自由、平等を同時に実現する社会の可能性を探究した。

彼の目指したのは、市場が、唯一の経済システムでもなければ、最も進化した経済システムでもないことを明らかにすることだった。そして、経済発展と個の自由を両立させつつ、経済と社会を調和させる場は、市場以外にあることを示すことだった。／少なくとも市場は、財の交換と資本の配賦にのみ使うべきであって、土地と労働の配賦に使ってはならなかった。それらのものは、相互扶助と再分配、すなわち経済的合理性ではなく、社会的合理性と政治的合理性によらなければならなかった。(50)

人間の生活の基盤を成す「労働」と「土地」までも商品化したために、「社会」は、「市場」を制御する方法を喪失し、自らを不安定化させていった資本主義の現状を、その根源にまで遡って再考し、「市場」と「社会」を再統合しようとするポランニーの戦略に、ドラッカーも基本的に賛同しているように見える。少なくとも、若きマルクス以来、経済と共同体の関係をめぐる問題を提起した数少ない論者、しかも反資本主義かつ反社会主義の独創的な視点から提起した論者として高く評価している。今後、真に総合的な経済理論が現れるとすれば、経済の社会的構造としてポランニーが抽出した「再分配 redistribution」、「相互扶助 reciprocity」、「市場取引 market exchange」の三構造をその骨格とするものになるだろう、とも述べている。[51]

ポランニーとの距離

ドラッカーはナチスの迫害を避けてイギリスを経てアメリカに移住した時期、**『「経済人」の終わり』**と**『産業人の未来』**に取り組んだ三〇年代後半から四〇年代前半にかけてポランニーとかなり頻繁に交流し、意見交換している。この二つの著作を読むと、ポランニーの影響、もしくは、彼と基本的考え方を共有していたことが見て取れる。『「経済人」の終わり』はタイトルから分かるように、ひたすら経済的合理性だけを追求する「経済人」を想定する古典派・新古典派の経済学、その理論に依拠する現実の市場経済の構造的矛盾を指摘する著作である。同書では同時に、ソ連の社会主義もまた、経済の計画発展を重視しすぎて、別ヴァージョンの「経済人」に囚われ、真の自由と平等を実現できず、むしろ新たな階層社会を作りだして信用を失墜していることも指摘されている。**ブルジョワ資本主義とマルクス社会主義双方の失敗のため、ファシズムが台頭した、というのがドラッカーの基本的主張である。**[52] これは、ポランニーの第三の道路線と通じる発想である。『産業人の未来』では、一九世紀の「商業社会」は、「労働」と「土地」を財とみなすことで、「経済人」のイメージを完成させたと指摘しており、『大転換』と同じ前提に立っていることが見て取れる。[53]

ただし、ドラッカーは『大転換』の経済学的影響はかなり限定的なものに留まった、との見方を示している。ポランニーは一九四七年からコロンビア大学で教鞭を取り、古代メソポタミアからギリシアに至るまでの古代経済の経済史的研究や、一七世紀半ばから一九世紀末までダオメー王国に存続した黒人の王国についての経済人類学的探究などに取り組んでいる。(54) ポランニーはダオメー王国に、相互扶助と再分配による、安定した社会と健全な社会のモデルを見出そうとした。しかし、ポランニーはこの王国が決して楽園ではなく、奴隷貿易によって成り立っていたことを知っていた。戦争の捕虜をヨーロッパの奴隷商人に売却した代金が、王国の主要な財源になっていたのである。奴隷狩りと奴隷貿易は、従来信じられていたように、白人やアラブ人が黒人の部族社会に押し付けたものではなく、黒人の王や部族長自身が敵対する部族の力を弱めると共に、銃を手に入れて自分の支配力を強化するためだった。それが、共同体における相互扶助と再分配の基礎になっていたわけである。古代ギリシアも、奴隷の取引によって支えられていた。ドラッカーの理解では、先史学や文化人類学は、資本主義と社会主義を超える、良き社会の探求の手段であったが、ポランニーが得たものは、何も役に立たない過去だった。(55)

カールは先史時代、原始経済、ギリシャ、ローマを究めれば究めるほど、リカード、ベンサム、そして同時代の怪物であるオーストリア学派のミーゼス、ハイエクの悪しき市場信仰を是としかねない証左と遭遇する羽目になった。こうしてカールは、ますます人類学そのものに熱中し、脚注にこだわる学究生活に入り込んだままとなっていった。(56)

ポランニーの経済人類学は、ポストモダン的な議論の文脈では、貨幣の合理性だけでは説明できない人間の行為の意味を探究する試みとして評価されることが多いが[57]、経営学者であるドラッカーから見れば、リカード（一七七二―一八二三）からハイエクやミーゼスに至る「市場」擁護論に風穴を開けようとして失敗したことの記録にすぎないわけである。ドラッカーは、「自己調整的市場」を想定する古典派・新古典派の経済学、中央当局による計画経済を構想するマルクス主義経済学の双方から距離を取るポランニーの方向性に当初は賛同していたものの、どこかで袂を分かつことになったように思われる。[58]ドラッカーは最終的に、ポランニーの試みの挫折は、フランス革命以来、二〇〇年にわたって西欧が追い求めてきたもの、「唯一の『市民宗教』、完全な社会あるいは少なくとも良き社会の探求[59]」の失敗を反復するものとして位置付けたうえで、彼と自分の違いを強調する。

私が『産業人の未来』において、妥当で耐えうる社会、しかし自由な社会、カールが当時半端な妥協として拒否した社会をよしとした理由がそこにあった。そのような社会においてのみ、われわれは、分裂、不和、市場による人間疎外という代償は払いつつも、望みうる最高のものとして、自由を実現することができるのである。／われわれには、個の人格を維持するために、対立、リスクのある選択、多様性といった代償を払う用意がある。事実われわれは、そのような社会においてのみ、より大きな善ではなく、より小さな悪を目指すことができる。[60]

つまりドラッカーは、**市場社会が人間を疎外し、競争やリスク、それに伴う状況の多様性（不安定性）といったマイナスの要素を伴っていることを承知のうえで、一定の条件付きで、この社会を受け入れるべきという立場を表明しているわけである**――それがどういう条件かについては、3章で検討することになる。「より大きな善」、つまり「無謬の社会 the Infallible Society」を追求し続ければ、かつて、「無謬の宗教 the Infallible Religion」の探求が非寛容な態度を培い、カトリックとプロテスタントの宗教戦争をもたらしたのと同じように、左右のイデオロギーを激化させていく恐れがある――『傍観者の冒険』が刊行された一九七九年は、冷戦は終結していないどころか、最も危機的な様相を呈していた。こうした意味で、ドラッカーは「もはや社会は二次的な重要性しかないのかもしれない。社会の組織化もさして重要ではなく、問題とすべきでもないということなのかもしれない」[61]、と述べている。どのような「社会（体制）」か、その中でどのような組織を作るかをゼロから考える必要はなく、市場社会の中で、自らの属する組織をどのように活用するかが問題だということだろう。

ドラッカーは、自らの思考の方向転換を、ポランニー一家の命運に投影する形で叙述しているわけであるが、ポランニー研究者の立場からすれば、勝手な歪曲であろう。ポランニーをダシにしたこの章でのドラッカーの結論は、結局、市場への人為的介入を一切否定するハイエクの『隷従への道』（一九四四）のそれと同じだ、という批判もある。[62]「市場」を「社会」の中に再び「埋め込embed」もうとするポランニー学派の立場からすれば、「市場」の自律性を前提に考える点でハイエクとドラッカーは同じ穴の貉《むじな》に見えるのは当然のことだろう。ただ、これから見ていくように、ドラッカー自身は、「市場」を心から信頼しているわけではなく、仕方なく受け入れている自分の立場を、ミーゼスやハイエクのそれとは異なるものと見ているようである。

6　ドラッカーの基本的スタンス

ここまでウィーン時代を中心に見てきたことから浮かび上がってくる、ドラッカーの思考の一定の特徴をまとめておこう。多民族であり、多様な文化の発展を許容したウィーンで育ち、幼い頃から周りの雰囲気に同調することを嫌ったドラッカーは、ナチスのような、多様性を認めない全体主義体制に反対するのはもちろん、集団的行動を強いる社会主義に対しても幼い頃から強い抵抗を感じてきたようである。

『傍観者の冒険』の第五章では、両親の友人でかつて社会主義者だったというトラウン（元）伯爵に、社会主義への幻滅を語らせている。一九二五年のことである。一九〇五年頃に書かれた、社会主義社会になれば、犯罪はなくなるか、大きな問題ではなくなると主張するパンフレットを読んでいた一六歳のドラッカーは、当時ソ連に関して伝わってきていた様々な情報から、社会主義をユートピアのように言うその内容に疑問を持った。そこにたまたま居合わせたトラウン伯爵は、自分がそのパンフレットの著者だと告白し、社会主義との関わりについて長い物語を語り始める。(63)当時、伯爵は二三歳だったが、彼だけでなく、その頃はほとんどの若者が社会主義に魅せられていた、という。彼は社会主義運動は平和を志向しており、平和を約束してくれると信じていた。社会主義インターナショナル（第二インターナショナル）は一九〇七年のシュトゥットガルト大会以降、各国の社会主義政党は自国が宣戦布告したら、ゼネストによって断固阻止するという方針を堅持してきたが、一九一四年の第一次大戦勃発に際しては、どの党も戦争に形式的に反対したものの、ゼネストは呼びかけなかった。和平を呼びかけていたフランス社会党の指導者ジャン・ジョレス（一八五九―一九一四）はフランスの愛国主義者に暗殺され、ドイツ社会民主党（ＳＰＤ）は議会で戦時予算に賛成した。それによって第二インターナショナルは崩壊した。そうした過程を見て、トラウン伯爵は社会主義に失望してしまった、という。

ドラッカーは、自分が戦争抑止のために果たすべきだった役割について自意識過剰気味に語る伯爵に対してやや冷めた態度を取りながらも、彼の証言に見られるように、ナショナリズムに負けてしまったことによって、「夢としての社会主義」が終わった、と断じている。(64)（彼と同じユダヤ系の人たちによって指導される）ＳＤＡＰＤÖが、オーストリアの共和制を守っていた勢力の中心であったとしても、社会主義への冷めた態度は変わらなかった。社会主義の幻想に距離を置くドラッカーにとっては、先に見たように、「市場」を再び社会に「埋め込」もうとするポランニーの試みも、無謬性を追求するあまり非寛容になり、多様性を抑圧する危険を秘めているユートピア思想にすぎなかったのかもしれない。様々な欠陥があったとしても、市場社会としての資本主義を基本的に受け入れるしかない。

ただ、ハイエクやミーゼスのように、社会主義・計画経済に対して「市場」を積極的に擁護する立場の人たちと比べると、ドラッカーはそれほど積極的な擁護をしていない。仕方なく市場社会を受け入れるという消極的態度を強調している。少なくとも戦前の著作においては、ポランニーと共通の考え方をしていることが窺える。これから見ていくように、市場の均衡化作用を前提にする古典派・新古典派よりは、市場への介入の必要性を説くケインズ（一八八三―一九四六）の方を高く評価している。**彼のマネジメント思想は、不安定で、共同体を破壊する傾向にある市場社会の中で、各人や共同体がどう生き残りの戦略を立てるべきか模索する中で形成されたものと見ることができる。**その一環としての彼の「イノベーション innovation」論は、市場の均衡を乱す「創造的破壊 creative destruction」こそが経済の発展をもたらすとして、「イノベーション」を重視したシュンペーターの議論から強く影響を受けている――シュンペーターは、資本主義が発展し、人びとが多くの者を所有するようになるにつれて、「イノベーション」をもたらす「企業家精神 entrepreneurship」が次第に弱くなるので、資本主義は次第に衰退し、社会主義に移行せざるをえなくなることを暗示している。

すでに述べたように、世紀転換期のウィーンでは、人の意識の奥底にある、暗く神秘的なものを描き出す文学・芸術と、科学哲学やオーストリア学派のような合理主義的な思考の双方が発展した。ドラッカーはもっぱら後者の側面を継承し、前者は反面教師にしているように思える。フロイトに対する――かなりのバイアスがかかった――否定的な評価にそうした基本姿勢が反映している。『傍観者の冒険』のウィーンの思い出に関する他の章でも、人文主義的な教養、知識人の無力さを強く示唆している。ただ、市場の均衡を数学的に計算することに終始する主流の経済学者たちと一線を画し、**市場の中の人間の振る舞いの非合理性を直視し、それを理論の中に取り込んでいるシュンペーターやケインズを評価しているところに、彼の〝合理主義〟の特徴がある。**人間は非合理的で、目の前の問題をやたらに複雑に解釈しようとする傾向があるからこそ、自分の行動の目標をはっきり立てて、成否を客観的に判定できるようにしなければならない。

また彼は、ウィーンの世紀末を支えたユダヤ系の文化への強い郷愁、喪失感のようなものをあまり示さず、またユダヤ人の苦難の歴史を必要以上に強調しようともしない。アーレント等の同年代のアメリカに亡命したユダヤ系知識人に比べて、「ユダヤ性」をめぐる諸問題に対して彼はきわめてクールであるように見える。その反面、患者との関係をビジネスライクに捉えるフロイトの態度を、反ユダヤ的であると非難するあたり、普遍的なヒューマニズムに通じる〝真のユダヤ性〟のようなものを想定しているようにも見える。この面でもフロイトは貴重な反面教師である。世紀末ウィーンのユダヤ系文化の代表格であるフロイトは、ドラッカーにとって、自らの思想を最終的に方向づけるための、文字通りの意味での反面教師だったのかもしれない。

第2章

守るべきものとは何か？

――ドラッカーの保守主義

1　法学徒としてのドラッカー

ケルゼン純粋法学からの影響

ドラッカーのもともとの専門は法学、より特定して言うと、法や国家、政治の本質について考える法哲学であった。**法学を学ぶことを通して彼は、その時々の状況に応じて社会を枠づける制度をラディカルに変革するのではなく、異なった価値や目的を追求する人たちが共存できる秩序を守っていくことの重要性を理解するようになった。**彼と法学の関わりを見ていこう。

すでに述べたように、ドラッカーはギムナジウムを修了するとウィーンを出て、ドイツのハンブルクやフランクフルトで輸出業者や証券会社、新聞社に勤めながら、大学に登録して、法学を学んだ。一九三一年にフランクフルトで国際法についての論文で博士号を取得し、二一歳の若さで国際法のゼミの助手になり、教授の代講を務めるほどだった、という。彼が法学を学ぶうえで影響を受けたのは、義理の叔父のハンス・ケルゼンである。ギムナジウムの生徒時代の彼がケルゼンに、法哲学の最大の難問は何かと尋ねたところ、「刑罰の根拠[1]」という答えが返ってきたので、ギムナジウムの帰りに、国立大学の図書館に通って法哲学と社会学の本を読み漁りながら、この問題について考えた、という。

アリストテレス（前三八四―三二二）からヒューム（一七一一―七六）やベンサム（一七四八―一八三二）を経てハンス叔父に至るまでの法の理論家たちは、「刑罰の根拠」として、社会の報復、保護、浄化、更生、抑止といった様々なものを挙げている。しかし、刑罰の種類と重さとなると、歴史や文化、法律体系の違いにもかかわらず、死刑、四肢切断、追放、懲役、禁固、罰金でほぼ尽きており、あらゆる文化文明にほぼ同じ種類の刑罰があることが分かった。それで、彼らはそもそも「間違った問題」に取り組んでいるのではないか、と思ったという。(2) つまり、彼らが根拠として挙げているのは、単なる後付けの理屈ではないか、という疑問が生じてきた。ドラッカーは問題の核心はむしろ、刑罰そのものにあるのではないかと考えるようになった。

明らかに刑罰は社会における人間存在の事実であり、正当化の試みの如何にかかわらず厳存するものだった。説明が必要なのは、犯罪そのものの存在であり、もしそうであるならば、私のとうてい及ぶところではないと知ったのだった。(3)

法哲学が刑罰の問題にアプローチする場合、社会が特定の個人に「制裁」を加えることが正当化されるとすれば、それはどのような根拠によるのかを説明しようとする。つまり、各人が対等な権利主体としてお互いを尊重し合っている（はずの）法的共同体において、「刑罰」は「共同体」全体の名において誰かの権利を剥奪する例外的な事態であるという前提で議論を進める。

法哲学にかぎらず、法の基礎理論は、社会的に共有されている規範に各人が従っている理想的な状態を想定したうえで、「法」がそこからの逸脱をどのように認定し、それに対処するのにどこまでの権利の制限が許されるかを、「法」の本質にまで遡って論じる。当然、人びとが必ずしも規範意識をはっきり共有しておらず、ルールに反しているのかどうかよく分からない事態がしょっちゅう生じている現実の社会と理論が乖離する。現実の人間関係から、法的規範以外のすべての要因を排除して考える、ケルゼンの「純粋法学」[4]ではその乖離はとりわけ大きくなる。

ドラッカーは、**社会の中に「犯罪」と呼ばれる事態が常に存在し、それを抑止するためにほぼすべての地域で同じような対策が取られているという事実を見据えて、ケルゼン的な思考を続けるよりも、「犯罪」発生のメカニズムについて社会学的に考察した方が生産的だと思い至ったわけである。**そうした思考の方向の転換の過程で、先に少し触れたトラウン伯爵の論文を目にしたわけである。それは、資本主義が犯罪を生みだしているのであり、社会主義社会になったら、犯罪はなくなるか、少なくとも大した社会問題ではなくなる、と主張するものであった。ドラッカーはそうした見方があまりにも楽観的だと感じたが、刑罰の根拠よりも、犯罪が現に存在する原因を考えるという方向性自体は共有できる、と思ったという。

ただ、そうは言っても、法学を本格的に学び、法学者を目指していた時期のドラッカーは、純粋な法規範を探究するケルゼン的な発想と完全に一線を画したわけではない。彼の博士論文『**国家意**

思からの国際法の正当化――自己拘束理論及び合意理論についての論理的批判的研究』は、第一次大戦という事態を受けて、国家間の平和と秩序を維持するには、支配者の意思や経済的な相互依存関係の強化だけでは不十分であり、国際的な法意識や法的拘束力に実効性があることが必要だ、という問題意識から出発している。大戦によって従来の国際法の実効性はきわめて疑わしくなってしまったが、それだからこそ、経験的な現実に囚われることなく、ケルゼンのような純粋法学の方法によって、国際法の存在を理論的に意義付ける必要があると明言し、自分もケルゼンの示した基本線に従って議論を進めていくつもりであると表明している。[5] ケルゼンは『主権の問題と国際法理論』（一九二〇）ですでに純粋法学の視点から見た国家法と国際法の関係を論じており、一九三〇年にはケルン大学の国際法担当の教授に就任している。

ケルゼンとの差異

ドラッカーは、国際法的秩序を、法論理的に一元的な体系とみなすべきというケルゼンの法学方法論上の立場は基本的に受け入れながらも、それはあくまで法の内部空間の話であって、その存在自体が疑われている国際法を遵守すべきことを諸国に納得させるには、国際法を正当化する必要があると指摘する。そこで、国際法の法としての拘束力は、各国が自らを義務付けることによって生じるのか、それとも民法上の契約が当事者の合意によって効力を得るように、国家間の合意によって生じるのか、という戦前からある議論を振り返って、それぞれの理論的な有効性を検証している。

各主権国家による自己決定が絶対的に自由であることを前提とする前者の議論では、各国の自由意志を制限する拘束力を有する「法」としての国際法を根拠づけることはできないとして前者ははっきりと否定している。(6)

かといって、後者を手放しで良しとしているわけでもない。契約が法的に効力を持つのは、契約以前に民法という法が存在し、さらに、その民法に効力を与える「憲法 Verfassung」と、それを共有する法的共同体が存在するからである。では、個々の国家が実在するのと同じレベルでそうした国際法的な共同体（Völkerrechtsgemeinschaft）が実在するとみなしてよいのか。この点についてドラッカーは自らの見解を明らかにしていないが、少なくとも国際法が、ある国家が没落したり、新しい国家が誕生した場合でも、以前と同じように効力を持つものだとすれば、当事国のその都度の意志に基づく合意によってそれを根拠づけることは不可能だと述べている。その意味で、合意は実在的なものではなく、「虚構 Fiktion」である。(7) ただし、「虚構」だというのは無意味ということではない。数学や物理学、社会学など、あらゆる学問的な言説がそうであるように、法学もまたその体系の前提をメタレベルで設定しなければならない。メタレベルでの根拠は、当該の学問分野の内部では証明不可能なので、その学問にとっては「虚構」になる。複数の主体の自由意志による合意に基づいて、規範の存在を正当化する合意理論は、法学的には客観的な妥当性を持たないが、道徳法則（Sittengesetz）としては客観的に妥当する。(8)

従って国際法は自由の道徳法則の内に自らの正当化を見出し、それによって初めて形而上学的存在と実在性を獲得する。（……）合意理論は法を絶対的な価値体系の中に係留するので、カトリックの自然法を別とすれば、法の十分な根拠を提供できる、唯一の現存する理論である。[9]

このように、合意理論と道徳の繋がりを示唆することによってドラッカーは、**国際法の正当化の新たな方向性を示すと共に、「法」を（道徳や宗教、政治などの影響を受けない）自己完結的な体系として理解しようとするケルゼンの「純粋法学」に対しても若干の距離を取っているわけである。**ケルゼンであれば、法体系の原点となる「根本規範 Grundnorm」[10]――例えば、憲法の基本原理に相当するようなもの――が道徳的あるいは宗教的な性質のものではないことを力説するところだろうが、ドラッカーは法体系の自己完結性にそこまでこだわっていないようである。不完全な人間たちから成る不完全な組織によって最大限の成果を挙げるべく、きわめて現実的な方法を提案し続けた「経営学者ドラッカー」のイメージからすると、**この時期のドラッカーは、意外なほど理論体系の構築にこだわる、オーソドックスな法学者であった。**

プロイセン精神への冷めたまなざし

『傍観者の冒険』でドラッカーが名前を挙げているもう一人の法学関連の知人に、アメリカの国防総省の戦略顧問になったフリッツ・クレーマー（一九〇八―二〇〇三）がいる。クレーマーにも一つの章が丸ごと当てられている。ベルリンのユダヤ系の家系に生まれた彼は、フランクフルト大学で法学を学び、ドラッカーと同じく三一年に博士号を取得し、三四年にはローマ大学で政治学の博士号も取得している。彼もまたナチスの政権掌握後、英国を経てアメリカに亡命し、アメリカ軍に入隊し、ヨーロッパの戦線で戦っている。ルイジアナ州の教育キャンプで、教官として若き日の（やはりユダヤ系ドイツ人でアメリカに帰化した）ヘンリー・キッシンジャー（一九二三－　）と出会い、思想・学問的に大きな影響を与えると共に、ドイツに関する啓蒙や防諜関係の任務に推薦したことで知られている。

一九二九年の春、ゼミの指導教授の自宅で最初にクレーマーに会った時、痩せていて鼻と頬骨が高く目が鋭い典型的なドイツ人の風貌と、片眼鏡に白いマフラー、格子のチョッキ、乗馬ズボン、乗馬ブーツという、一九〇〇年頃のプロシアの近衛士官風の時代がかった装いが印象に残った、という。実際の彼の家系は貴族ではなかったが、父親は法律家で、母は化学産業の会社を経営するブルジョワの娘であった。彼はナチスを極度に嫌っていたが、それは自らがユダヤ系だからというだけではなく、プロイセンの君主制を信奉する正統保守主義者を自認していたので、保守の名を騙るナチスが許せなかったのである。

第一次大戦の敗戦でドイツ帝国が崩壊し、ワイマール共和国が成立して以降、プロイセンの君主制を信奉する者などほとんどいなくなり、せいぜい年寄りの昔話になる程度だった。まだ若いクレーマーがプロイセンの君主制を信奉していたのは、ドイツ帝国の初代の宰相ビスマルク（一八一五一九八）と同様に、ドイツ人は父親的な存在を必要としており、正統な君主がいなければ独裁者の犠牲になる他ないと考えていたからだった。クレーマーは、最後の皇帝になったヴィルヘルム二世（一八五九―一九四一）は虚栄心が強く、判断力も信念もない人間であることをよく分かっていたが、正統な君主として尊重し、毎年誕生日には亡命先のオランダに祝電を送っていた、という。

ドラッカーに言わせれば、クレーマーが信じている「プロイセン精神」なるものは、第一次大戦どころか、プロイセンがオーストリア以外のドイツ諸邦を従えて、ドイツ帝国を成立させた一八七一年の時点ですでに消滅していた。一八四八年の三月革命の時点ですでに消滅していたのかもしれない。

プロシア精神とは、数エーカーの痩せた土地にしがみつき、地方官吏や歩兵士官としてのわずかの俸給を支えとするユンカーのものだった。それは舞踏会用のドレスを自ら仕立て直したという、ナポレオン戦争時代の皇后をヒロインとする階層だった。／しかしプロシアは皇帝と庶民を等しく律する自己規律と遵法を誇りにしていた。教養どころか教育さえ十分ではなかったが、敬虔なルター派だった。そのプロシアは軍事国家だった。軍によって統一される社会だった。軍人としての徳目、すなわち誠実、謙虚、自制、忠誠を旨とし実践する社会だった。(11)

祖先から受け継いだ土地と身分を誇りにし、自己規律していたユンカー層が軍事国家プロイセンの精神的伝統を支えていたわけだが、一九世紀後半の近代化の急速な進展、資本主義の本格導入とそれに伴う拡張政策によって次第に空洞化していった。プロイセン的な気風を完全に破壊したのは、自らもユンカー出身のビスマルクであった。ビスマルクの改革によって、士官の肩書を誇りにして自己を律するユンカーではなく、実業家、銀行家、飾り立てた貴族等が大手を振るう時代になった。[12]そうした現実にもかかわらず、傲慢で横柄で貪欲な醜いドイツ人がのさばる状態からドイツを救うには、さらには、そういうドイツ人によって脅かされる状態からヨーロッパを救うには、プロイセン精神の復活しかないとクレーマーは信じていた。**ドラッカーは、クレーマーの誠実さには好感を抱きながらも、すでに消滅したものにこだわり続ける彼の国家観・価値観は受け入れることができない。**言ってみれば、ウィーンの祖母や、文化人類学にのめり込むようになったポランニーに対するのと同じような両義的な態度を取っていると言うことができよう。

2　保守主義者シュタール

シュタールとは誰か?

博士号を取得し、博士論文を公刊した後もドラッカーは、ジャーナリストとして働きながら大学で国際法や国際関係論を教えるという二足の草鞋を履いていたが、その頃すでにドイツではナチスが第一党になり、政権獲得の可能性が高くなっていた。無理してヒトラーの臣民になるつもりがなかったドラッカーは、ナチス批判の意味を込めてプロイセンの正統保守主義の政治哲学者であるフリードリヒ・ユリウス・シュタール（一八〇二―六一）[13]に関する論文を数週間で書き上げた。この本は、ヒトラーが首相に就任した二カ月後に当たる一九三三年四月に刊行されている。ドラッカーのシュタールへの関心は、先に述べたクレーマーへの両義的態度と関係していると思われる。同論文でのドラッカーの記述は、説明不足で分かりづらい所が多々あるので、以下では筆者なりの視点から補足しながら要点を紹介していく。

フリードリヒ・ユリウス・シュタール

ドイツの西南のヴュルツブルク市のユダヤ系の家系に生まれたシュタールは、当初はユダヤ教徒として育てられたが、ギムナジウムで受けた教育の影響でルター派のキリスト教に改宗する――ヴュルツブルクは古くからユダヤ人の共同体があった都市で、何度もユダヤ人排斥運動が起こっている。ヴュルツブルク大学、ハイデルベルク大学、エアランゲン大学等で法学を学んで博士号を取得し、ミュンヘン大学の私講師を経て、一八四〇年にベルリン大学法学部の法哲学および国法・教会法担当の教授に就任している。ベルリン大学は、ナポレオンとの戦争に敗れたプロイセンのフリードリヒ・ヴィルヘルム三世（一七七〇―一八四〇）が、学問・教育の面から国家を立て直すべく一八一〇年に創設した大学で、プロイセンの勢力拡大に伴って、著名な教授が集まるドイツ語圏で最も有力な大学になった。帝大時代の東大のように国家と密接に結び付いた大学であり、特に法学部は、官僚・法曹養成や国家の法政策への影響という点で重要な役割を担っていた。

シュタールの教授就任は、ベルリン大学を中心に若者の間に合理主義・自由主義的な傾向の強いヘーゲル（一七七〇―一八三一）の哲学の影響が広がっていたのに対抗しようとした、新国王フリードリヒ・ヴィルヘルム四世（一七九五―一八六一）の意向を受けてのこととされている。フリードリヒ・ヴィルヘルム四世は、欽定憲法を定めて上からの近代化を進めたが、当時の知識人たちは、彼が内心では中世のような古い王権に憧れているのではないかと推測し、王座のロマン主義と呼んだ。実際、シュタールの『法哲学』（一八三〇、三三、三七）はラディカルな社会主義者による革命だけでなく、あらゆる革命に対する反対の立場を鮮明にしている――シュタールのこの著作は版による変動が激しいが、ここでは一八五四年に刊行された第三版に即して議論を進めていくことにする。

一八四八年に起こったフランスの二月革命の影響が飛び火する形で、ドイツ語圏でも三月革命が起こった。メッテルニヒを中心とする復古的なウィーン体制が崩壊し、自由と統一を求める運動がドイツ語圏全体に広がった。混乱の中で社会主義運動も台頭してきた。この革命に対しシュタールは明確に反対の立場を取り、国王の信任の厚いレオポルト・フォン・ゲルラッハ将軍（一七九〇―

一八六二）等と共にプロイセンの保守党を結成している。同党は、経済的自由主義と民主主義に反対し、君主政の維持と貴族の特権を綱領として掲げた。ビスマルクもこの党派の初期メンバーであり、同党選出の国会議員として政治家としてのキャリアを歩み始めた。また、教会法の専門家であったシュタールは、プロイセン教会会議の議員に選出されて、教会の組織改革で指導的な役割を果たしている。プロイセンのある意味、国家公認の保守主義者だったシュタールについては、ワイマール時代のドイツにカトリック系の保守主義を復権しようとしたカール・シュミット（一八八八―一九八五）[14]もたびたび言及している。

なぜ、シュタールか？

国家の権力を神の意志によって根拠づけようとする、キリスト教の教義と結び付いたシュタールの法学は、法実証主義が主流になったヴィルヘルム二世時代（一八九〇―一九一八）のドイツでは忘れられた存在になるが、ナチス期にはネガティヴな意味で再び注目されることになった。バイエルン州の司法大臣や党の法律担当部門の全国指導者、ポーランド占領地区の総督などを歴任したハンス・フランク（一九〇〇―四六）や、ベルリン大学教授に就任したシュミットを始めとする、ナチス支持の法学者たちから、ドイツの法体系にユダヤ的な思想を持ち込んだ法学者として激しく非難されることになる。**ドラッカーの論文は、法学において反ユダヤ主義の傾向が強まることを予想して、それに対抗することを念頭に置いていたのかもしれない。**ドラッカーのシュタール論は以下のように始まる。

昨今におけるドイツ国内の論争と政争において、さまざまな陣営から「活力ある保守主義」を求める声が繰り返し聞こえてくる。ところが、これを求める人たちですら、活力ある保守主義とは何なのか、またどうあるべきなのか、概してはっきりしない。／この事実だけを見ても、ヨーロッパ史における最後の偉大なる保守主義者、あるいはプロテスタンティズムにおける唯一の保守主義者であったフリードリヒ・ユリウス・シュタールの理論に関心を向けることは、まさしく当を得ているのではないか。(15)

この箇所には、第一次大戦後のドイツの政治状況が反映されている。日本で第一次大戦後のドイツの保守主義というと、すぐにナチズムを連想しがちだが、ワイマール期のドイツにはナチス以外にも様々な保守勢力がいた。共和国の第二代大統領に就任した退役元帥で元参謀総長のヒンデンブルク（一八四七―一九三四）は、王政復古主義者で、ユンカーとブルジョワジーを支持基盤とする国家人民党や軍を支持基盤としていたが、ポピュリズム的にヴェルサイユ体制打倒、反ユダヤ主義、反資本主義、企業国営化、等を標榜するナチスとはむしろ対立関係にあった。カトリックを代表し、カトリック的価値観・文化を守ろうとする中央党も、カトリック的世界観に敵対するナチスとは相容れなかった。先に述べたように、カトリック保守主義の立場を取るカール・シュミットも当初はナチスに敵対していた。

ここでドラッカーが「活力ある（生き生きした）保守主義 lebendiger Konservatismus」[16]と呼んでいるのは、恐らく、一般的に「保守革命 konservative Revolution」と呼ばれている諸潮流だろう。「保守革命」というのは、中央党や国家人民党等の従来の保守勢力と一線を画し、西欧的な価値観の下での急速な近代化、社会構造の変化に抗して、ドイツ本来の民族共同体を再建する革命を標榜する思想家、学者、ジャーナリストなどの動向である。階層社会を再建する革命を標榜した象徴主義的な詩人シュテファン・ゲオルゲ（一八六八―一九三三）、戦争体験と近代国家の超克をテーマにした作家エルンスト・ユンガー（一八九五―一九九八）、論文「右からの革命」（一九三一）で人間は共通の意志の一部になることによってのみ自由になると主張した社会学者ハンス・フライヤー（一八八七―一九六九）、議会主義と自由主義を打倒して、ドイツ的な価値を体現する「第三帝国」を実現すべきと主張した文化史家のメラー・ファン・デン・ブルック（一八七六―一九二五）、資本主義批判と国家の自律を主張する青年保守派の雑誌『タート』のハンス・ツェーラー（一八九九―一九六六）を始めとする執筆者たちから成るタート・サークルなど、様々な立場の保守派がドイツの現状の克服、（ドイツを西欧の一員として位置付ける）一九世紀的な国民国家体制からの離脱を訴えていた。ファン・デン・ブルックは、その著書『第三帝国』（一九二三）で、「保守主義は、永遠において――死んだものではなく――生き生きしたものである」[17]、と述べている。

様々なタイプの保守が乱立し、ナチスのように、進化論的人種主義を理論的な柱とする〝保守〟

が幅を利かす時代だからこそ、三月革命の波に抗して秩序と伝統を守ろうとした一九世紀半ばの古典的保守主義者であり、かつ、プロイセンの精神的な支柱とも言うべきプロテスタンティズムを擁護する立場を鮮明にしていたシュタールの思想について学び直すべき、ドラッカーはそう呼びかけている。西欧全体としては、フランス革命（一七八九）の余波が英国に押し寄せることを危惧し、国教会と一体化した英国の国家体制が優れたものであると説いたバーク（一七二九─九七）が政治的な保守主義の元祖とされているが[18]、ドイツの場合、伝統的な国家体制を守るべきことを主張する──単なる愛国主義・国粋主義や、文化に重点を置くナショナリズムとは区別される──本来の意味での政治的保守主義の元祖は、シュタールたちだとされている。ドラッカーは原点回帰を主張しているわけである。

ドラッカーによると、**シュタールの知的活動は、「復興 Restauration」と「革命 Revolution」との間の不毛な対立──現代風に言うと、二項対立──を克服することに向けられていた。**かつての状態を復活させようとするのであれば、既存秩序の解体を意味する革命を実行することなどできず、それどころか、真っ向から反対しないといけない。そう考えるのが普通だろう。しかし、だとすると、「復興」の立場を取って、文字通り一切の革命的要素を排除するということになると、国家の制度を整備したり、産業構造の改革をすることができない。シュタールは、「真の立憲君主制 die echte konstitutionelle Monarchie」を構築することで、復興と革命、「平等化する民主主義」と「封建的あるいは絶対的君主制」の間での二者択一を克服することを目指した[19]。「真の立憲君主制」は彼にとって単なる折衷ではなく、対立する両項をより高い次元で統一する秩序なのである。政治の問題にかぎらず、倫理学、歴史哲学、形而上学などの領域でも、**シュタールは対立する二つの立場を、より高次において統一する秩序を見出そうとした。**単一性と多様性、他律と自律、権威と自由、普遍的な自然法と民族ごとの歴史的法、人間の理性と天の摂理……などの統一である。

3　ヘーゲルからシュタールへ

「理性」から「神」への回帰

民主主義と君主制を高い次元で統一する「真の立憲君主制」という言い方をすると、ある程度ドイツの哲学史に通じている人であれば、ヘーゲルとの類似性を考えるだろう。実際、ヘーゲルは、ある事物や制度が存在するようになると、不可避的に、それに対立するものが定立され、両者の間の対立の中から、両者を高次で統一する新たなものが生まれて来る、という弁証法的な図式［正（These）→反（Antithese）→合（Synthese）］に従って哲学的思考を進めたことで知られている。

例えば、人間を自由な存在であるとみなし、それを議論や行動の前提にすると、それと矛盾する（ように見える）人間の不自由さを示す現象が見出され、二つの人間のあり方が対立するが、その対立をきっかけとして、それぞれの立場における〝自由〟と〝不自由〟の意味するところがよく吟味されることになり、実は絶対的に排他的な関係にあるわけではないことが判明し、より合理的な人間理解が見出される、というような事態を思い浮かべればいいだろう。そういう風にして、事物の本質、本来のあるべき姿が明らかになっていくわけである――「正↓反↓合」は、ヘーゲル弁証法をかなり単純化した図式だが、ここでこだわる必要はないだろう[20]。

また、『法哲学要綱』(一八二一)では、一般的法原則を創出する立法権(議会)と、それを個別の問題に適用する統治権(官僚機構)が、最終決定権としての君主権によって統一される立憲君主制を国家の理想として構想している。最終決定権と言っても、君主が立法や行政を無視してすべてを決定する絶対君主的存在ではなく、諸身分の利益を代表する議会での審議の結果を国家の意思として公布する、現代の国家元首に近い形式的な位置を占めているだけである。ヘーゲルは君主制、貴族制、民主制が対立的なものとして捉えられるのはまだ理性が十分具体的に展開されていない段階の話だとしたうえで、「国家の立憲君主制への形成は、実体的理念が無限の形式を獲得した近代世界の事業である[21]」と述べている。

先に述べたように、一九世紀前半のプロイセンにおけるヘーゲル哲学の影響は決定的で、シュタールも、ヘーゲル哲学をたたき台にして自分の思想を構築している。主著『法哲学』(一八三〇―三七、四五、五四)における法哲学史に関する記述でも、ヘーゲル法哲学に特別多くの頁を割いている[22]。初版の序文では、ヘーゲルの体系が非真理であることは当初から直観していたが、どこにその誤りがあるのか明確に突き止められず、いかに克服したらいいか出口が見えないまま悶々としていた時期があることを認めている。[23] ドラッカーの見方では、**シュタールもかなりの程度までヘーゲル主義的な発想をしているが、プロテスタントの信仰に基づく信仰経験ゆえに、最上位の原理は宗教的なものでなければならないと考えていた。** そのため、宗教的経験ではなく、普遍的理性の視点から国家や政治について考えるヘーゲルと一線を画し、むしろヘーゲルと同時代のベルリン大学の法学教授サヴィニー（一七七九―一八六一）を元祖とする歴史法学[24]に近い立場を取らざるをえなかった。『法哲学』では、ヘーゲルの体系は純粋な思考空間から導き出されるもので、本当の現実に対応しておらず、そのため、具体的な歴史的事実や既存の制度を研究するサヴィニーや教会史家のアウグスト・ネアンダー（一七八九―一八五〇）のそれのような地道な仕事を軽視してしまう傾向があると批判している。[25]

（ドラッカーの解釈する）**シュタールから見て、ヘーゲル弁証法は、あらゆる対立が理性によって解決可能であるとする合理主義的な前提に立っているところに問題がある。** 現代人の普通の感覚からすると、現実の社会に存在する様々な対立を合理的に解決できるのであればそれに越したことはないので、その何がいけないのか、と思えてくる。シュタールは、合理的に解決できない問題がある、という前提から出発する。それは、世界に存在するあらゆるもの、特に社会的制度は、合理性を超えた神の創造の業に従って歴史的に形成されてきたものであり、それらが何を目的に存在し、どのようになるべきか、人間の理性では把握できないからである。諸事物の対立を解決するカギは、人間の理性ではなく、第一原理にして、創造の業を主宰する神である。加えて、人間は神の被造物として、神による創造の法則に支配されていると同時に、自由意志を与えられているがゆえに、その行動には不確実性が伴い、完全に合理的にはなりえない。そうした二重の非合理性を考慮に入れていないところが、シュタールから見たヘーゲルの限界である――ドラッカーは、シュタールがヘーゲルを公平に評価せず、早急にヘーゲル哲学に見切りをつけていることを問題視している[26]。市民たちの理性的な発展を促すことが国家の役割だと考えるヘーゲルに対し、シュタールは、自由な存在である人間たちを精神的に結合させ、支配し、「人倫（道徳）の王国 sittliches Reich」へと導くことを国家の目的として設定する[27]。**このように歴史や国家の発展を方向づける原理として、「人倫の王国」という宗教的・倫理的なものを持ち出すところに、民族の（法的）伝統を守ることにしか関心を持たなかった歴史学派の他のメンバーには見られないシュタールの独自性がある**[28]。

人倫の王国が、現世において、不完全かつ不十分に、しかも低次元に実現されたものが、国家と呼ばれる。それでも、国家は人倫の王国であるため、国家の秩序は創造的人格の根源原理に由来するものでなければならない。したがって国家には、人間の上位に位置付けられる権威、臣民とは異なる高次の意思を持った上位者が必要になる。よって、国家権力は上位者の下にならなければならないことになる[29]。

「創造的人格 schöpferische Persönlichkeit」とは神のことだが、「上位者 Obrigkeit」というのは人間である。人間たちが神の創造法則に従って道徳的に教化されていくことが国家の目的であるが、そのために神を代理して、人びとを指導する「権威」を持った存在が国家のトップにいなければならないわけである。神の名による政治だとすると、反ヘーゲルというより、マキャベリ（一四六九—一五二七）以来の近代の政治思想の基本的流れに逆らっているようにさえ思える。古代・中世の政治は、宗教や道徳と不可分に結び付いていたが、マキャベリは、宗教や道徳とは独立に、「国家」を維持・拡大することとそれ自体、「国家理由（理性）」を政治の目的として設定した。[30] それ以降、近代の法学や政治学は、宗教的権威抜きの国家の構成を考えるようになった。

法の下の「神の国」

一九世紀の法学者であるシュタールが、神の名の下での国家統治や道徳的な教育を目指すというのは、中世への逆行であるように見えてしまう。ただ、プロテスタントの立場に立つシュタールは、教会および教会と結び付いた皇帝や王の権威を絶対視し、それに基づいて各人の信仰と行為を全面的に支配しようとした中世の神政政治は全否定し、各人が自らの自由意志で自己形成しながら、神と直接的に向き合う可能性を開いた宗教改革の意義を強調している。[31] つまり、**シュタールにとって、国家が人びとを神の王国へと導く道徳的な「権威」を有するといっても、それは聖職とか帝位・王位の継承によって特定の個人に自動的に与えられるものではなく、あくまで「憲法 Verfassung」**

に従って付与されるものである。君主制の場合でも、君主の権力は、憲法による制約を受ける。[32]また、人びとをより完全な「人倫の王国」へと導くことが、地上の国家の役割だといっても、権力者が神の摂理に基づく日常生活上の規律のようなものを臣民に一方的に押し付けるわけではなく、国家の枠内で、各人が自らの自由意志で――神の意志を実現すべく――活動することが大前提である。「憲法」は、市民的自由を保障するために存在する。[33]社会の中で各人の「人身 Person」と「権利 Recht」を保護し、他者のそれを侵害したものに報復する「正義 Gerechtigkeit」の原則が国家の制定する「法 Recht」の基礎になる。[34]そうした面から見れば、シュタールの国家論は、ヒューム、アダム・スミス、ヘーゲルなどの市民社会的秩序をベースにした国家論と大差ないようにも思える。「立憲君主制」を志向する以上、彼らの議論と一見似ているのは当然である。**異なるのは、市民的秩序のあるべき形が、神の摂理によって定められており、人間自身の力でその完成形態に至るのは不可能であることをシュタールが繰り返し強調する点である。**人間は、神の目から見て常に不完全であるがゆえに、国家や法が必要になるのである。「従って法とは、神の世界秩序を維持するための民族＝人民（Volk）の、ひいては、諸民族の共同体の生の秩序なのである」。[35]

無論、自由に活動している人間は、国家の「法」を、自分たちが従うべき人倫の法則と認めて、それに自発的に従うとはかぎらない。むしろ、自分たちの自由を抑圧する装置と見て反発する可能性がある。そこに現実の国家が抱える困難がある。ドラッカーは以下のように記述する。

とはいえ、服従する者もまた、自由意思と個々の人格を持った自由な人間である。彼らが法律に従うのは、それが自らの人倫的本質を表現し、その求めに応えるものである限りである。したがって、立法や税の取り決めへの参与という形で、自らの権利が代表され、自由が保護されるべきことを譲ることのできない要求として掲げる。ただしこの権利は、明らかにほとんど消極的な地位しか有しておらず、事実上、上位者に対抗する力を与えはしない。つまり、国家権力への参加を主張することはできない。しかし、上位者と人民双方の上に、両者を制約する「国家の法則（掟）Gesetz des Staates」がある。それゆえ、国家は君主の生や人民の生から分離した――法的規則に従う――独自の生を有する機関、すなわち法治国家となる。[36]

「人民Volk」が自らの自由と権利のために国家権力への参加を要求する主体的な存在だとすれば、どうして、「上位者」への服従を受け入れるのか。現代人の感覚からすると、理解しにくい。たとえ「上位者」の権力もまた、憲法を始めとする国家の「法」によって制約されているとはいえ、どうして「人民」は「法」を信用できるのか。国家の「法」自体が彼らの自由や権利を侵害しないとどうして信じられるのか。社会契約によって成立した国家、あるいは、ルソーの言う「一般意志」[37]で統治される民主主義的な国家であれば、国家の法は――少なくとも形式的には――人民自身が取り決めたことに人民が従うことになるので、それなりに納得はいく。しかしシュタールは様々な状態、利害関係、立場にある人びとを一つの統一体であるかのように扱う民主主義的な国家体制＝憲法（Verfassung）は破壊的であり、君主制、貴族制、民主制の利点を合わせもった立憲君主制こそ理想的だとしている。[38] 生活に必要な基本的な財、私有財産、家や家族に対する不可侵の権利や信仰の自由などの私的な自由こそ人間にとっての本来の自由であり、政治参加という意味での「政治的自由」は必ずしも必要でないというシュタールの基本的立場[39]からすると、人びとの立場の違いを無視して全員を均一に扱おうとする純粋な人民民主主義を拒絶するのはある意味当然だ。守るべき権利は、立場によって違うからである。しかしそういう立場を取ってしまうと、人民の信頼をどうやって確保するのか、という問題は解決できない。

シュタールは最終的に、「人民」も「上位者」も神の目から見て、道徳的に不完全なので、「国家」の中で道徳的に再形成されねばならないという神学的な論理に訴えるわけだが、たとえそうだとしても、どうして、君主のような特定の権力者が、「国家」の中で神の権威を代理することが正当化されるのか、という問題は解決されない。ドラッカーは、**神の目から見た国家の人倫（道徳）的不完全さという視点から、立憲君主制を正当化しようとしたシュタールの試みは理論的に大きな困難を抱えており、失敗だったと断言している。**[40] その一方で、**歴史の特定の状況、つまりプロイセンの現状を理想化し、変化の可能性を無視する、歴史学派的なアプローチのおかげで、彼の理論に政治的な影響力と実効性が備わった、と皮肉まじりに評価している。**[41]

4　「法治国家」とは何か？

シュタールの法治国家観

ここで、先ほどのドラッカーからの引用の最後に出てくる「法治国家 Rechtsstaat」という言葉について考えてみよう。ドイツ語圏の法学では、「法治国家」という言葉が単に〝法律に基づいて統治する国家〟というような漠然とした意味ではなく、ある程度厳格な意味で使われるが、その際に標準的なものとして最も頻繁に引用される[42]のが、『法哲学』の中でのシュタールの以下の定義である。

国家は法治国家であるべきである。それは近代的な発展の方向性を示す標語であり、真理である。法治国家は法という様式で、自らの効力の軌道と限界、及び、市民の自由の領域を厳密に規定し、かつ途絶えることなく保障するものであり、直接的には、法的領域に属する事柄を越えて、つまり必要最低限の垣根を張り巡らすという範囲を超えて、国家が進む道の人倫的理念を実現（強制）しようとすべきではない。これが法治国家の概念であるが、このことは、国家が行政上の目的なしに法秩序を単に操作するだけ、あるいは、もっぱら個人の権利を守るだけにすべきということを意味するわけではない。法治国家概念とはそもそも、国家の目標と内容ではなく、それらを実現するためのやり方と特徴を意味するのである。(43)

ここから読み取れるように、**シュタールの「法治国家」は、国家が（神の摂理の視点から）目指すべき道徳的理念を直接的に人びとに押し付けるわけではなく、法的秩序を守ることを通して間接的にそれに寄与する枠組みである。**恣意的な権力行使ではなく、「法」の規定に従って、臣民たちの権利を保障したり、行政を執行することが、神の王国の実現に貢献するわけである。

法治国家の臣民たちは、正統な上位者に対する服従と愛、国家に対する献身と愛を義務付けられるが、その一方で、先に見たように、国家によって自由に活動するための諸権利を保障される。(44) バークがそうであるように、(45) シュタールも、国家という枠組みのあるなしに関係なく無条件に妥当する「人権 Menschenrechte」概念は否定し、あくまでも国家権力とその臣民の関係における問題として考える。臣民の財や自由が事実として保障されるだけでなく、「権利」として承認され、国家権力に対抗する根拠にならねばならないことは明言している。そのための「権利宣言 Erklärung der Rechte」――「人権宣言」ではないことに注意――の意義も認めている。そこに含まれるべき具体的な内容として、良心の自由、財産の保護、移動の自由、警察権力に対する一定の不可侵性、出版や結社に関する公的な自由の活動の余地、および、教会や共同体のそれと同様の権利等を挙げている。(46)

また、人民は常に無条件に君主とその官僚機構の統治に従わねばならないわけではない。シュタールは、法律や税に同意または反対し、国家の財政秩序、法律の合憲性、公正な司法が守られるよう監視する役割を果たす国会の必要性を認めている。これによって、君主が臣民の「権利」を侵害することをある程度抑止するわけである。この国会は、かつての身分制議会のように特定の身分の特権だけを守るものではなく、人民全体の利益を代表する機関として想定されている。ただ、英国の貴族院のように有力者たちから成る上院と、諸身分の代表から成る下院の二院制を採用すべきとしている。[47] 君主に立場的に近い上院は、君主と庶民の代表である下院の間を仲介することを期待される――一八四九年に現実に導入されたプロイセンの議会も、これと同じような性格の二院制だった。[48] 君主が国会を無視した統治をしようとすれば、後者はそれに対抗して自己の法的正統性を主張することができるが、シュタールは抵抗権を認めていないので、最終的には君主の恣意的な統治が許容されてしまう可能性が高いことは否定できない。[49] ドラッカーは、そこにシュタールの法治国家論の落とし穴を見ている。

　同じ「立憲君主制」型の憲法構想でも、ヘーゲルが君主の最終決定権をできるだけ形式的なものにして、議会の実質的権限を大きくしようとしているのに対し、**シュタールの場合、多数の異なった立場の人びとから成る議会をあまり信用せず、自らの意志で権威をもって最終的な決定を下す一人の人格である君主にしか責任は負えないとして、「君主」の決定権に重みを与えようとしている**ように見える。[50] こうしたシュタールのスタンスは、彼に由来するものとしてドイツ語圏でしばしば引き合いに出される、「多数ではなく権威を Autorität! nicht Majorität!」という標語に要約されよう。「君主」への責任＝実質的決定権の集中は、法治国家の安定にとっての両刃の剣である。不完全な存在である「君主」が法に反する統治を行ったとしても、それを実効的に抑止する方法はない。後のカール・シュミットの決断主義的な国家主権論[51]のそれと同根の問題である。

それでもシュタールは、宗教的保守主義の立場に立ちながら、「法治国家」という枠組みによって君主の権力を制限しようとした。スイスの国法学者カール・ルートヴィッヒ・フォン・ハラー（一七六八―一八五四）が『国家学の復興』（一八一六）で呈示した、「家産国家」論、つまり国家を君主の私的所有物（荘園）とみなす議論[52]に対しては、それが歴史的には一定のリアリティを有していたことは認めるものの、社会的な進歩によって機能的な官僚機構になった国家の現状に合っていないとして否定している。[53]また、国家を生成しつつある「有機体（一つの巨大な身体）」とみなし、中世の身分制国家を有機体としての理想状態として賛美する政治的ロマン主義者アダム・ミュラー（一七七九―一八二九）や、政治的には自由主義陣営に属しながらも国家を一つの人格を備えた有機体として捉えようとしたブルンチュリ（一八〇八―八一）等とは一線を画すシュタールは、自らの「人倫の王国―法治国家」論は、各人の自由や人格的自律性を尊重するものであることを強調する。[54]

社会主義はなぜ法治国家を形成しえないのか?

社会主義に対しても、シュタールは、各人の自由を重んじる立場から反対している。ドイツの国法学者ローレンツ・フォン・シュタイン（一八一五―九〇）――伊藤博文（一八四一――一九〇九）に憲法の仕組みを教えたので有名なシュタインと同一人物――は、バブーフ（一七六〇―九七）、サン・シモン（一七六〇―一八二五）やフーリエ（一七七二―一八三七）などフランスの社会主義・共産主義・労働運動の動向を学術的に紹介する、『今日のフランスにおける社会主義と共産主義』（一八四二）を刊行した。この本によってドイツ語圏で社会主義の考え方が広く知られることになり、マルクス（一八一八―八三）も影響を受けている。シュタールは『法哲学』の中で、この本の記述に基づいて独自の社会主義批判を展開している。

社会主義は人びとを富の面で平等にするため、私有財産を廃止もしくは大幅に制限することを標榜するが、シュタールに言わせれば、それは**各人の自由や権利、最終的には権利の源泉である「人格 Persönlichkeit」そのものを否定することに繋がる**。[55] 人間の不幸の原因はもっぱら物質的欠乏にあると見るフーリエ等は、自らの理想の共同体において「法」にいかなる位置も与えていない。犯罪を犯す者がいなくなるからである。これはあまりにも人間の根源的な罪深さを無視した楽観的な議論である。罪や犯罪の根源は物質的欠乏ではなく、人間の人格の最も中核的な部分にある。

仮に共産主義的な共同体を実現するにしても、高度に組織化された経済システムを運営するために財を分配し、労働を割り当てる当局（Obrigkeiten）が必要になるはずだが、そうした当局者たちが――「法」による制約なしに――公平、無私で賢明に振る舞うという保証をどこから得られるのか。仮にまた、そうした配分によって各人が生産的な労働へと動機づけられるという保証はあるのか。仮に当局者が各人の努力を公平に評価してくれるということになったら、各人が生産性を改善するために自発的に試行錯誤することはなくなり、労働への刺激がなくなるのではないか。もし人間が本性において善であるなら、どうして社会主義が主張するような根本的な改革あるいは革命が必要なのか[56]。

シュタールは当局者の不完全性の問題と関連付けて、社会主義のための「計算可能性」の問題も指摘している。人間の知性には限界があるので、当局者たちが、社会主義化に伴う様々な計画を実行することはできない。これは、前章でオーストリア学派やポランニーとの関連で言及した「社会主義計算論争」と同じ問題である。ドラッカーはこの点に言及していないが、シュタールの先見の明を示しているようにも思えるので、当該の箇所を引用しておこう。

たとえ人間の意志が彼らが前提としている通り純粋なものだとしても、全体の必要性と労働の全収穫をその循環の全過程を見通して予め計算し、それに従って産業活動を配列することは人間の知性には不可能なので、彼らは挫折せざるを得ない。産業は自らの法則に従って、自然の力を利用し、労働の成果、売れ行きとその反応によって制御される。当局の配慮が産業をあちこちで妨害したり、指導したりすることになるだろうが、個々の企業家がそれぞれ感じ、従っているこうした自然な作用と反作用を除去して、純粋に計算によって産業の在り方を確定するというのは、いかなる人間もその任に堪えない課題であり、指導者が間違った計算をすれば、各人はどれだけ苦しむことになろうか。これは近代の法典化と似たところがある。これもまた人間には、あらゆる事例と可能性を予め計算する、つまり人間の生を組み尽くし、法的規定によってカバーできるだけの洞察力があるものと期待している。[57]

シュタールは市場での需給関係の変化を通して自然に成されている〝計算〟を上回る合理的な計算を、特定の当局者が行うことは、人間の能力を超えていて不可能だと言っているわけである。これはまさに後のミーゼスやハイエクの議論の要点である。加えて、**「法典化 Kodifikation」の問題がこれとパラレルな関係にあることを指摘している点も注目に値する。**「法典化」というのは、それまで判例や慣習としてしか存在していなかった各種の法を民法や刑法などの法典にまとめて、体系的に理解できるようにすることである。法を体系化することは、社会を合理化するうえで不可欠なこととみなされた。歴史的に有名なのは、ナポレオンの命令による民法や商法など五つの法典の編纂（一八〇四〜一〇）であり、英国ではベンサムが「功利性の原理」（＝最大多数の最大幸福）によるあらゆる法の体系化を構想した[58]――英国自体では、法典化はほとんど進まず、現在でも判例法優位の状態が続いている。ドイツ語圏でも一九世紀初頭に、ナポレオン法典に倣ってドイツ諸邦の統一民法典を早急に制定すべきか、ドイツの歴史的状況から見てそれは時期尚早かをめぐる法典化論争（一八一四以降）が、ティボー（一七七二―一八四〇）とサヴィニーの間で展開された[59]――統一ドイツの民法典が実際に編纂されたのは、一九世紀末になってからである。

サヴィニーの歴史法学の系譜に連なるシュタールが法典化に批判的なのは当然のことではあるが、

引用した箇所で彼は、人間のあらゆる行動の可能性を計算し、すべてのケースに対応できるような完璧な法典を探究しようとするベンサム的な発想は、社会主義と同じく、人間の限界をわきまえない傲慢だと示唆しているわけである。このように人間の知性の限界、各人の行動の帰結を踏まえたうえで、法と市場の関係を考えるシュタールの発想は、人間の行動を計画的に管理するための道具ではなく、市場における人びとの自由な振る舞いの連鎖の中で慣習的・自生的に形成されてきたルールの体系として「法」を捉える後期ハイエクの議論に通じている(60)。

ただし、**シュタールは社会主義を全否定しているわけではなく、社会主義思想の根底に人倫的真実があることを認めている**。それは、各個人の人格の尊重が、道徳の絶対的な目的であり、事実上のそして法的暴力を手にしている裕福な者たちが、財産を持たない者たちが自由に生きられないような状況を放置することは許されない、という信念だ。**シュタールはこの道徳的直観は認めるが、各人が「享楽 Genuß」に対する平等な権利を有するという公理は間違っていると断言する**。「享楽」は人によって異なるものだし、人生の最高の目的ではない。神は人間を生まれついた環境や能力において平等に創造していない。ただし、他人との比較においてではなく、各自に固有の生活上の必要を充足する、つまり人倫的生の基盤としての外的生活を可能にするものとしての「享楽」を要求する権利はあり、そうした限度での「享楽」を各人に提供する義務が社会にあることはシュタールも認める。その意味で、享楽の平等を主張する共産主義よりも、最低限を要求する社会主義の立場の方が正しい(61)。

レッセフェールへのブレーキとして

こうしたミニマムな生存保障の必要性を認める立場からシュタールは、当時の経済学でメインストリームになっていた完全な自由競争の原理＝レッセフェール（laissez-faire 成るがままに放置せよ）をも批判する。それは、個人の自律だけを重視するカント的法哲学の、経済学における類似物である。抽象的な富の総量ではなく、具体的な個人にとっての欠乏と充足、持てる者による持たざる者の抑圧といった保守主義者にとっても重要な問題に焦点を当て、アダム・スミス流の自由主義的経済学（liberale Nationalökonomie）の欠陥を明らかにしたのは、社会主義的諸理論の功績である。ただ解決策として、社会主義のように、生産活動に直接介入し、生計を立てるための活動を指導するのではなく、法的秩序を通して、生計を立てられる状況を保障することを目指す、第三の道こそが正しい[62]。

前者（＝アダム・スミスが代表する経済学の抽象的体系）が抽象的な富、財の量を第一原理とするのに対し、後者（＝新しい社会的諸理論の唯物論的体系）は個人の感性的享楽を第一原理とする。それに対して真の完成した経済学は、人格（その道徳的・精神的及び感性的あり方全体における人間）と、人倫の王国、すなわち、人倫的に秩序付けられ、人倫的に保証された人間の共同存在と共同体統治――それは物質的な財と物質的な充足によって支えられるものである――を第一原理とする[63]。

シュタールにとって「法治国家」論は、自由主義経済の行き過ぎによる生存の脅威を間接的に緩和すると共に――後付け的にではあるが――**経済を計画的に管理しようとする社会主義・共産主義的な方向への行き過ぎをも抑止する装置でもあったわけである。**一方では、カトリック的な神政政治や、家産主義国家論や有機体的国家論のような没個人・前近代的な国家観と「普遍的人権―人民主権」論に基づいて伝統を破壊する革命的ラディカリズム間でバランスを取り、他方では、自由主義経済と社会主義経済の間でバランスを取ろうとするところに、シュタールの法・政治思想の中道右派的な現実路線の強みがあるようにも見える。

しかしここまで見てきたように、個人の自由を擁護するにも、君主の最終決定権を正当化するにも、常に肝心のところでキリスト教の神の御心に訴えることになるので、世界観を共有していない人に対しては論理的な説得力を欠くことになる。同じプロテスタントにとっても、どうしてこの現状を神が望んでおられると言えるのか、という根本的な疑問が残る。ヘーゲルのように、現実の歴史を理性の発展の歴史とみなし、現実の歴史から歴史の今後の発展の方向性を推測するという形を取るのであれば、国家の現にある姿を肯定しながら、ある程度の自由主義的改革を許容するという戦略を取りやすい――『法哲学要綱』の「序文」の有名な「理性的なものは現実的であり、そして現実的なものは理性的である」(64)というフレーズは、こうした現実順応戦略的な意味に解釈できる。ヘーゲルと対決する姿勢を取ってしまったため、シュタールはこの戦略を取れない。シュタールのヘーゲルに対する距離の取り方が下手であることをドラッカーが強調するのは、この点に関係しているると思われる。

5　保守主義と革命のあいだで

「革命の回避」と「進歩」を両立させるために

ドラッカーは、**ヘーゲルとの距離感ゆえにシュタールの法学が抱えてしまったもう一つの大きな問題として、「革命 Revolution」と「進化 Evolution」の間での葛藤を指摘している**(65)。キリスト教の神学をベースにした保守主義者であるシュタールが「革命」に対して否定的であるのは当然だが、一方で彼は、カトリック教会の神政政治を打ち破った「宗教改革」の意義を強調しているし、近代の市民革命の帰結として広く認められるようになった市民（臣民）の自由や権利の多くを――人民主権を除いて――認めている。それどころか、「法治国家」という枠組みでそれらの自由や権利を守ることが、「人倫の王国」の実現に繋がるとさえ主張している。そこにシュタールの葛藤があるように見える。

『法の哲学』では、（神と法によって権威を与えられている）「上位者」に対して暴力を行使することを意味する「叛乱 Empörung」は法的にも宗教・人倫的にも許されないというのが議論の大前提になっている。政権転覆を試みるのが本来の意味での「叛乱」だが、たとえ転覆までは意図していなくても、暴力的手段によって上位者にある特定の行為を強制する「積極的抵抗 aktiver Widerstand」も広い意味で「叛乱」に含まれるので、許されないとしている。「上位者」に暴力を向けることは法的秩序それ自体を破壊することになり、聖書に示されている神的人倫もそれを許さないからである。[66] それに対して、単に上位者の命令に対して従わないだけの「消極的抵抗 passiver Widerstand」は場合によっては許されるとしている。人間は国家の法に従っているだけでなく、各人が直接神に従っているので、自らの良心から見て国家が神の戒めに反したことを命ずれば、神への忠誠を優先すべきだからだ。[67]

ただ、そうした原則論の一方でシュタールは、「反乱」を正当化する例外的な事例を探しているようにも見える。『法の哲学』の初版(一八三七)では、フランス革命の場合のように自らの主義主張や満足のために反逆を起こす場合と、不正と抑圧でその国の人たちが極限まで追い詰められた状態で、自らの生存と公共的秩序の基礎を守るために武器を取り、それが図らずして革命に至ったような場合は区別されるべきだとしている。後者の場合、忠誠というキリスト教の義務には反するものの、人間の能力の足りなさという点で大目に見られてしかるべきだとしている。「緊急行為権 Notrecht」のようなものと見ることができるという。[68] 論文『革命と立憲君主制』(一八四八)でも同様の見方を示している。[69]

『法の哲学』の最終版では、このことをキリスト教神学の立場から捉え直している。ピューリタンを中心にプロテスタントの伝統には、真の信仰のために、神の摂理に反する王を排除することを主張する流れもあった。宗教改革期のスコットランドの人文主義者で、王の権力は人民に由来するものであると主張したジョージ・ブキャナン（一五〇六―八二）、『失楽園』（一六六七）の著者であり、クロムウェル（一五九九―一六五八）による革命を支持した詩人のジョン・ミルトン（一六〇八―七四）、プロテスタントの諸教会の連合のために奮闘したフランスの外交官ユベール・ランゲ（一五一八―八一）、スコットランド宗教改革の指導者で長老派教会を創設したジョン・ノックス（一五一〇―七二）などがその代表的な論客である。カトリック陣営でも、イエズス会を中心に、上位者の権力の一部は人民に由来し、人民には正当な根拠があれば、それを取り消し、新たな上位者に委任することができると主張する議論も登場した。スペインのイエズス会士ディエゴ・ライネス（一五一二―六五）、サラマンカ学派の神学者スアレス（一五四八―一六一七）、ガリレオ裁判に関与したことで知られるベラルミーノ枢機卿（一五四二―一六二一）などは、キリスト教徒は異端の王を排除すべきことと主張している。シュタールはこれらの主張が信仰に基づくものと認めながらも、キリスト教の教えの本質に反するとして否定している。

ただし、上位者のせいで法秩序全体が崩壊し、国民の物理的・人倫的な生存が否定されるような例外的な状況においては、キリスト教的な観点から反乱が許容されるとしている。そうした例外として、英国の名誉革命（一六八八）と、オスマントルコからのギリシア人の独立運動を挙げている。(70)

講演『革命とは何か』（一八五二）でもこの方向で議論を展開している。[71] では、シュタールはどうして「革命」の許容可能性の問題にこだわらねばならなかったのか。**それは彼が歴史の過程の中での人間の「進歩 Fortschritt」を信じ、その可能性を守っていこうとしたからである。**反フランス革命の論陣を張ったフランスのカトリック保守主義ド・メーストル（一七五三—一八二一）[72]や、二月革命のもたらした混乱からの回復のための独裁の必要性を説いたスペインのカトリック保守主義ドノソ・コルテス（一八〇九—五三）[73]のように、人間は罪深く非合理的であるがゆえに、従うべき「権威」が必要であるという見地から近代の啓蒙主義・進歩主義・個人主義を全否定する立場を取るのであれば、「革命」のポジティヴな可能性について配慮する必要はない。罪深い人間であっても、個々人の自由や権利は「法治国家」の枠内で尊重されるべきであり、それが人倫の王国の実現という意味での「進歩」に寄与すると信じているからこそ、また反ヘーゲルの立場を取りながらも歴史の「進歩」における個々人の理性の役割を否定していないからこそ、一連のディレンマに直面する。「人間の不変の本性に関する認識と、不断の変化に関する認識をいかに調和するか？」「人間によって達せられる目標の却下、あるいは自由主義的な進歩という考え方の却下と、人間の発展という認識をいかに調和するか？」「革命の拒否と、すでに生じた変動がもたらした帰結を認めることの不可避性とをいかに調和するか？」、といった困難な問いに答えねばならない立場に追い込まれたのである。[74]

「世論」への注目

ドラッカーと共にシュタールのテクストを読むかぎり、**シュタールは首尾一貫性のある明確な答えを出しているようには見えないが、革命の回避と進化を両立させ、君主の権力と人民の関係を緊密にして、立憲君主制を機能させる原理として「世論（公論）の権力 Macht der öffentlichen Meinung」という要素が想定されている**ことは注目に値する[75]――『法の哲学』の初版では、「公的意識の権力 Macht der öffentlichen Gesinnung」という表現を使っている[76]。

シュタールは「世論」が国家において果たすべき二重の役割を挙げている。第一に、政府は常に自己の判断の適正さを世論によって吟味し、道徳的・知的に刺激を受け、方向性について示唆を得る必要がある、ということがある。世論を満足させられなかったり、道徳的に劣っているとすれば、政府が厳しい立場に立たされるからだ。第二に、その自由な行為を通して人倫の王国としての国家の実体を形成することになる人民自身が、国家の方向性を決めることに自発的に関与すべきだからである[77]。彼は、瞬間的に変わりやすい世論が、政府の上位に立つ実体的な権力装置になるのは適切ではなく、憲法によって与えられる権威によって継続的に政策を実行する機関としての政府が優位に立つべきだとしている。また、世論が直接的に政府を拘束するようになると、政府が世論の喝采を得ようとして、場当たり的な政策を追求するようになるので、政府の地位は世論に左右されないようにすべきだとして、議会主義を否定する。国家（立憲）体制を「保守 Konservation」する役割を、恒常性のある政府機関に割り当てている点で、自分は――「世論」を立憲政治において重視する点で意見が一致する所も多い――自由主義者たちとは異なるとしている。しかし、そのように政府を世論から分離するのは、両者の健全な緊張関係を保つためでもある。**世論と政府が、相互に刺激し合って発展しながら、人倫の王国の実現という共通の目的に寄与する状態が理想的だとしている。**

このように世論に大きな役割を与える議論は、彼よりも自由主義的であるはずのヘーゲルには見られない。ヘーゲルは世論が玉石混交で非理性的な要素を多く含んでいるため、政府は世論から独立して判断すべきだとしている。ヘーゲルは、後になって世論が政府の判断の正しさを認識できるよう、議会での審議の過程を公開すべきだとしているが、[78] これは政府から世論（人民）に対する一方的な教化を前提にした議論である。立憲政治への世論の組み込みを積極的に推奨しているという点では、政府の権力行使を「功利性の原理」（最大多数の最大幸福）でチェックする「世論裁判所 Public Opinion Tribunal」を構想したベンサム[79]や、民主主義の健全な発展のために常に複数の意見が存在し、討論がなされる状態を制度的に維持すべきだとしたジョン・スチュアート・ミル（一八〇六―七三）[80]など英国自由主義系の議論に通じているように思われる――ベンサムやミルは普通選挙による代議制民主主義を想定しているので、世論と政府の関係はより緊密になるが、政府の方針がその都度の世論に左右される可能性も高くなる。

進歩をうながす「世論」とは？

シュタール自身の議論に話を戻そう。世論が発展するには、各人が政治に参加し、意見交換・交渉する必要がある。議会はまさにその役割を担っているわけだが、政府の提案する法案について具体的に審議することをその任務としている関係上、専門的な知識を持っている人にしか参加できないため、その役割はかなり限定されている。より広範な役割を担うのは、政治に関する情報を伝える新聞、特に日刊紙（Tagespresse）である。[81] 各新聞による政治に関する情報提供や論評を介して、あたかも全人民が恒常的に集会を開いて、語り合っているような状態が生じる。

そうした状態を可能にするには、出版の自由（Preßfreiheit）を保障する必要がある。シュタールは、キリスト教がヨーロッパの支配的な宗教になると共に始まった、教会や国家の権威の保持と出版の自由の間の緊張関係をめぐる問題を、各国の法制の違い――検閲・差し押さえによるのか、著作者の事後的な処罰によるのか等――を比較しながら詳細に検討したうえで、これは個人の私的権利に関する問題ではなく、公的状態に関する問題なので、一定の検閲は必要だとしている。ただしその目的は、人民の「真の意識 die wahre Gesinnung」を掘り崩すためではなく、「既成の秩序の基礎に対する扇動や攻撃に対する防御[82]」に限定すべきだとしている――この場合の「既成の秩序」とは国家だけでなく、教会のそれも含まれる。体制に対する無分別な攻撃を煽るような性質のものでさえなければ、あらゆる政治的見解・判断、宗教的・反宗教的な教えは自由であるべき、ということになる。イエスを普通の人間として描き出したダーフィト・シュトラウス（一八〇七―七四）の『イエスの生涯』（一八三五）や、神は人間の自己疎外の産物であるとしたフォイエルバッハ（一八〇四—七二）の『キリスト教の本質』（一八四一）のようなものも出版することは自由である。

書籍は大体において諸観念の発展の過程に徐々に働きかけ、その過程によってまた国家と教会が規定されることになる。こうした現実の精神的な要素は予防的な介入に服するべきではないし、実際ドイツにおいてはそうなっていない。それに対して日刊紙は、瞬間的、外的に作用して、思考形成ではなく、情念や行為をもたらす。ここで当局は予防線を張るのであり、自らの領分を超えることはない(83)。

シュタールは、既成の秩序を支える国家や教会という枠組みに反対する意見は、これらを擁護する意見と対等ではないけれど、直接的な破壊活動へと煽ることさえしなければ、それらの意見を学問的な形で表明することは、議論を活性化し、国民の教育に繋がるので自由であるべきだとする(84)、かなり〝リベラル〟な見方をしている。カント（一七二四—一八〇四）は論文「啓蒙とは何か」（一七八四）で、既存の国家体制への服従と、公共的な領域における自由な言論活動を通しての国民の啓蒙は別個の問題として考えるべきだと問題提起したが(85)、シュタールはそれを「立憲君主制」の「法治国家」の枠組みにうまく適合するよう、洗練された議論にしたということができよう。市民たちの政治的意識を活性化し、公共圏を形成するうえでの各メディアの役割に注目したことは、ハーバマス

（一九二九―　）の市民的公共性論[86]の先駆と言えるかもしれない。

こうした「世論」を介しての「人民」と「政府」の相互作用による「進歩」への契機が示唆されているにもかかわらず、**ドラッカーは、保守主義者であるシュタールは、「変化 Änderung」を含意する「歴史」の概念と折り合いを付けることができなかった、と結論付ける。**ドラッカーに言わせれば、文字通りの意味での「保守主義者」にとって「国家」を理解し、「国家」で展開する政治に影響を及ぼすことは不可能である。近代国家はその本質的な部分において常に絶えず変化し、自らが歴史的変化＝進歩の担い手になっているからである。[87]さらに言えば、宗教改革によって生まれたプロテスタントの信仰を前面に出しながら、保守主義者であろうとするシュタール固有の立場が矛盾している。カトリック保守主義であれば、人間の自由の名の下でのあらゆる「進歩」に疑いを向けることができるし、法王の「権威」を最終的な拠り所にすることができるが、シュタールはいずれの点でも曖昧な態度にならざるをえない。

6　保守主義的国家論とは何か？

歴史の進歩との両立をめざして

ドラッカーは論文の最後で、シュタール論の枠を超えて、現代の保守主義が「生き生きした」ものとなり、現実の国家の政治に一定の影響力を及ぼすには、「保守主義」と「歴史」という二つの概念を統一することを――本来的に不可能であることを十分に意識しつつ――試みなければならない、と主張している。そうした試みをドラッカーは、**「保守主義的国家論 konservative Staatslehre」**と呼ぶ。これはドラッカー自身の国家観と見ることができる。

保守主義的国家論は、歴史の進行を認めることによって必然的に、既に生成したもの（das Gewordene）、すなわち現在までの発展を、価値と意味を備えた「成果」として認識することになる。更には、将来の変化、生成しつつあるもの（das Werdende）をも認めることになる。生成した善を未来に遺贈すること、復古に抗してそれを守ることは、革命による破壊からこれを守ることに劣らぬ義務である。同様にまた、生成しつつあるものを現存するものの継続として肯定することは、生成しつつあるものを、転覆を引き起こすことなく、既に生成したものに有機的に組み込み、併合することを義務付ける。／ただし、こうしたことが行われるのは、生成したものや生成しつつあるもののためではなく、至高にして超現世的で不変な秩序、人間には実現できない秩序のためである。この存在を知ることが保守主義者の基本的体験であり続ける。既に生成したものは、それがこの秩序に接合できる限りにおいて、また生成しつつあるものを肯定できる限りにおいて、維持するに値する。というのも、既に生成したものも、生成しつつあるものもそれ自体としては価値や意味はなく、秩序だけに価値や意味があるからである。時代のあらゆる生き生きした力（lebendige Kräfte）をこの秩序に取り込み、統合し、この秩序によって根拠付けることこそが、保守主義的国家論の課題の解決への唯一の道である。(88)

「保守主義的国家論」にとって重要なのは、古くからの伝統を古いというだけで保持することでも、ましてやすでに機能停止し、消滅した化石のようなものを無理に復活させることでもない。革命によってすべてを消去してゼロから作り直そうとする設計主義的な傲慢と、過去へのノスタルジーやイデオロギー的な美化という両極端のいずれにも偏することなく、その優れた機能がこれまでの歴史の中で十分に確認された制度を守り、未来におけるさらなる発展に繋げることが肝要である。当然、既成の考え方や制度（プロテスタンティズムや法治国家の伝統）の成果を顧みることなく、自らの教義の中で美化した民族の理想を実現するための民族主義的革命を標榜するナチスとは相容れないだろう。実際、ドラッカーは「保守主義的国家論」が守るべきものの具体例として、歴史的に発展してきた政治的自由、良心の自由、政治的自決権、意見表明の自由の権利、より広範な社会階層が政治に関わる権利、個人的な自由の権利など、自由民主主義的な諸権利を挙げている(89)。

ラディカルな「革命」に対しては距離を取りながらも、近代政治史の諸成果を積極的に評価する「保守主義的国家論」の考え方はむしろ、ヒュームやバークからハイエクにまで至る、慣習的に形成されてきたルールの体系を重視する保守的自由主義の系譜に近いように思われる(90)。違うのは、保守的自由主義が制度それ自体の安定性や実証された効率性にだけ注目するのに対し、**「保守主義的国家論」が、「至高の秩序」に対する信念によって動機づけられている点だろう。**「歴史」が「至高の秩序＝真の人倫の王国」に向かって「生成」しつつあると信じているからこそ、「すでに生成したもの」の中に守るべき価値を見出そうとする。実証主義者を自認する人にとっては、それは客観的な判断を妨げる余計な形而上学的想定にすぎないかもしれない。しかし、シュタール＝ドラッカーの立場に立てば、**人間の認識能力を超えた真の秩序があると信じることが、自らの現在の見方・評価基準に満足せず、矯正する契機になると考える。**

人間の罪深さを知ることは、確固たる権威への欲求、国家と教会との結び付きへの欲求に繋がる。また、自らの寄る辺のなさと弱さを知ることは、家族、氏族、身分、国民、教会といった共同体の中での結合への欲求に繋がる。したがって、保守的国家論では、政治的自由は、それが共同体におけるより高次、共同体的な関係に根ざしている場合にかぎり、一つの善であることを理解していなければならない。さもなければ、この自由は自己破壊と無政府主義がもたらされるだけでなく、必然的に専制や独裁へと傾いていく。すなわち、一人の人がすべての人のために自発的に自制する代わりに、他のすべての人の自由を犠牲にして完全な自由、専横へと転換する。[91]

「罪深さ」というユダヤ教やキリスト教に由来する観念は、信仰を持たない人間にとっては過去の遺物にしか思えない。しかしシュタール＝ドラッカーからしてみれば、**それは各自に自分が共同体に属し、共同体に対して義務を負っている存在であることを自覚させ、「自由」が暴走し、無秩序をもたらさないよう、あるいは、その反動として専制や独裁を生じさせることがないよう、各人の心にブレーキをかける装置になっている**のである。罪深い人間は、自分の信念や行動の正しさに強い自信を持てないがゆえに、自分を縛ってくれる共同体的な絆や権威に対して従順になることができる。同じ理由から「保守主義的国家論」は、「良心の自由」も信仰に根ざし、信仰ゆえの義務感を伴ったものでなければならないと主張する。自己を超越した秩序に自らの〝良心〟に素直でありさえすればいいということになれば、唯物論や理性の崇拝、プロレタリア独裁という名の下での新たなヒエラルキーの創設、自らのイデオロギーに基づく地上の王国を目指すような傲慢な思想も正当化されてしまう。

ドラッカーがシュタールに仮託したもの

ドラッカーは「保守主義的国家論」の目指す所を以下のようにまとめている。

国家が結び付きであるがゆえに、また、結び付きである限りにおいて、保守的国家論は、国家を肯定しなければならない。しかし、国家がこの世の秩序であり、至高の時間を超えた秩序が分解した形で生成した形成物であり、人間的に目標設定され意味付与された王国であるため、保守的国家論は、国家が唯一の結び付きとなること、また「全体国家 der totale Staat」となることを阻止しなければならない。この人間的な目標と意味、言うなれば権力は、人間を超えた不変の秩序、すなわち神の世界計画に繋がっていなければ、邪悪で、堕落的で、破壊的なものになる。保守的国家論が常にこの重い義務、すなわち至高の秩序に基づいて、新たな統一体の中にあるあらゆる勢力を一つに結合させることに取り組むべきことを自覚している限り、とりわけドイツにおいて、またとりわけ現在において、保守主義的国家論が果たす役割は大きい(92)。

ドラッカーは、第二帝政の崩壊と、ナチス・ドイツやファシズム政権のイタリア、ソ連のような「全体国家(93)」の台頭という歴史的現実を踏まえて、シュタールの国家論の時代遅れになってしまった部分、つまり君主制を前提とした権威主義を修正しようとしているようである。不完全な人間は、歴史的に発展してきた共同体である国家の法秩序に敬意を払わねばならないが、それは国家の命令を絶対視しなければならないということではない。国家の中枢がナチズムやマルクス主義のようなイデオロギーによって支配され、自己を絶対視するようになったとしたら、そのまま国家に服従し続けるべきではない。そうならないよう、**国家自体を超えた至高の秩序のことを、人びとに想起させ、生成しつつある伝統に敬意を払うよう促すのが「保守主義的国家論」の使命である。**

ヨーロッパの古い秩序が崩壊した二〇世紀に生きるドラッカーは、一九世紀の人であるシュタールと違ってプロテスタントの教義を前面に出して国家のあるべき形を示したり、既存の権威を正当化することはできないものの、これまで見てきたように、人間を超えた秩序、真の人倫の王国を想定することが、政治にとっての自己批判の契機になることは認識していたようである。社会が全体主義的な傾向に飲み込まれないよう、ユダヤ教やキリスト教のように、人間の罪深さを説く宗教が批判的機能を果たすことに期待を寄せる姿勢は、次章で見る「宗教人」と「経済人」をめぐる議論にも繋がっているように思われる。

7　ドラッカーと「ユダヤ人問題」

反ユダヤ主義とは何か？

すでに述べたように、ドラッカーはナチス政権の支配下で生きることを嫌って、シュタール論を書きあげると共にドイツを去ったわけであるが、反ユダヤ主義を掲げるナチス思想を最初から全面拒否していたわけではなく、ナチスを知ろうと努めていたようである。彼はフランクフルト法学を学びながら、『フランクフルター・ゲネラル・アンツァイガー』紙の編集部で働いていたが、同紙の記者として政権を掌握する前のヒトラーやゲッベルス（一八九七—一九四五）に何度かインタビューすることに成功したことがある、という[94]。

彼はナチスの台頭によって深刻化したユダヤ人問題について独自の視点からの論考を書き進めており、亡命中の一九三六年にウィーンの反ナチス系の出版社から短い論文として刊行している。当時オーストリアはまだドイツに併合されていなかったが、ドイツ側からの併合圧力はかなり強まっていた。前年の三五年にはドイツで、ドイツ民族と認められない者の各種の市民権を剥奪する「帝国市民法」と、ドイツ人とユダヤ人の婚姻等を禁じる「ドイツ人の血と名誉を守る法律」が制定され、ユダヤ人排除に法的根拠が与えられている。
『**ドイツにおけるユダヤ人問題**』と題されたこの論文でドラッカーは、似非科学的な人種理論に基づいて国民革命を実行しつつあるナチスの対ユダヤ人政策の根源を歴史的に探ることを試みている。一七八九年のフランス革命と共に広がった市民的自由主義的な諸観念による、「ユダヤ人解放」が問題を理解するカギだとしている。周知のように、旧約聖書における選民でありながら、イエスを死刑にすることに積極的に加担したユダヤ民族はキリスト教世界の中で特異な存在であった。ローマ帝国に対する反乱の失敗で、民族離散が決定的になって以降のユダヤ人がユダヤ教の信仰を保持し、信仰に基づく共同体をキリスト教世界の中に造ったことで、余計に違和感を感じさせる存在になった。近代の市民革命で信教の自由が認められるようになったことで、理屈のうえでは「ユダヤ教対キリスト教」という対立は緩和されるはずだったが、そう簡単な話ではなかった。大多数のヨーロッパ人にとっては、信教の自由は宗教が「共同体を形成できる唯一の力 alleinige gemeinschaftsbildende Kraft」ではなくなったことの自然な帰結であったが、ユダヤ人にとってはそうではなかった。

ユダヤ人の解放がユダヤ教自体から生じたのではないこと、つまりユダヤ教がヨーロッパ秩序の中で一つの場所を得られるだけの力を自力で開発したのではなく、解放が外部から、結合に対して敵対的な市民的自由主義の諸観念から帰結したことがいかに本質的な問題であるように見えるかは、いくら強調してもしすぎることはない。ユダヤ人は、ゲットーから「ユダヤ人」としてではなく、平等の名の下に「人間」や「市民」として解放されたのである。このことが意味するのは、ユダヤ人の解放が、ユダヤ的結合の破壊から帰結したということに他ならない。というのは、ユダヤ的共同体が依拠しているところの全体性への要求を内包する選民思想は、ゲットーとは両立可能だが、市民的平等とは全く相容れない。そのことをユダヤ人自身が十分意識していないことがしばしばあるわけだが[95]。

ドラッカーは、ユダヤ人の「ユダヤ教」への強いコミットメントゆえに、近代的な意味での「ユダヤ人問題」が生じたと見ている。ユダヤ人の宗教性という視点から、近代市民社会における「ユダヤ人」問題を理解しようとする視点は、ヘーゲル左派のブルーノ・バウアー(一八〇九―八二)の『ユダヤ人問題』(一八四三)や、それを批判的に捉え直して一般的な宗教批判へと展開したマルクスの『ユダヤ人問題に寄せて』(一八四四)と共通する[96]。しかし先にシュタール論に即して見たように、宗教が共同体的な絆になっていることを積極的に評価するドラッカーは、「ユダヤ教」の存在に一定の意味を認めている。ただ、この箇所から読み取れるように、**市民社会という新たな状況に自発的に適応して、新たな「共同体」の形態を発展させる力が「ユダヤ教」自体にはなかったことを批判的に見ている。**そのため、(ユダヤ教の側から見て)「解放 Emanzipation」が、外から押し付けられる形になったわけである。

「解放」には二重の意味があった。ゲットーに押し込められ、様々な身分的差別を受ける状態からの「解放」という意味と、自らの宗教共同体からの「解放」という意味である。後者には、絆を失うという負の意味も含まれていたわけだが、ユダヤ人の多くは、次第にキリスト教色が薄れていく市民社会の中で、「市民」であることを選択した。ドラッカーはそれを後押しする二つの要因があったと指摘する。[97]一つは「解放」がもっぱら西欧で進んだということである。東欧では依然としてゲットーが存続し、ユダヤ人に対するポグロム（集団迫害）のような迫害・抑圧が続いた。そのため東方ユダヤ人（Ostjuden）[98]が西側に大量移住するようになった。東欧の同胞たちの惨状を見るにつけて、西欧のユダヤ人たちは、自由主義の拡大によって、宗教的寛容が東方にももたらされることを望むようになった。もう一つは、市民社会の中でユダヤ人にとって有利な職業の機会が飛躍的に拡大したということである。キリスト教世界では、同胞から利子を取ることが原則的に禁止されていたため、長年にわたってユダヤ人が高利貸など金融業の中核を担ってきたが、資本主義の発展に伴ってユダヤ系の金融資本が経済全体の中でさらに大きな役割を担うようになった。[99]また、戒律や古代からの医術を重んじるユダヤ的伝統は、子供を法律家や医師として教育を受けさせる熱意に繋がった――前章で見たように、オーストリア二重帝国の知的職業にユダヤ系が占める割合が高いことの一因になった。ロンドンのイーストエンドのユダヤ人のように、職人として高く評価されるグループもあった。

ただこの二つの要因で、ユダヤ人がただちに対等の市民になったわけではない。「先の引用でドラッカーが指摘するように、「ユダヤ教」は、西欧社会で異質な宗教であり続けた。ドラッカーの家系のように、キリスト教に改宗することで社会的に上昇する機会を得ようとする者も少なくなかったが、改宗しさえすれば、「同化 Assimilation」が自動的に可能になるとはかぎらない[100]。近代に入ってからは、ヨーロッパ人のアイデンティティは宗教だけでなく、ドイツ人やフランス人といった「国民 Nation」への帰属に依拠する部分が大きくなった。〈Nation〉とは、言語や宗教、歴史観を共有し、一つの国家を形成して自己統治することを志向する文化的共同体である。〈Nation〉が一つの「国家 Staat」にまとまった状態が「国民国家 Nationalstaat」である[101]。その国の国民意識や市民権に関する法制度・政策によっては、ユダヤ人はたとえ改宗しても、「国民」の一員とみなされるとはかぎらず、「異邦人 Fremder」あるいは、「半外部的存在」と見られることもあった。**人びとのアイデンティティの構成において、「教会」に代えて「国民」の比重を高めたのは、「自由主義」である。「自由主義」はユダヤ人を平等な市民として解放する反面、「国民」意識を強化することで、ユダヤ人を「国民国家」の中で浮いた存在にしてしまったわけである。**

ドイツにおけるユダヤ人問題

ドイツは西欧の中で最も古くからユダヤ人が集団で住み着いた国であり、東方ユダヤ人が日常的に話していたイディッシュ語が、中世後期の高地ドイツ語をベースにしたものであったことから、新たに移住してくるユダヤ人にとってもドイツは自らの居場所にしやすい国であった。他のヨーロッパ諸国が次第に国民国家化し、均一的な国民的アイデンティティが発達したのに対し、一八七一年まで統一国家が存在せず、異なった法制度や文化を持つ領邦国家が分立し、プロテスタントとカトリックが対立し、近代化が遅れたドイツでは、価値観やアイデンティティの多元性があった。だからユダヤ人が国民的アイデンティティへの同化を強いられる度合いも低かった。そのおかげでユダヤ人はユダヤ教の信仰を含めてユダヤ的アイデンティティをある程度保持したまま、先に見たように、知的階層としてドイツ社会の中心部に食い込むことができ、シュタールや、下院議長や帝国裁判所長官を務めた自由主義的な法学者エドゥアルト・フォン・ジムソン（一八一〇―九九）のようにプロイセンの法制度に影響を与える者や、SPDの前身に当たるドイツ社会主義労働者（SAPD）を組織したフェルディナント・ラッサール（一八二五―六四）のように労働・社会主義運動を指導する者が出てきた。しかしそのことによってかえって、**民族の中核に異分子が侵入しているという印象を持ち、反ユダヤ感情を抱く人たちも増える、というアイロニカルな反作用も生じた**[102]。

第一次大戦の敗戦でドイツ帝国が古い身分制度と共に解体し、当時世界で最も民主的とされたワイマール憲法が制定されたことで、ユダヤ人がドイツ社会に浸透するのを妨げていた最後の障壁は少なくとも形式的には除去された。それまでドイツの政治をリードしていた貴族や高級官僚・将校がいなくなったことで、ユダヤ人を含む知識人階級（教養市民層）が政治の中心的な担い手になった。実業家出身で外相になったヴァルター・ラーテナウ（一八六七―一九二二）やワイマール憲法を中心的に起草した公法学者で内務大臣も務めたフーゴー・プロイス（一八六〇―一九二五）、オーストリア出身でワイマール共和国の国会議員（SPD）になり、財務大臣まで務めたヒルファディングなど、政治の中枢に入った人も少なくない。

しかし、ワイマール共和国が様々な困難にぶつかり、袋小路に陥っていくと、そのことが裏目に出た。急激に民主化したため、様々な政党が乱立し、極右や極左による政権転覆を目指した蜂起が相次いだ。また、海外植民地のすべてと本土の約一三％の領土を失い、フランスとの国境に近いラインラントが戦勝国によって一時期占領されるなど、国家自体がアイデンティティの危機に晒された。加えて、敗戦で多額の賠償金の支払い義務を負わされて極度のインフレ状態になった。二〇年代の半ばになって、戦勝国との交渉による年間賠償額の軽減や大規模なリストラによって、ようやく復興が本格化したところで、二九年の大恐慌の影響がドイツ経済にも及び、失業者が再び街に溢れた。**そうした共和国の現状に対する不満が、西欧諸国が押し付けたヴェルサイユ体制と西欧的自由主義に対する反感、さらには、ワイマール共和制の下で影響力を増したユダヤ系市民を西欧諸国の手先と見て敵視する傾向へと繋がった。**

自由主義は崩壊した。人民に疎遠、かつ人民に敵対的で、西側勢力によってドイツに押し付けられたように見え、精神的にあまりに不毛で、「生き生きした民主主義」に向けての必然的で内的な改革をもたらすことができなかったからである。従ってドイツにおいて自由主義を代表していた、あるいは自由主義に対して責任があると見なされていた人たちもまた同様に、人民に敵対的で疎遠な存在として闘いを挑まれることとなった。ここまで述べてきたような事情から、責任があると見なされたのはユダヤ人だった。それによって反ユダヤ主義が、「大衆の野卑な本能に依拠するひどい憶測」という域を超えて、反共和国の闘争の手段になる可能性が与えられることになった。(103)

反自由主義・反ユダヤ主義を掲げて、「ドイツ民族の統一性」を回復することを試みる闘争の中で、近代的な「国民」概念を超える範疇が求められるようになった。神聖ローマ帝国の最盛期にまで遡るドイツ民族の版図を回復しようとする際に、言語、宗教、文化等によって定義される「国民」概念は邪魔になる。かつての〝版図〟に当たる所には、言語や文化を異にするポーランド人、チェコ人、ハンガリー人など明らかに異なる民族が居住しているし、ドイツ民族の子孫であってもドイツ語を母国語としない人たちもいた。また、ドイツ人と見かけ上ほとんど変わらず、もはや独自の文化共同体を形成しているとは言えなくなったユダヤ人を異分子として隔離するのに、言語、宗教、文化を軸に定義される「国民」概念は使えない。「民族 Volk」という概念がそのための候補になるが、もともと、「庶民」とか「民衆」という意味であり、国家の構成員の総体という意味での「国民（人民）」、あるいは、社会主義的な意味での「人民」という意味でも使われるこの言葉は輪郭が鮮明ではなく、ドイツ人の範囲を都合よく定義するには向いていなかった。そこで、**進化論的な意味合いを含んだ、擬似生物学的な「人種 Rasse」という概念が援用されるようになり、「人種」と「民族」**

が次第に融合していった。反ユダヤ主義は、「人種的反ユダヤ主義 Rassenantisemitismus」としての性格を強めていった。[104] こうした流れをうまく利用して政権を掌握したのがナチスである。

ドラッカーのアンビヴァレンツ

こうした歴史の流れに対するドラッカーの評価には微妙な所がある。彼は、「ユダヤ人問題」が、ナチスのような極右翼勢力が勝手にでっち上げた虚構あるいは実体のない妄想だとは考えていない。**ドイツ人という集団にユダヤ系の人たちが完全に同化されることがなく、浮いた存在になっていて、それが（ユダヤ人がかなりの割合を占める）自由主義的な知識人たちの主導する政治や社会状況に対する人びとの不満と結び付きやすい、という意味での「ユダヤ人問題」の存在はドラッカーも認めている。**彼は「ユダヤ人」問題に対する具体的解決策を示しているわけではないが、（普遍的な自由や権利の下に共同体的な絆を破壊する方向に作用することが多かった従来の）「自由主義」が「現実に民族共同体の上に築かれた国家」によって置き換えられていけば、自由主義的な市民層が指導的な位置にある状態、一種の特権的身分になっている状態は解消し、それに伴って市民層の中でのユダヤ人の特別な地位はもはや感じられなくなるはずだ、と主張する。[105]

ナチスのように、ユダヤ人を「少数派」として隔離することは解決にはならない。当時のドイツで宗教的にユダヤ教徒とみなされる人は五〇数万人で、全人口の〇・九％にすぎないが、[106] ユダヤ教徒でない人、ハーフやクォーターなど少しでもユダヤ系の血が入っている人も、人種理論に従って

「非アーリア人」とみなすと、ドイツの全人口の六〜八％、教養市民層の二五〜三〇％にも及ぶ[107]。ナチス政権は、帝国市民法による排除の対象を「完全ユダヤ人 Volljude」に絞り込むことで混乱を最小限に抑えようとしたが[108]、それは妥協であり、解決には程遠い。人種理論に基づいて「非アーリア人」を分離する形で「問題」を解決しようとするかぎり、ドイツ民族は異分子を抱え続けることになる。さらに言えば、このような試みは、キリスト教による結合や国家の社会的責任と並んで、ヨーロッパの伝統を支えてきた「個人の自由」を破壊することをも意味する。

ナチスの台頭によって、ユダヤ系も包摂する形で「民族共同体」を再定義できるような、精神的な変革が行われることは困難になったが、ドラッカーはその希望を捨てていない。論文の最後を、非ユダヤ教徒でありながら非アーリア人認定されてしまった人たちに対する呼びかけで締め括っている。

だから今日排除されている個々人にかかっている、と私たちは信じる。というのは、国民社会主義（ナチス）によってその精神的・人倫的存在を否定されているのは各個人であり、各個人によってのみ変革がもたらされるからである。（ユダヤ教に逃げ込むことができない――そのことは先ずもって、「今や真にキリスト教徒である」ことを意味する――がゆえに、最も深刻な立場の当事者であり、だからこそ闘いの主たる重荷を背負っている洗礼を受けたユダヤ人、混血の人、非アーリア人と結婚した人にとって）「今や真にドイツ人である das Jetzt-erst-recht-deutsch-sein」という意識からしか解決はもたらされない。それはユダヤ人たちを、偉大なる過去においてヨーロッパの中心にして、担い手であり、精神的優位を占めてきた精神的なドイツ的統一体へと統合することである。その目標のためには、いかなる目標も大きすぎることはない。もしそれが成功し、それに参与することができるのであれば、私たちが受けた迫害は無駄ではなかったことになろう。[109]

この論文が書かれた時点ではまだ、ナチスはヨーロッパのユダヤ人絶滅という形での「最終解決Endlösung」[110]について決定しておらず、ドラッカーは当然、ホロコーストという帰結を知らなかった。今から見ると、ドラッカーの見通しは楽観的すぎるように思えるが、少なくとも彼が、民族共同体の伝統に大きな期待を寄せていることは読み取れる。**彼は、抽象的な理念としての権利や自由について語るだけで、共同体的な絆を無視する、形式的な「自由主義」では、真に個人の自由を保障することはできないと考えているようである。**こうした強い共同体志向は、ドラッカーとミーゼスやハイエクなどの経済学的自由主義者と違うところである。こうした姿勢は、彼がシュタールの神学的発想とは距離を置きながら、「保守主義的国家論」は高く評価しようとしていることとも深く関わっているように思える。ナチズムとは異なる、真の保守主義の立場を探究することで、「自由」を守ろうとする問題意識は、『「経済人」の終わり』に引き継がれる。

第3章

なぜファシズムと闘うのか？

──ドラッカーの自由主義

1　ファシズム全体主義とは何か？

なぜ西欧社会は屈したのか？

ドラッカーの政治哲学的主著とも言うべき著作であり、彼が西側諸国の論壇で広く知られるきっかけになった**『「経済人」の終わり』**（一九三九）は、自由を否定する全体主義がどうして猛威を振るうに至ったのかその原因を解明することを試みた著作である。その点で、エーリヒ・フロム（一九〇〇―八〇）の『自由からの逃走』（一九四一）やハイエクの『隷従への道』、カール・ポパー（一九〇二―一九四）の『開かれた社会とその敵』（一九四五）、アーレントの『全体主義の起源』（一九五一）等と同じテーマのものであると見ることができる――ドラッカーは彼らの中では最年少だが、刊行は一番早い。ただ、全体主義に対するオルタナティヴとして自由主義を擁護するハイエクやアーレント、社会民主主義を志向するフロムやポパーのいずれとも、この本でのドラッカーの立場が異なるのは、**彼が全体主義を防ぎえなかった自由主義や社会（民主）主義の抱える内在的な欠陥を明らかにすることに力を入れている点だろう。**タイトルになっている『「経済人」の終わり』は、経済学的な人間概念が限界に達したことと、全体主義の台頭を絡めて論じようとする彼の意図を示している——全体主義に対抗する効果的なオルタナティヴを呈示することは、後で見るように、三年後の『産業人の未来』で試みられている。

先に見た『ドイツにおけるユダヤ人問題』が刊行された一九三六年から三年しか経っていないが、その間にドイツ語圏では様々なことが起こった。日独伊三国防共協定の締結（三七年一一月）、ドイツのオーストリア併合（三八年三月）、チェコスロヴァキアに対するドイツの要求をめぐるミュンヘン会談（三八年九月）、ズデーテン地方の併合（三八年九月）、ナチスに扇動された大衆による全ドイツ規模でのユダヤ人迫害（＝「水晶の夜」、三八年一一月）等々。そして、ドラッカーがこの本を書き終えて数カ月後には、ドイツのポーランドへの侵略で、第二次世界大戦が勃発している。

ドラッカーは最初に「ファシズム全体主義 fascist totalitarianism」は「根源的革命 fundamental revolution」であり、世界中で民主主義勢力を圧倒し、勝利を収めつつある、というきわめて悲観的な認識から議論を始めている[1]——**「ファシズム全体主義」というのは、ドイツのナチズム（国民社会主義）やイタリアのファシズムのようにナショナリズムに基づく集団主義・国家主義の延長線上にある全体主義を、マルクス主義に基づく全体主義と区別する言い方である。**ソ連を中心とする共産主義勢力も、単独では「ファシズム全体主義」に対抗することができないため、西側諸国でブルジョワ勢力や民主主義勢力と共に「人民戦線」を結成しているが、ドラッカーに言わせれば、これは彼らが自分たちこそ先駆的革命勢力であるという自負を喪失したことを意味する——ソ連は三九年八月にドイツと独ソ不可侵条約を結んでおり、ドラッカー的な見方をすれば、これは全体主義に屈したことになるだろう。

民主主義勢力が「ファシズム全体主義」を抑え込むことができないのは、**彼らが自分たちが何と闘っているのか理解しておらず、それが一過性の現象だと楽観的に思い込んでいるからである。**ドラッカーはヨーロッパの知識人の間で流布している「ファシズム全体主義」についての三つの謬説を指摘する。

①ファシズム全体主義は、人間のもつ原初的な野蛮性と残虐性の悪質な発現である
②ファシズム全体主義は、マルクス社会主義の必然的かつ最終的な勝利を妨害するためのブルジョワ資本主義最後のあがきである
③ファシズム全体主義は、無知な大衆の下劣な本能に対する巧妙かつ徹底したプロパガンダの結果である(2)

①についてドラッカーは、意味のない説だと切り捨てる。既成の秩序を破壊する革命が起これば不可避的に、人間の野蛮性や残虐性が解放されることになる。現に市民革命や社会主義革命でも、多くの野蛮な事態が起こっている。②は、資本主義社会が革命を経て社会主義へと発展することを必然視するマルクス主義陣営から出された見方である。金融資本を中心として独占が進んだ資本主

義社会は自壊へと向かい、プロレタリアート革命のチャンスが訪れるはずなのに、ファシズムが国民の支持を得て政権を握るのは矛盾である。なんとかその矛盾を説明しないといけない。そこでコミンテルン（共産主義インターナショナル）書記長のゲオルギー・ディミトロフ（一八八二―一九四九）はコミンテルンの第七回大会（一九三五）で、金融資本による反動攻勢としてファシズムを特徴づけたうえで、それに対抗するための人民戦線の結成を訴えている。[3] ドラッカーは、ドイツでもイタリアでもファシズムのシンパやパトロンは、金融界や産業界ではきわめて少なく、経済の全体主義化と軍国主義化で最も打撃を受けているのは大企業であるとしてこの説を退けている。

③については、ドラッカーはこれが最も愚かな意見だとしている。なぜなら、ドイツでもイタリアでもファシスト全体主義政権が成立する前には、主要な新聞はヒトラーやムッソリーニ（一八八三―一九四五）を侮蔑する記事を連日掲載しており、ナチスやファシストの御用新聞はほとんど潰れかかっていた。ドイツ国営ラジオ局も反ナチス的報道をし、教会の説教壇も反ナチス闘争の場になっていた。しかし何よりも問題なのは、反ナチス陣営が大衆はプロパガンダによって騙されやすいという欺瞞を吹聴していることである。大衆がプロパガンダによって騙されやすいというのは、そもそもヒトラーが『わが闘争』（一九二五）で言っていたことである。[4] **民主と自由、権利と尊厳のためにファシズム全体主義と闘っているはずの陣営が、大衆がプロパガンダによって簡単に自らの権利を放棄してしまうことを認めるのは、自らの信条を否定することである。**「プロパガンダの毒から守るためと称して大衆に自由と意志を認めないことは、ファシズム全体主義そのものである」[5]

そうである。

――この批判は、現代日本のリベラル派・左派の御都合主義的な「大衆」観にそのまま当てはまり

三つの特徴

ドラッカーは、**反ファシズム陣営は「ファシズム全体主義」をそれまでの政治・社会体制の枠内での政治勢力図の変化に矮小して理解しようとしたりせず、「革命」であること、つまり体制の「枠外」で生じ、従来なかった体制を生みだす可能性のある変動であることを認めるべきだと主張する。**そのうえで、西欧がこれまで体験した諸革命とどう違うのか把握すべきである。その際に、恐怖とか弾圧、残虐性、野蛮性とか、下層階級出身の権力者による軍事独裁といった、他の革命にも共通する要素は無視すべきである。

ドラッカーは、ファシズム全体主義に特有の以下の三つの症状を挙げている。

①ファシズム全体主義は、積極的な信条をもたず、もっぱら他の信条を攻撃し、排斥し、否定する

②ファシズム全体主義は、ヨーロッパ史上初めて、すべての古い考え方を攻撃するだけでなく、政治と社会の基盤としての権力を否定する。すなわち、その支配下にある個人の福祉の向上のための手段として政治権力や社会権力を正当化する必要を認めない

③ファシズム全体主義への参加は、積極的な信条に代わるものとしてファシズムの約束を信じるためではなく、まさにそれを信じないがゆえに行われる(6)

ドラッカーは、ムッソリーニが権力を握った時点ではいかなる政策も計画も準備していなかったことを自ら豪語し、後になってから歴史学者や哲学者を動員して、イデオロギーを作りあげたことに注意を向ける。ヒトラーはそれほど露骨ではなく、アーリア人の優越に関するイデオロギーを呈示していたが、大衆はその世界観に魅せられたわけではない。ムッソリーニは、思考の前に行動し、信条や秩序構想を確立する前に「革命」を実行した。**いわば、革命のための革命である。**それまでの西欧の歴史においては、「革命」に先立って知的領域か社会的領域、あるいはその両方で大きな変動が進行していたが、「ファシズム全体主義」の革命にはそれに先行する変動はなかった(7)。

言ってみれば、**あらゆる既成の秩序の「否定」こそがこの革命の原理になっていたのである。**無論、あらゆる「革命」は既成の秩序を破壊するものであるが、ファシズム全体主義の場合、その「否定」が徹底している。ファシズム全体主義は、自由主義的革命と保守主義的革命の双方を否定する。反宗教であると同時に反無神論、反資本主義であると同時に反社会主義、反軍国主義であると同時に反平和主義……というように、対立し合う様々な理念のペアのいずれの側にも加担することなく、両方否定する。

そうしたファシズム全体主義による一連の否定の中でドラッカーが特に注目するのが、これまでのヨーロッパの伝統的な政治権力が基盤としてきたものを否定した点である。その基盤というのは、**民衆の福祉向上を目標として掲げることで自己を正当化すること**である。ヨーロッパがキリスト教化されて以来、権力の行使は、魂の救済、善き生活、生活の向上など、大衆の利益をもたらすことにその正当性を求めてきた。社会契約論によって絶対君主制を擁護したホッブズ（一五八八―一六七九）や王権神授説を唱えたボシュエ（一六二七―一七〇四）といった理論家たちさえ、この論理によってしか王位の正当性を主張できなかった。唯一の例外は、国家の維持・拡大こそが権力の存在理由だとして、大衆向けの正当化の必要性を認めなかったマキャベリだけだった。(8)

蔓延する絶望

では、大衆に幸福を約束しないファシズム全体主義がどうして大衆の支持を得ることができたのか。嘘も繰り返し語れば、真実として受け入れられる、というよく聞く俗説をドラッカーは受け入れない。彼は、ナチスの熱心な支持者の多くがナチスの公約を実現可能であるとは信じておらず、いくつかの公約は相互に矛盾しているのをよく分かっていたことに注意を向ける。ナチスは教会を罵倒する一方で、教会を救出することを約束する。ゲッベルスは一九三二年のある演説で、農民に対しては穀物の値上げ、労働者に対してはパンの値下げ、パン屋と食料品店にはより大きな利益を得られるようにする、と約束した。また、同年の金属産業労働者のストライキに際して、労働組合がストの終息を呼びかけていたのに対し、ナチスは共産党と共にストの続行を働きかけた。ところがそれとほぼ同時期に、ヒトラーは金属産業の経営者たちに対して、ナチス政権の下では経営者が工場の運営の主導権を取り戻せることを約束した。彼らはそうした矛盾を誤魔化そうとさえせず、自分たちが言っているのはプロパガンダだとしゃあしゃあと言ってのけた。その態度に大衆は拍手喝采した。(9)

ナチスのように公約それ自体をバカにする党派、つまりは大衆をバカにするような党派を、大衆が支持する理由についてドラッカーは、**大衆があまりにも絶望し切っていて、〝信じることができないものだからこそ信じる〟、という逆説的な心理状態に陥っているからではないかと推論する。**(10)二世紀のキリスト教神学者テルトゥリアヌス（一六〇？―二二〇？）の「不合理ゆえに我信ず Credo quia absurdum」という命題(11)が図らずも現実化してしまった心理状態である。

つまり、自力では打開しようのない絶望状態の中にあって、神のような超越的な力による救済を心の奥底では待ち望んでいるものの、それまで何度も期待を裏切られてきたので、いかにも良識的で信じやすそうな約束は、かえって受け入れられなくなっている。それよりは、あからさまに矛盾したことを語り、約束など信じていないかのような身振りを大っぴらに見せるナチスのような相手の方が、潔くて、本当は自分たち大衆のことを深く理解してなんだか分からないがいいことを考えているのではないか、と憶測する心理が働くことがある。簡単に言うと、嫌な目にあってひねくれた人間には、露悪的な人間が、〝本当はいい人〟に見えてしまう、ということである。そういうひねくれた発想の人に私たちは日常でよく出くわすような気がするし、自分自身がそうなっていることがしばしばある。一九三〇年代のヨーロッパでは、そうしたメンタリティが、大衆全体に広がっていたわけである。

無論、それは過去の話ではない。二〇一六年のアメリカの大統領選でのドナルド・トランプ（一九四六— ）の勝利に象徴されるように、あからさまに矛盾した、あるいは非人道的な公約を掲げる（反）ポピュリズム的な政治家が大衆に支持される現象が、二〇一〇年代の半ば以降、世界各地で起こっている。大衆に寄り添っているかのような耳あたりのいい言葉を語る既成の政治家やメディアが信じられなくなったため、良識的な風を装うことなく、無茶なことを言う扇動家の方が誠実に見えてしまうのだろう。だとすると、ドラッカーのファシズム全体主義論は優れてアクチュアルな性質のものである。

ただ、「不合理ゆえに我信ず」だけでは、政治運動を組織化して政権を獲得することはできない。ドラッカーは、ファシズム全体主義が「信条と秩序 creed and order」の代わりに、「組織 organization」の栄光を〝最終目的〟として掲げることで、大衆の支持を繋ぎとめようとしていることを指摘する。つまり、**欺瞞に満ちた既存の信条や秩序を破壊し続ける、強い「組織」に属しているということが、支持者にとっての誇り（アイデンティティ）になるわけである。**ドラッカーは、「組織」を自己目的化する運動は実際には長続きするはずはないという信念に基づいて、以下のように述べる——「『組織』の栄光を最終目的とする思想に対しては、自由と平等というヨーロッパの伝統を基盤とする新しい秩序をもって対峙しなければならない」[12]。第二次大戦後経営学者として成功を収めたドラッカーには、**なんとなく「組織の人」であるというイメージがあるが、コミットすべき価値を示さないまま、「組織」それ自体を自己目的化するような考え方とは一線を画していた**と思われる。

２　マルクス主義はなぜ大衆を裏切ったのか？

マルクス主義の内在的矛盾

では、ドイツやイタリアの大衆がファシズム全体主義の〝不条理な約束〟を信じざるをえない所まで追い込まれた原因は具体的にどこにあったのか。ドラッカーは、**ブルジョワ資本主義の「約束不履行」と、そのオルタナティヴとして登場したマルクス社会主義に対する信用の崩壊に注目する。**まず、マルクス社会主義の方から見ていこう。

マルクス主義は、ブルジョワ資本主義が人びとに自由と平等を約束しながら、その約束を果たさず、むしろ経済的不平等を拡大し、貧しい労働者たちが自由に活動する余地をどんどん奪っていった。マルクスの経済理論によれば、物の（使用）価値は、もっぱら労働を通して生みだされる。しかし、労働者は、労働を通して価値付与した物＝商品を自ら所有することができず、自らの作りだした価値の一部を賃金として受け取り、辛うじて生活を維持することを余儀なくされる。資本主義的生産システムは、「商品の価値―賃金」の差を労働者から搾取し、「資本」の中に組み込むことで自己を拡大再生産し続ける。「資本」を所有する資本家たちは、労働者を搾取しながら生産効率を上げ、互いに競争する。敗れた資本家は、労働者階級に転落し、搾取される側に回る。そうやって、資本主義が続き、生産システムが拡大するに従って、ごく少数の搾取者以外は、平等に貧しいプロレタリアート（労働者階級）になる。

マルクス主義は、その悪循環を断ち切るべく、生産手段を資本家から奪い取り、プロレタリアート全体を生産単位として、すべての生産を管理するシステムを構築することを目指す。それによって階級なき社会、共産主義社会が実現するはずだった。そのゴールのために、マルクス社会主義国であるソ連は、生産単位を拡大していった（＝集団所有）。本来なら、それに伴って、特権を有する者は減るはずだったが、現実には、生産単位を拡大するほど、特権保有者が増大する、というおかしな現象が起こった。確かに資本家や個人株主の数は減少したが、その反面、

生産単位の拡大に伴って特権的な力をもつ中間的な地位が増加した。それらの地位にある者は、独立した企業家ではなく無産階級の一員でもなかった。だが、過大な報酬を手にする組織体の長と低賃金で働く帳簿係の間、工場長と組み立てラインの未熟練労働者の間に、膨大な数のブルジョア的被用者階層が生まれた。／

もちろん彼らの中に、マルクス社会主義のいうブルジョア階級に特有の搾取利潤を手にする者は一人としていない。しかしその全員が、このようにして実現された不平等社会において既得権益をもった[13]。

ドラッカーは、この中間階層の増大という現象は、最初の社会主義国になったソ連が置かれていた特殊事情とかソ連の指導部の失敗といった偶然的事情によるものではなく、社会主義に伴う構造的な問題だと考える。なぜかと言えば、社会主義は、社会的・経済的枠組み全体を計画し、設計し、方向づけし、運営し、生産効率を向上することを目指すからである。そのため計画を立て、他の労働者を管理する人員が必要になる。そうした社会主義の試みが奇跡を起こし、効率性と生産性を飛躍的に向上させる可能性がないわけではなかろう――『「経済人」の終わり』が刊行された時点では、ロシア革命から二二年しか経っておらず、社会主義経済による成長の限界は、まだ歴史的経験によって実証されていなかった。しかし、無階級社会の理想は決して実現されない。

このように社会主義の設計主義的側面に照準を定めて批判する戦略は、ハイエクと似ているようにも見える。しかしハイエクが、経済全体をコントロールすることの原理的不可能性を経済学的に論証しようとするのに対し[14]、ドラッカーは原理的に不可能とまでは考えない。むしろ、**社会主義の最終的な理想に含まれる自己矛盾を強調する。階級対立を解消するために、経済全体を組織的に管理することに伴う矛盾である。**しかしマルクス社会主義国であるソ連は、新しい支配階級の存在を一切正当化しようとせず、その存在意義を説明しようともしない。ドラッカーに言わせれば、「中間階層にかかわる問題を扱うことができなければ、せっかくのマルクス経済学も経済学としては価値がない(15)」。

中間階級の理論的位置づけに失敗

マルクスの主著『資本論』(一八六七)は、マルクスの生前、労働者からの搾取による剰余価値の形成と資本の蓄積について論じた第一部だけ刊行された。マルクスが様々な時期に書き残した遺稿にエンゲルス(一八二〇―九五)が手を加えたものが、第二部(一八八五)・第三部(一八九四)として刊行されたが、マルクス自身の仕事としては未完に終わったと見られることが多い。ドラッカーはその理由を、身体的な労働だけが価値の源泉ではないことをマルクス自身が実は認識していたことにあるのではないか、と見ている。

マルクス自身は、技能の力によって、製品価値に対して質的に異なる貢献を行うことができることを認識していた。しかもその結果、特権的なブルジョア階級の存在が正当化されることになることも認識していた。だがそうであるならば、資本の利益まで正当化されてしまう。／マルクスはここで理論化を諦めた。まさに、この問題を満足に解決できなかったことが『資本論』未完の下人だったとされている。しかも彼は、ブルジョア資本主義が「一単位独占」に近づくほど、必然的に中間階級が増加し特権化していくという最も重要な問題についても触れずじまいだった。しかし、近代大量生産においては、帳簿、技術、製図、購買等の専門家からなる中間階層が最も重要にして不可欠の存在となる[16]。

単純な肉体労働に従事する労働者だけでなく、生産・販売・管理に関する各種の技術を持ったテクノクラートが価値を生みだしているということは、現代では常識になっているが、ドラッカーがこの本を書いた当時は必ずしもそうではなかった。修正社会主義（社会民主主義）者のベルンシュタインは一九世紀末に、マルクスやエンゲルスが想定していた単純な労働価値説は誤りであり、資本家や技術者も価値を創り出していることを前提としたうえで、資本主義の発展に伴って中間階級の割合が次第に増加する可能性をすでに指摘していたが[17]、その後、ソ連が誕生して、〝国家を挙げて〟無階級社会の実現を目指すようになったため、理論的な決着は付きにくくなった。

ドラッカーはソ連の現状も踏まえたうえで、**生産性の向上を目指すかぎり、管理者・技術者などの中間階級をなくすことは不可能であり、高度に産業が発達した西側諸国での社会主義運動は、一般労働者の待遇改善を要求する労働組合主義に留まらざるをえないと断言する**[18]。社会主義革命を断行して無理に中間階級もなくそうとすれば、生産が停滞することになるからである。革命前のロシアのように、まだ産業が十分に発達しておらず、テクノクラート的な中間階級がまだ存在していないような国でのみ、マルクス社会主義の無階級社会論は希望になりうるのである[19]。ある程度、産業が発達すると、中間階級の台頭は不可避になる。

一九五〇年代になると、アメリカの新左翼系の社会学者ライト・ミルズ（一九一六―六二）の『ホワイト・カラー　アメリカの中間階級』（一九五一）などの仕事によって、管理者（manager）を中心とする「（新）中間層」が中心的な位置を占めることが先進的な資本主義社会の特徴であることが次第に明らかになっていった。因みに、『ホワイト・カラー』の記述では、新中間層（ホワイトカラー）の台頭の要因として、企業組織を合理的に運営するうえでの「マネジメント」の重要性を挙げられている。[20] やや深読みすると、**『「経済人」の終わり』での［社会主義批判―中間階級］論は、ドラッカーが新中間層の国アメリカで「マネジメント」論を展開するきっかけになったのかもしれない**。少なくとも、高度に発展した産業分野では、全員がフラットに平等な立場で働けばいいというわけではなく、合理的な組織を構築し、維持するには、マネジメントの観点からの人員配置や処遇が必要になるという考え方の萌芽を見ることはできる。

３　ブルジョワ資本主義の落とし穴

拡大する格差

マルクス社会主義に対する批判から読み取れるように、ドラッカーはブルジョワ資本主義が崩壊するとは考えていない。それどころか、「ブルジョア資本主義は、より多くの製品を、より安い価格で、しかもより短い労働時間で供給するための経済体制として、失敗したどころか、最も大胆な夢をも超えて成功した[21]」、と断じている。ただし、経済の成長と拡大それ自体が、「社会的な目的 social end」ではないとも述べている。

では、「社会的な目的」とは何か。社会的信条としてのブルジョワ資本主義は、経済的な進歩によってもたらされる私的利潤が、個人の自由と平等を促進することを約束してきた[22]。私的利潤を増大させるため、ブルジョワ資本主義は個人の経済活動をあらゆる制約から解放し、経済的領域に独立性と自立性を与えようとしてきた。**ブルジョワ資本主義は、政治的には自由主義であったわけである。**ドラッカーは一五〇〇～二〇〇〇年にわたるブルジョワ資本主義の歴史から見て、経済活動の自由は疑いの余地なく望ましいことだったとしている。

しかしその反面、経済活動するための元手や技能、運に恵まれない人にとっては、経済的自由が与えられれば、立場が不安定になるだけである。**ブルジョワ資本主義は、経済発展によって自由と共に平等ももたらされることを約束し続けたが、下層の人が自由競争によって上昇することはきわめて困難だった。**大量生産によって効率化に成功した企業が市場を独占するようになると、元手が少ない人や競争に敗れた人が挽回する機会はほとんど残されていない。下層や中流の人たちの中には、自由競争の中での上昇の可能性を信じて、無理して子供を大学で学ばせる者もいたが、それが幻想だということはすぐ明らかになった。人びとはブルジョワ資本主義に背を向けることになった。

社会的に上昇できない人にとって、マルクス主義で言うところの「大衆の窮乏化」が現実となった。無論、労働者の生活水準や経済格差に関する客観的データを見れば、マルクス主義の認識が間違っていることは明らかだが、労働者たちにとってはデータなど関係なく、揺るぎない現実だった。[23]**労働者の不信感が次第に強まっていくヨーロッパで、ブルジョワ資本主義が持ち堪えられたのは、帝国主義政策による植民地からの収奪と、「アメリカ」という二つの要因のおかげだった。**特に「アメリカ」が重要だった。アメリカの独立宣言と合衆国憲法は、西欧諸国の自由主義に強い刺激を与えた。また、アメリカン・ドリームの噂が、ヨーロッパの人びとに経済的自由主義の下での真の平等への希望を与えた。ヨーロッパでチャンスを見出せず、不満を覚えていた人たちがアメリカに大量に移民したことが、ヨーロッパ諸国にとって国内の不満を放出する安全弁になった。しかし、最後の希望としてのアメリカに対する期待も、二九年のアメリカ発の世界大恐慌によって崩壊した。

「経済学」の限界

このように平等をもたらすことができないと明らかになった、ブルジョワ資本主義は「偽りの神 a false god」である。その資本主義を告発するマルクス社会主義も、階級をなくせないのだから、同様に「偽りの神」である。[24] このように、「平等」の実現という観点から、社会主義と共に資本主義の矛盾を指摘するというのは、ハイエクとは明らかに異なる立場である。人類が長い歴史を通して築きあげてきた「自生的秩序 spontaneous order」を維持するには、各人の「自由な振る舞い」のための空間を最大限確保しなければならない、というのがハイエクの立場である。「平等 equality」よりも「自由 freedom」を価値として重視するというよりは、経済に倫理的な価値の問題を持ち込むこと自体に批判的な立場だと言える。[25] **経済活動の目的が、倫理的価値として「自由」と「平等」の実現だと考えるドラッカーは、ハイエクを含む経済学者たちより素朴であるように見える。**

ただ、ハイエクとドラッカーは似ているところもある。それは、古典派・新古典派の経済学の中核にあるとされる「経済人 Economic Man」の仮定を疑問に付しているところである。ハイエクは論文「真の個人主義と偽りの個人主義」（一九四六）で、自分にとって何が利益であり、それを最も効率的に手に入れることができるにはどうしたらいいのか心得ていて、常に合理的に行動する「経済人」を想定して、理論を構築しようとする従来の経済学の過ちを指摘している。そのような人間を想定すると、結局、「経済人」の合理性を実現するための社会体制を構築するというような設計主義的な発想に繋がる、という。[26]

『「経済人」の終わり』というタイトル自体が示しているように、ドラッカーもこの人間観を問題視している。生物学のように経験的観察から直接的に自然の法則を導き出すことのできる学問と違って、不確定要因の多い人間の行動を分析する、経済学を含む社会科学の場合、そうはいかない。生物であれば、ある個体群に例外的な現象が生じても無視できるが、経済学では例外が重要な意味を持つことが少なくない。例えば、自動車産業でヘンリー・フォード（一八六三―一九四七）が大量生産と低価格によって独占利潤を手にすると、古典派経済学は適用できなくなってしまう。ドラッカーがこの著作を書いた時代は、経済学者が政治の指導者や企業の経営者、ラジオ解説者として次々と登用され、経済学がもてはやされるようになった時代である。しかしドラッカーに言わせれば、それは「経済人」を想定する経済運営（理論）が機能不全に陥りつつあったので、その危機からの脱出のために、〝専門家〟である経済学者に助けが求められるようになったにすぎない。現実としては、経済学者ははっきりした理論的根拠に基づいて政策提言できなくなっている。金本位制の放棄はありえないと言っていた経済学者が金本位制廃止論の先頭に立ったりする。

貿易に対する政府の干渉に反対していたドイツの経済学者ヒャルマール・シャハト（一八七七―一九七〇）はナチス政権の経済相に就任すると、ドイツ経済の安定のため、南東欧や南米の諸国との間に二国間の輸出入をほぼ等しくするバーター協定を締結した[27]。「経済人」の仮定から導き出される経済法則は現実に合わなくなっており、大衆はそれを信じなくなった。大衆はそもそも、経済法則に則った経済活動が、自由と平等をもたらすと信じていなかった。自由と平等をもたらさない

「経済人」には用はない。

経済的合理性の基準を厳格に規定し、それに基づいて完璧な秩序を構築しようとすると、かえって社会主義やナチズムのような形の無秩序をもたらしてしまうという逆説に注意を向けるハイエクと、理論的に設定された経済的理想と大衆の欲求のズレを問題視するドラッカーでは視点が異なる。しかし、**両者とも「経済人」仮説に依拠した経済学を批判し、現実に生きている人間が合理的ではないことを強調する。人間の非合理性込みで考える必要がある。**ハイエクが、自生的秩序としての市場に各人の振る舞いの非合理性を全体として補正する仕組みがあると考え、市場を構成するルールを守っていこうとするのに対し[28]、ドラッカーは、企業単位での行動の合理化を追求する「マネジメント」に取り組むことになるわけである。

「経済人」とキリスト教

非現実的な仮定にすぎない「経済人」が一定の説得力を持った歴史的背景としてドラッカーは、それがキリスト教的な「宗教人 Spiritual Man」の継承者であることを指摘している。[29]キリスト教はあの世ではあらゆる人間が平等であり、あの世での運命はこの世での思考と行動によって自由に選択できるという教えによって、自由と平等の理念を広め、定着させた。中世の人たちにとって、それは現実の約束だった。こうしたカトリック的世界観が崩壊した後は、自由と平等は、精神の世界でのみ達成される理想になった。人間は自らに与えられた平等で自由な知性によって『聖書』を理解し、自らの運命を決めるべき存在だとするルター（一四八三―一五四六）の教義を契機として、「宗教人」の秩序は「知性人 Intellectual Man」の秩序へと移行した。この「知性人」の領域も崩壊して、自由と平等は社会的領域に求められるようになった。最初のモデルは、政治において自由と平等を実現する「政治人 Political Man」であったが、それに次いで登場したのが「経済人」である。マルクス社会主義は、ブルジョワ資本主義の失敗の後を受けて、その弱点を克服すべく登場してきた「経済人」的な世界観・社会観の最終形態である。[30]

従って、**マルクス社会主義も経済における自由と平等をもたらせないと判明したことは、キリスト教的な世界観がその派生形態も含めて完全に信用を失ってしまったことを意味する。**無論、キリスト教それ自体も、ブルジョワ資本主義とマルクス社会主義のせめぎ合いの中で、「経済人」的な人間観に基づく物質中心主義的な発想が浸透するのを手をこまねいて見守っていたわけではない。ドラッカーは一九世紀初頭からの社会改革に積極的にコミットして信仰を復権しようとするキリスト教の各種の運動に注目している。一九世紀には、教育と出版の自由や、キリスト教の立場からの社会主義を提唱してカトリック教会と決別したフェリシテ・ド・ラムネー（一七八二―一八五四）や教皇無謬説を批判したドイツの教会史学者ヨハン・イグナツ・フォン・デリンガー（一七九九―一八九〇）、英国の小説家で自由・平等・兄弟愛によるキリスト教的共同体の実現を目指したチャールズ・キングズリー（一八一九―七五）等が登場する。その他、聖職者らによる労働条件の改善、最低賃金の保障、社会保険制度の創設を目指した運動もあった。[31]

にもかかわらず、キリスト教は新しい社会の基盤を提供することはできなかった。**階級間の対立や社会腐敗を解決し、コミュニティでの生活を意義あるものに転換するための包括的なヴィジョンや建設的な信条を呈示することができなかった。**キリスト教が政治や社会を動かす影響力を失ってすでに久しく、多くの人にとって私的な宗教、私的な心の避難所にすぎなかった。社会から隔離された避難所になったからこそ、人びとの信仰を辛うじて繋ぎとめていたとさえ言える。そのうえキリスト教は他の社会思想について評価する際、唯物論的であるか否かという尺度しか持たなかったため、ヒトラーやムッソリーニの危険を正確に見抜くことができなかった。唯物論ではないということで安心してしまったふしがある。(32)

4　「脱経済化」するファシズム

社会的承認のための経済政策

既成の思想がその無力さを露呈する中で登場したファシズム全体主義は、先に見たように、信条と秩序の欠如、非合理性を特徴とする。**肝心の経済についても、「脱経済的産業社会 the noneconomic industrial society」という逆説的な目標を志向する。**つまり、**人びとを経済的な満**

足や報酬とは別のもの、非経済的な要因によって動機づけながら、生産機構を機能させることを目指す。非経済的な要因とは具体的には、労働時間後の組織活動である。党の教育プログラムに参加して、教義を学ばせ、成績が良ければ、演劇、オペラ、コンサートの切符や、アルプスや外国への旅行が褒美として与えられる。そうやって組織的な名誉心を刺激し、ある程度満足させてやることを経済的な平等の代わりにするわけである。それに加えてさらに、異なる階級は社会の中でそれぞれ異なる位置や役割を占めているとする社会有機体説を利用し、不平等を正当化することも試みられる。ドイツの農民は「民族の背骨」として特別な地位や特権を付与され、諸々の演説や催事、祝祭において賞賛されている。労働者階級については、もともとマルクス主義系労働運動の祭典であったメーデーをナチズムの最も重要な祝日とし、彼らを「民族の精神」と呼んだ。ブルジョワ階級には、「文化の担い手」というやはり非経済的な地位が割り振られた。突撃隊、親衛隊、ヒトラー・ユーゲント（青年団）、各種婦人団体等の準軍事組織も、すべて非経済的目的のために組織された。経済的地位と関係なく、いつでも自らを犠牲にする用意があり、自己規律に富み、禁欲的で強靭な精神を持った「英雄人 Heroic Man」こそが、ナチズムの理想の人間像だった[33]。

ファシズム全体主義はこのようにイデオロギーで各人を民族のための活動へと動機づけると共に、マクロなレベルでは経済・社会活動の全体を軍事体制下に置くことで、産業社会の形態を維持しつつ、社会に非経済的基盤を与えることに成功した。それは同時に、完全雇用の実現にも繫がる。社会全体を軍隊のように組織化し、中央統制で人員配置を行えば、各人に何らかの社会的に価値がある（と当局がみなす）役割を与えることができるからである。軍国主義の下では、雇用主も一般労働者と同様に、上からの命令には絶対従わねばならず、自由に企業を管理することは許されない。上からの指示で解任されたり、財産を没収される恐れが常にある。[34] このように徹底して組織化することは、社会主義の計画経済（集産主義）と似ているが、社会主義が独自のやり方で経済効率を上げようとするのに対し、ファシズム全体主義はもはやそれさえも目指さない。人びとを管理するための、経済活動と外形的に同じようなことをしているわけである。

では、ファシズム全体主義の経済政策は行き当たりばったりで、非合理的かと言うとそういうわけでもない。むしろ、**経済目的を一つの社会目的に従属させているだけに合理的である。**近代経済学は、国家の富の本質は、消費財であるという考え方に基づいていたが[35]、**ファシズム全体主義はむしろ消費を抑制し、貯蓄を資本財のために投資に回し、有休施設を無理やり活用し、公務員や党役員を増員することで、完全雇用を実現した**[36]。それによって、国民所得全体は増大したものの、労働者の賃金水準は据え置かれ、労働時間は増大した。

無論、消費財の生産が減少すれば、人びとの日常生活水準は低下する。ドイツでもイタリアでも下層階級の生活を圧迫しないよう主要食糧の価格は抑え、豊富に出回るようにした。ドイツではパン、じゃがいも、マーガリン、チーズ、ビール、イタリアでは穀類、チーズ、ワインがそれに当たる。それに対して、肉、バター、果物、卵、ミルクなど、上・中流階級が消費する高級食料はまったく姿を消すか、ますます高価になった。上流階級ほど持っている金の購買力が減少するように物価が調整された。

上流階級に対してはさらに、投資による配当の上限を設定し、それを超える分は公債の購入に充てさせたほか、法人税と所得税を高率に設定して、彼らの負担を大きくした。また自由業者（医師、弁護士）、企業幹部、官庁幹部は所得のかなりの割合を自主的に献金することが求められる。そうした増税や強制購入させた公債が投資に回されたわけである。ドラッカーはファシズム全体主義の下での計画経済化された投資メカニズムの特徴として以下の三点を挙げている。

①民間企業は資本市場からの資金調達を事実上禁じられたため、民需生産への追加投資は、不可能となり、政府が長期資本市場を独占する状態を作りだす

②あらゆる銀行と保険会社が公債の購入を強制され、製造業者も内部留保を取り崩して公債を購入するよう命じられ、政府からの支払いも公債によって成される

③企業は、輸入代替産業、製鉄所、石炭液化工場等への資本参加を強制される(37)

こうした強引な手法による資本財への投資の集中が、価値ある財の生産に繋がるのであれば、うまくいくかもしれないが、ファシズム全体主義の場合、増大する資本財への投資の大半を軍需産業に回している。ドラッカーは、軍需生産は経済的には非生産的だと断言する。

生産性とは、投資による消費能力の増大を意味する。しかるに、消費の増大と生活水準の向上を目的とすることを認めないドイツやイタリア、およびそれを事実上認めていないソ連においては、そもそも生産性なる概念が意味をなさない(38)。

先に見たように、この著作を通してドラッカーは「組織」の自己目的化に強く反対し、各人の自由と平等に貢献するための「組織」でなければならないという態度を取っているわけだが、ここでは、**経済全体を各人の生活改善とは関係のない方向に組織化することの非生産性を指摘している**わけである。ドイツやイタリアの大衆が消費の削減の代価として、軍需中心の脱経済的経済政策によって完全雇用を実現する方針を受け入れているかぎり、ファシズム全体主義は持続することが可能だが、それでも消費削減には限界があるはずだ。ドラッカーはファシズム全体主義の経済政策がいずれ崩壊するのは必然だが、この本を書いている時点では、経済的な面からの崩壊はまだ差し迫ってはないと見ている(39)――すでに述べたように、この時点ではまだ、第二次大戦は始まっておらず、ファシズム全体主義が将来どうなるか誰にも見通せなかった。

脱経済化と反ユダヤ主義

ドラッカーはさらに、こうした脱経済的な戦略と、「反ユダヤ主義」に密接な関連があるという見方も示している。簡単に言えば、**ユダヤ人がブルジョワ資本主義と自由主義の化身であるからだ。**

すでに見たように、ヨーロッパにおけるユダヤ人には金融業を携わる者が多かったので、資本主義の権化に見られやすかった。ドイツの場合、それに加えて、英国やフランスに比べて資本主義の発達が遅れ、ブルジョワ階級が革命的な階級として積極的な役割を果たさなかったという事情がある。政治と社会の支配者は貴族階級であり、ブルジョワ階級は長いこと社会の主流にはなれなかった。そのため近代化に伴ってブルジョワ階級が台頭してくる時期と、ユダヤ人の解放の時期が重なり、両者は共に支配階級から同じ政治的・社会的差別を受け、反対勢力とみなされた。加えて、すでに見たようにユダヤ人が、企業家、銀行家、弁護士、医師、技師といった市民（ブルジョワ）社会において重要な職業を占めるようになったこともあって、［ユダヤ人＝ブルジョワ階級］というイメージが出来上がっていった。(40)

ナチズムの反ユダヤ主義はユダヤ自身の特質とは関係ない。関係があるのは、ナチズムの内における緊張がつくり出すユダヤ人像のみである。ナチズムにとって、人種的反ユダヤ主義は手段にすぎない。本当の敵はユダヤ人そのものではない。ブルジョア秩序である。ナチズムは、ブルジョア秩序にユダヤ人の名を付して闘う。／ナチズムの反ユダヤ主義は、ブルジョア階級の秩序や人間観に代えるべき肯定の概念を構築できなかったことに起因する。階級闘争に走るわけにいかないナチズムとしては、別の観点からブルジョア資本主義と自由主義を攻撃せざるをえない。(41)

こうした見方は、前章で『ドイツにおけるユダヤ人問題』に即して見た、**ユダヤ人を民族共同体を蝕む「市民的（ブルジョワ）自由主義」の権化と見る思想傾向の経済ヴァージョンだと考えられる。**ただ、『ドイツにおけるユダヤ人問題』では、民族共同体の純粋性を回復しようとする復古ナショナリズム的傾向の延長線上でナチズムの反ユダヤ主義政策を捉えていたのに対し、『「経済人」の終わり』ではむしろ、守るべき積極的価値を持たない、徹底した無目的性をナチズムの特徴として強調している。（『「経済人」の終わり』で描かれた）ナチズムにとって肝心なのは、民族共同体を守ることではなく、ユダヤ人に象徴される資本主義という悪魔との闘いに大衆を動員し続けることであった。むしろ、自らを新しい秩序を体現する新しい運動として呈示することで、大衆を組織化する必要のあったファシズム全体主義は、ナショナルな伝統も含めて古い秩序を攻撃した。自らの組織以上に優れた目的を有するかもしれない秩序は徹底的に破壊しなければならなかった。

ファシズム全体主義は、組織の名のもとに個人のあらゆる自由を抹殺し、既存のあらゆるコミュニティ、社会的有機体を破壊する。家族、青年団体、学生団体、職業団体、政党を破壊する。教会の精神的基盤、労働組合や産業団体の経済的基盤、ナチズム前のドイツ軍やファシズム前のイタリア軍の社会的基盤、ドイツ皇帝派の政治的基盤など、他の秩序への手がかりとなりうるものはすべて敵である。(42)

このように、**自らが生まれる地盤になったナショナルな共同体までも破壊し、自らの組織自体を自己目的化することが、ドラッカーが観察するファシズム全体主義の特徴である**――ハンナ・アーレントもほぼ同様の見解を示している。[43] 既存の秩序の破壊に大衆を集団的に熱狂させることで求心力を維持するファシズム全体主義のやり方は、人びとに実体的な満足を与えることはできない。ファシズム全体主義は、破壊の後に、新しい秩序を与えることができるかのように宣伝するが、実際にはいつまで経っても、人びとの生活を安定させるポジティヴな秩序を示すことはできず、組織いじりをして、何か新しい価値が生じたかのように装うことしかできない。「組織は目的となりえない。組織は大衆を満足させない」[44]のである。

5 「第三の道」としての産業社会

ジェファーソン主義とハミルトン主義

ドラッカーは、組織を自己目的化することで求心力を維持しようとするファシズム全体主義はいつか限界にぶつかるであろうと予測する一方で、ヨーロッパの遺産たる知的・精神的価値や、「経済人」の概念に依拠する経済的秩序に単純に回帰することもできないとも述べている。**「経済人」**

の枠を超えた新しい非経済的な社会的実体に根ざした自由と平等、「第三の道 the other alternative」を目指さないといけない[45]。『「経済人」の終わり』の段階では、この「第三の道」について、経済を「完全雇用をはじめとする非経済的な目的に従属させるべき[46]」としか述べられておらず、それ以上の具体的なヴィジョンは示されていない。

「第三の道」に向けたある程度のヴィジョンを示すことが試みられているのが、三年後に刊行された『**産業人の未来**』(一九四二)である。この著作では、現代の西欧社会を「産業社会」として規定したうえで、そこに生きる「産業人 Industrial Man」の現実と、あるべき生き方を探究している。[産業社会―産業人]は、『「経済人」の終わり』で批判的に分析されていた[商業社会―経済人]とは異なる存在である。

今日の産業社会の現実は、かつての商業社会とその市場から生まれたものでありながら、初めから、商業社会が基盤としていた基本的な前提とは相容れないものだった。しかし、それにもかかわらず、一九世紀を通じて商業社会は、成長を続ける産業生産の現実を支配し、組織し、まとめあげていた。/もちろん、かなり早い時期から緊張は見られた。商業的前提と産業的現実、ジェファーソン的理念とハミルトン的現実との対立、市場と産業組織の衝突こそ、第一次世界大戦にいたる一〇〇年間の欧米社会史の特徴だった[47]。

「商業社会 mercantile society」が、各人がロビンソン・クルーソーのように一人で生きる能力を備えている（と想定される）自立した「経済人」たちの自由な交換関係を通して形成されたものだと（想定されてきたと）すれば、**「産業社会 industrial society」では、人びとが生産のための巨大で高度に組織化された企業体に属するのが前提になっている。**「産業人」は単独で自分の目的を設定するのではなく、「組織」の目的と自分の目的を適合させなければならない。人びとの幸福を増進するのに適した諸「組織」が形成され、合理的に運営されていなければ、「産業社会」は回っていかない。各人の自由な活動が保障されているだけでは不十分なのである。

ここで**「ジェファーソン的理念 a Jeffersonian creed」**と呼ばれているのは、各市民の譲ることのできない権利を重視し、個人の自由を侵害することがないよう政府を拘束すべきだと主張した、アメリカの第三代大統領ジェファーソン（一七四三―一八二六）に代表される政治的理念である。**「ハミルトン的理念 a Hamiltonian creed」**とは、資本主義の発展には強い中央政府が必要だとして、財政・金融・通商・産業政策を整備し、連邦中央銀行を設立した初代財務長官に就任したアレクサンダー・ハミルトン（一七五五―一八〇四）の理念である。アメリカの政治思想史では、「小さい政府」と「大きな政府」の対立は、ジェファーソン主義とハミルトン主義の対立とみなされることが多い。アメリカでは長年にわたって、ジェファーソン的理念とハミルトン的理念が併存していた。独立した責任ある土地持ち市民としての自由農民がアメリカの理想像とされてきた反面、産業組織による大量生産が社会的現実になっていた。[48] 貴族層などからの「産業」に対する反発が強かった西ヨーロッパ諸国と比べて、[49]アメリカ人は「産業」に一定の敬意を払い、身近に感じていたが、それでも、経営者と労働者の区別がなく、全員が平等な社会を理想とするジェファーソン的メンタリティが強く、そうした社会を再現しようとする「ポピュリズム運動[50]」が根強く存続していた。

産業社会が要請したハミルトン主義

そうした中で、蒸気機関が発明された時代を生きたハミルトンは、産業社会の到来を予感していた。

大衆に不信の念を抱き、強力な中央政府の必要性を説いた彼の主張の裏には、産業化なる革命的な潮流が眼前に迫っているという壮大な洞察が存在していることに、彼の同時代の人々は気づかなかった。／今日、先入観抜きに歴史を見るならば、その政治信念への同意不同意は別として、財務長官ハミルトンが行った「製造業に関する報告」や、財政、金融政策上の提案が、きわめて予言的なものだったことが理解できるに違いない。／だが、彼の同時代の人々には、それらの提案は、自由農民を支配しようと王権の確立を目指すイギリス保守党の主張と同類のものとしか映らなかった。[51]

ハミルトンは産業社会化に伴って、個別企業が組織化されるだけでなく、それに対応した強い権限を持った中央政府が必要になると考えていたわけである。無論、資本主義的な大企業をコントロールしなければならないという考え方は、ジェファーソンとハミルトンが政策論争した時代の少し後、一九世紀の二〇年代頃からヨーロッパで台頭する社会主義にも共有されることになるわけだが、ドラッカーに言わせれば、社会主義の最も優れた理論家であるマルクスでさえ、「商業社会」から「産業社会」の根本的な違いを見抜いていなかった。『共産党宣言』（一八四八）でマルクス／エンゲルスは、プロレタリアートを組織化し、生産手段を国家所有にすることで、諸個人の自由な発展を可能にする連合（Assoziation）を実現できると主張したが[52]、生産主義を国有化した後で、企業体をどう組織し、それらの活動を相互にどう調整すべきかについて具体的な議論を展開しなかった。先に『「経済人」の終わり』に即して見たように、マルクス主義国家であるソ連は、組織の管理について明確な考え方を持っていなかったため、意図しないまま、新たな階級を生みだすことになり、労働者の期待を裏切ることになった。

ドラッカーによれば、**「産業社会」では、市場における自由な取引を通してすべての当事者の利益が増大するという楽観論が通用しない**[53]。アダム・スミスやリカードによって確立された「分業」論によれば[54]、商業社会に生きる人はそれぞれ自らの得意な分野の労働に特化することで生産の効率を上げていく。国際的にも、自由貿易を介して各国がそれぞれの得意分野に特化するので、すべての貿易当事国にとっての利益が促進される。仮にA国があらゆる分野でB国よりも効率的に生産できたとしても、A国の中でも相対的により得意な分野Xと相対的に不得意な分野Yがあるとすれば、自分はXに特化し、Yは B国に任せることでお互いにより大きな利益を得ることができる。従来はこうした考え方で自由貿易が正当化されてきたわけだが、これは裏を返して言えば、**AとBの役割が固定化する可能性が高いということでもある。**Xが先端的な工業分野で、Yがそれに原材料を提供する分野や農業だとすると、BはAに対して従属的な位置に留まることになる。工業がまだ十分に発達せず、各国の産業が自然環境や文化に強く規定されており、主要な貿易対象が農産物や伝統工芸品であれば、貿易がお互いの利益になると評価しやすかったが、産業が高度に組織化され、自然環境や文化による制約に煩わされることなく生産力を向上させることが可能になると、AとBの間で先端的分野で優位に立とうとすると激しい競争が起こり、いったんAがBに対して優位に立ち、Bを従属的な地位に置くと、組織化された産業構造を持つAが思うようにBを操り搾取する体制を構築し、その構造を維持することで、自らの利益を増大させ続けるかもしれない。

独占[55]に関しても、産業の組織化に伴ってその意味が変化した。産業革命以前の企業があまり組織化されていなかった時代には、すでに独占状態にある企業は、それ以上生産効率を上げて、利益を増大させることはできなかった。利益を増やすには、生産量を減らし、価格を上げるしかなかった。しかし高度に組織化された独占企業であれば、技術革新で生産コストを削減して商品の価格を下げで、需要を新たに喚起することで、利益を上げ続けることが可能である。ヘンリー・フォードが率いるフォードは、大量生産によってそれまでの独占論では考えられなかった大きな利益を上げていた。**「組織」が経済のあり方を変化させたのである。**

6　株式会社という権力

株式会社の成り立ち

ドラッカーは、近代の大企業の政治構造や政治権力に注目する。それらは市場の外の要因であり、市場での取り引きだけに注目する従来の経済学の視野に入っていなかった。

今日の産業社会の特徴は大量生産工場と株式会社にある。大量生産工場の組み立てラインは代表的な物的環境であり、株式会社は代表的な社会的機関である。／大量生産工場は一八世紀および一九世紀初めの村や町にとって代わり、株式会社は物的現実を社会的に組織化するための機関として荘園や市場にとって代わった。そして、この株式会社の経営陣が産業社会において決定的な権力をもつにいたった。／株式会社はふつう経済的機関とみなされている。しかし経済的な機能のうち、パートナーシップによっては果たされず、株式会社によっては果たせず、株式会社によってのみ果たせるものとしては何があるか。工場が個人所有であろうと株式会社の所有であろうと、生産性や利益率に違いはない。株式会社だけが果たすことのできる産業技術上の機能など何一つない。[56]

株式会社（corporation）は、市場のプレイヤーあるいは契約を行う能力を持った法人として捉えられるのが普通だが、**ドラッカーはむしろ、中世の荘園のように、社会を組織化・管理する役割に注目しているわけである。**株式会社が政治的権力を握っているという言い方は誇張しすぎのようにも思えるが、ドラッカーはまず、株式会社の歴史を遡って考察を加えている。[57]株式会社の歴史は、一六～一七世紀にかけて貿易や植民地経営のためにヨーロッパで設立された大規模企業、英国やオランダの東インド会社、ハドソン湾会社、マサチューセッツ湾会社などにまで遡る。これらの会社は、国王から特許状を与えられた独占会社であり、貿易や植民に従事するだけでなく、植民地の獲得と統治も担当した。一七五〇年以前は、国内事業で免許を受ける株式会社は、通貨発行権を独占するイングランド銀行などごくかぎられたものだけだったが、これ以降は、有料道路、橋梁、水路、運河、鉄道などの公共事業を運営する株式会社が急増した。こうした国家主権に基づく独占事業体であったかつての株式会社とは逆に、**今日の産業を支配する株式会社は、市場で活動する諸個人の自由な結合に基づいている。**だからといって、社会的機関としての役割を失ったわけではなく、むしろ**自由民主主義的な社会に適合した社会的機関として公共性を担っている。**

かつての株式会社は、政治的な統治機関からの委任に権力の基礎を置いていた。しかし、今日の産業を支配する株式会社は、市民によって委任された財産権に権限の基礎を置いている。／株式会社は、個人の財産権が一人ひとりの人間に社会的な位置と役割を与え、権力に正統性をもたらした一九世紀の商業社会の機関として権力をもつにいたった。したがって近代株式会社は政治的機関である。その本質は、広く経済全体の領域において正統な権力を行使することである。(58)

ポイントになるのは、**「委任された財産権 the delegation of individual property rights」**と、それに基づく権力の**「正統性 legitimacy」**である。一人ひとりが常に独立の権利主体として振る舞っているとすれば、なんらかの集団的行為を行おうとするたびに複数の人が集まって合意を形成し、各人の責任分担と利益の分け前を決めねばならない。いつも合意ができるとはかぎらないし、メンバーが同じとはかぎらない。なにより、時間と手間がかかる。株式会社のように、一定の定款に基づいて各人が投資したうえで、決定権を持った経営陣（management）に通常業務の判断を委ねれば、迅速に組織化された行動を取ることができる。

社会のプレイヤーとしての株式会社

ドラッカーは、株式会社は、ジョン・ロック（一六三二－一七〇四）の『統治二論』（一六九〇）で描かれた、社会契約に基づく国家に対応していると主張する。ロックによれば、国家（政治社会）の存在目的は各人の財産権を始めとする諸権利を保障することであり、政府は市民たちからそのための権力を信託されている。ホッブズの『リヴァイアサン』（一六五一）では、市民たちは一度国家を設立し、自分たちを代表する主権者を選んだら、その意志に逆らうことができないとされていたが、ロックの理論では、政府が市民たちの財産権の保全という本来の目的に反した行動をした場合、人民は信託を取り消し、政府を解体することができる。[59] こうした国家─政府観は、財産権の委託を通して成立し、正統な権力（legitimate power）を獲得する株式会社のあり方を反映していると見ることができる。ドラッカーに言わせると、ドイツの法学者アルトゥジウス（一五五七─一六三八）やオランダの法学者グロティウス（一五八三─一六四五）によって社会契約論の先駆的議論が展開された時期と、初期の形態の株式会社が設立された時期が重なるのは、偶然ではない。[60]

実のところ、社会契約説の目的は、個々の人間の存在とは別個の独立した存在としての政府、および社会の存在を説明し、正統なものにすることにあった。しかしこの理論は、政治の領域では若干の影響を与えはしたが、構想のまま未完に終わった。だが社会の領域では株式会社という形で実現された。株式会社において、個人の財産権を経営陣に引き渡すことによって、一つの社会的実体がつくり出された。／ロックの社会契約説において一人ひとりの人間の主権が維持されるように、株式会社において株主の主権も維持される。その主権は規範的かつ法的なものにとどまるが、国民の主権と同じように権力の正統性の基盤となる。権力を産みだし、権

力に制限をもうけ、権力を制御する。(61)

株主が自らの行動の自由を失うことなく、会社という社会的行為主体を作りだして、その権力に正統性を与えると共に、その権力をコントロールすることを可能にする法的仕組みが「株式会社」だというわけである。 株式会社は、自由主義的な政治の理想形として描かれたロックの社会契約論の政府をミクロ・レベルで実現する仕組みだと言える。

ドラッカーは、現代（二〇世紀）の株式会社は人類史上珍しいあまり例を見ない成功を収めた組織であると高く評価する。(62) 大企業の経営陣はあらゆる先進工業国で、膨大な数の人びとの生活と生計に対して、いかなる政治的機関も上回る影響力を発揮している。価格、賃金、労働時間、生産量に関わる経営陣の決定が数百万の人間、ひいては一国民全体のあり方を規定する。

このように株式会社という高度に機能化された「組織」が、諸個人の自由な取引の場である「市場」を超えた秩序形成の役割を担っていることを強調し、その前提で「組織」の管理に重点を置く社会・経済哲学を構想するドラッカーの考え方は、ハイエクのそれと対照的である。後期のハイエクは、西欧社会において主たる秩序形成の役割を担っているのは、「市場」を中核とするコスモス（自生的秩序）であって、タクシス（組織的秩序）はそれを補完する部分的な役割しか担っていないことを強調する。(63) ハイエクに言わせれば、市場を中心に発達した複雑な関係性の体系を、人為的な「組織」によって集中管理しようとする設計主義の発想から全体主義の過ちが生じたのである。社会の最も基本的な仕組みは、長年にわたって自生的に形成されたルールの体系に従って維持されるしかない。それに対してドラッカーは、**株式会社が国家の生産力や労働形態を実質的に支配している産業社会では、自生的秩序にすべてを任せることは不可能であり、「組織」をよりよく制御するための哲学が必要だと考えるわけである。**

権力基盤の空洞化という問題

ドラッカーは株式会社の利点のみを論じているわけではない。株式会社ですべてがうまく行くのであれば、自由主義経済に対する信頼が衰退し、全体主義という問題が生じるはずがない。株式会社は、株主たちが（会社によって生活全般を支配されないという意味で）自由な立場を取りながら、会社組織を管理のプロである経営陣を介して間接的に統治することに特徴があるわけだが、この仕組みは次第に形骸化していった。

経営陣は次第に株主のコントロールを受けなくなり、後者に対して責任を負わなくなった(64)。経営陣の決定権力は事実上、先代の経営陣から引き継いだものであり、株主は関係なくなった。株主の方も議決権を積極的に行使しようとしなくなった。それは、株主が自らの株式保有を受動的に捉えているからである。経営陣に任せておけば、株主は、経営に積極的に関与し、どう事業展開すべきか自分の頭で考え、自分の財産を守る責任を自分で負う、という面倒を免れることができる。株主が自分で行動しなくても――元の財産を喪失するかもしれないリスクと引き替えに――自動的に利益をもたらしてくれる株式は、有利な財産保有形態になっていたのである。ニューディール期のアメリカでは、株主の利益を守るため証券取引法によって、上場企業が経営状態に関する詳細な情報を公開することが義務付けられたが、株主たちは報告書を読んで経営陣のやっていることを把握する努力をする気にはならなかった。彼らはむしろ、監督官庁の監視の下で情報開示されるようになったため、自分たちはあらゆる義務と責任から解放されたと感じるようになった。大企業の多くは内部留保と銀行融資だけでやっていけるようになっていたので、経営陣は株主の意向をあまり気にしなくてもよくなったということもある。これはもはや財産が正統な権力の基盤ではなくなったことを意味する。

ドラッカーから見て、唯一の有効かつ一貫した資本主義理論であるシュンペーターの理論でも、(従来の経済理論のように) 財産権の正当化は試みられておらず、企業家的マネジメントこそ資本主義を正統なものにし、かつ動かすものだという前提で展開されている。企業家的マネジメントなくして資本は生産的となりえず、資本自体は経営のための補助手段にすぎない[65]。それと呼応するかのように、マルクス社会主義も、私有財産の廃止から、生産の統制へと重点へと移していった。ソ連は計画経済という形で国家統制を強めているし、英国の労働党も一九三〇年代以降、政策的に統制を志向するようになっている。

では、何が問題なのか。**それは今日の経営陣の権力が正統な基盤に基づいていないということである。いかなる理念によっても制御されず、誰に対しても責任を負っていない権力である。**株主から事実上独立しているということは市場からも独立していることである。経営陣は株主の利益や市場の価格調整機能に囚われることなく、自らが現に遂行している経営方針をそのまま継続しようとする。(66)富をもたらすのは有価証券、請求権、財産権などから成るシンボル経済であるが、社会的権力を握っているのは実体経済を動かす経営陣である。

弱体化する労働者

このようにして株式会社の経営陣が正統性のない社会的権力を行使するようになる一方で、大量生産工場で機械化や自動化が進んでいく中で、熟練労働者は次第に必要とされなくなっている。多くの工場では、ごくわずかの技術者を除き、労働者のほとんどは未熟練の人たちである。

重要なことは、大量生産なるものが、熟練した人間の労働を必要とすることなく膨大な量の製品を生産することを意味するのであれば、産業労働者は、生産活動においていかなる位置も役割ももちえなくなるということにある。経済活動における位置と役割が社会的な位置と役割を意味する社会においては、たとえ産業労働者に対し豊富に物を与えることができたとしても、彼らを社会に組み込むことはできない。／大量生産産業における被雇用者たる労働者が、いかなる社会的な位置も役割ももちえなくなっているということは、社会生活で意味があるものは収入と財産だけであると教え込まれてきた今日の著述家たちが見落としがちなことである。しかしその彼らでさえ、さすがに現代社会における失業者に関わる社会的、政治的問題に気づいている。／長期の大量失業はまったく新しい現象である。かつてはいかなる恐慌においても、慢性的な失業というものはなかった。[67]

生産メカニズムの効率化によって、労働者の立場が弱まり、長期にわたる大量失業という構造的な問題が生じたわけである。 失業者は生活の糧だけではなく、社会的な位置と役割（status and function in society）を失う。[68] つまり社会から必要とされていない者、社会と関わりを持たず、見捨てられた存在となる。位置と役割を持たない人が増え続けることは、彼らが属するコミュニティの絆の解体、家庭内の不和、ひいては、社会の崩壊に繋がる。

それを防ぐためにはなんらかの対策を取らねばならない。[69] しかし現状では、抜本的な対策を見出すのは困難である。解決策として最も有望視されているのは社会保障である。アメリカでは、大恐慌への対応として始まったニューディール政策の枠組みで失業手当や失業対策事業を始めとする困窮者福祉が充実した。一九三〇年代半ばには、大恐慌以前よりもアメリカ人の栄養状態が改善した。にもかかわらず、アメリカ人たちは自分たちの置かれている立場に対して不安を感じ続けている。西欧では、二百年の長きにわたって、人びとの基本的欲求を満たすのは、経済であるという「経済人」の考え方が支配的になり、当事者たちもそう思い込んでいたために、経済的保障だけを求めてきた。**しかし、真に必要とされているのは、社会保障ではなく、社会への参画だ。**

経済的な不満は深刻な社会的、政治的亀裂をもたらすので、解決する必要があるのは確かだが、十分な福祉を実現すべく、強力な権限を持った専制的な政府が出現することを懸念する人たちもいる。ドラッカーはそうした危惧は単なる保守反動と片づけるわけにはいかないとしている。[70]「産業社会」に生きる一般労働者に社会における位置と役割を与えようとしているドラッカーからしてみれば、社会保障だけ与えて、彼らが社会に参画する可能性を奪ってしまうような権力は、本末転倒である。

社会福祉の名の下に専制的権力が登場する危険はハイエクも強調しているところであり、その危惧を両者は共有していると言えるが、危惧する理由はむしろ対極的である。ハイエクが、民主的多数派を背景にした権力による市場の自生的秩序（カタラクシー）への介入・破壊を問題視するのに対し、[71]**ドラッカーはむしろ、労働者たちが社会的権力から排除されたまま、「経済」中心の従来の考え方が正当化されてしまうことを問題視する。**

補完勢力の不在

ドラッカーは、単に制度だけでなく、人間の本性、生き甲斐まで視野に入れて社会構造の変革を目指すポジティヴな社会運動の例として、労働組合運動や農地改革運動を挙げている。[72]農地改革運動は、個人の自立、尊厳の上に立つ社会を目指しながらも、産業化以前の状態を志向している点で、非現実的である。労働組合運動は、産業社会の現実を踏まえて、働く者が商品としてではなく、自己規律と尊厳の権利を持つパートナーとして扱われることを要求する。労働者に組織と保護を与え、労務管理の一端を担う労働組合は、企業構造から見て必要不可欠な存在、いわば社会の解毒剤である。

しかし今日、労働組合は拮抗する力として意味を持つだけであり、何かをポジティヴに作りだすことはできない。しかも、何ものにも制御されず、何ものに対しても責任を負わず、そのためいかなる正統性も持たないことは、経営陣と同じである。株主たちが自らの財産権に基づく権利を行使しようとせず、いかに行使したらいいか、いかなる目的を追求すべきか分からず、すべてを経営陣任せにしているのと同様に、労働組合の構成員たちも自ら意志決定することを避け、組合幹部に任せきりにしている。経営陣が実質的に前の経営陣から経営権を引き継いでいるのと同様に、労組執行部も前の執行部から権力を引き継いでいるし、組合内の多数決による決定は実質を欠いている。

現実には、今日の労働組合は、少なくともその内部構造に関しては、企業の経営陣よりもさらに非民主的である。株主がいつでも株式を売却できるのに対し、従業員は自らの生計の資を失うことのないよう組合員としてとどまらなければならない。経営陣の社会的政治的権力の正統性と労働組合幹部のそれとの間にはいささかの違いもない。いずれも真に正統な基盤を欠いている。(73)

経済面での主要な権力機関である株式会社だけでなく、それを補完するはずの労働組合もそのメンバーを本当の意味で代表する役割を果たすことができず、政府も福祉や失業対策以上のことができないとすれば、「産業社会」には、市民たちを社会に十全に統合できる組織はないことになる。そこで社会主義のように、社会全体を企業体のように経営（管理）することで、社会的統合を実現しようとする思想が台頭するわけである。アメリカの（元）マルクス社会主義者ジェームズ・バーナム（一九〇五―八七）は、（資本の所有者としての株主ではなく）企業の経営者が力を持つようになるに従って、社会全体を一つの企業のようにマネジメントすることを志向する思想傾向が資本主義社会において強まっており、これは、社会主義や全体主義における政治主導の経営管理の動きと呼応していると主張する。バーナムに言わせれば、全体主義、共産主義、ニューディール主義は、マネジメント的な政治体制を志向しているという点で共通している。産業化された国は、最終的にファシズム全体主義――バーナム自身の表現としては、「経営者社会 managerial society」――に行き着かざるをえない、という[74]。

ドラッカーは、ファシズム全体主義とニューディールが「マネジメント」的な支配の異なった現れ方にすぎないとするバーナムの見方はバカげており、「産業社会」の近年の動向をきちんと分析していないと批判する。ドラッカーに言わせれば、いかなる社会的権力も、人びとから一般的に容認された理念に基づいていないかぎり、つまり正統な権力でないかぎり、権力は専制的になり、人びとの自由を奪うことになる。それでは長続きできない。バーナムの議論にはその視点が欠けている。**一人ひとりに位置と役割を与え、各人が責任を伴った自由な生き方をすることを可能にする正統な権力がなければ、産業社会は社会として機能しない**[75]。

大量の労働者を大工場に集約して生産を一元的に組織化する重工業中心の産業社会を想定した（この時点での）ドラッカーの議論を、情報産業やサービス産業などの第三次産業が中心になっている現代の先進国の状況にそのまま当てはめるわけにはいかないだろう。ただ、企業が単なる雇用契約に基づく労使関係を超えた、社会的・政治的権力をも行使する機関であり、福祉や教育、アイデンティティ形成の場としての機能も担っていることは依然として事実である。日本の企業社会論でよく言われているように、会社のあり方は、その社会の特徴を反映している面がある。**後のドラッカーの「マネジメント」論の基礎は、それまでの商業社会とは異なる、産業社会特有の組織化と社会統合をめぐるこうした原理的考察によって築かれたと見ることができる。**

7 「自由」が生みだす正統な権力

理性万能主義への警戒

『「経済人」の終わり』でも主張されていたように、ナチズムは、「経済人」モデルに依拠した商業社会の限界を超えて、社会の（再）統合を実現することを目指す運動として、人びとの支持を得た。しかしその代償として、人びとの自由を抹殺した。ナチズムにとって重要なことは産業組織を政治的に編成することで、政治を一元的に管理することである。すでに見たように、ドラッカーに言わせれば、ファシズム全体主義には、目指すべき理想についての固有の信条がない。人びとを組織し続けるために、侵略と戦争を社会的目的として設定し、それによって一定の〝成果〟を得ているが、各個人は自由を喪失し、全体の目的に奉仕させられるだけの存在に成り下がっている。[76]

『「経済人」の終わり』では、近代的な「経済人」思想の破綻の後、オルタナティヴが見出されない絶望的な状況の最終的な帰結としてファシズム全体主義が登場したことが強調されたが、**『産業人の未来』では、ファシズム全体主義の思想的起源として、啓蒙主義とフランス革命を挙げている。**啓蒙主義とフランス革命に通底するのは、人間の理性の絶対性を信じ、理性の働きを妨害している現体制を打破し、（指導的な思想家がこれこそが）「理性」（と信ずるもの）によって社会を根本から作り直そうとする考え方である。理性万能主義の革命家たちが権力を握ると、（自分たちから見て）非理性的に振る舞う者たちに非寛容になり、時として、反革命分子として抹殺する。理性主義には、ファシズム全体主義に転化する要素が内在する。ルソー（一七一二—七八）からロベスピエール（一七五八—九四）とマルクス、スターリン（一八七八—一九五三）を経てヒトラーに至る理性万能主義の系譜を辿ることができる、という。[77]

理性主義的なリベラルは、不正、迷妄、偏見や、自由を阻害する制度に反対し、それらを徹底的に破壊することに本領を発揮するが、その後に自由で公正な制度を構築するというポジティヴな役割を果たすことができない。彼らは「自由のための制度 free institutions of society」[78]を含めて、あらゆる制度に敵意を持つ。

確かに啓蒙思想は貴族的特権、農奴制、宗教的偏狭性を一掃した。だが同時に、地方の自治や自治体を破壊した。今日にいたるも、ヨーロッパ大陸の国々は自由に対するこの打撃から立ち直ることができないでいる。／また彼らは、聖職者の地位、特権、権力を攻撃し、同時にヨーロッパの教会を政府の行政機構の一部にすぎないところまでおとしめた。さらには、宗教の世界からその自律性と道義的な権威を奪った。／彼らは、法廷の独立と判例法を徹底的に侮辱した。そのうえ、理性による完全無欠な法体系と、国家による司法の支配を執拗に主張した。その挙げ句、全能のファシズム全体主義国家を生み出した。イギリスやアメリカの自由を奉ずるリベラリズムが、地方自治、教会の独立、判例法、司法の独立など啓蒙思想が捨て去った制度を今日にいたるも重要な基盤としているのは偶然ではない[79]。

ゼロからすべての制度を合理的に設計し直そうとする啓蒙主義的な革命思想に対して、**ドラッカーは、伝統に根ざした既存の制度の重要性を示唆している**わけである。これは、バークを元祖としてトクヴィル（一八〇五―五九）を経て、ハイエクにまで繋がる保守主義的自由主義と同じ考え方である。英国の政治家であったバークは教会と政府が融合した国教会制度を、アメリカとフランスの政治制度を研究したトクヴィルは両国における地方自治の伝統を、経済学者として自生的秩序を研究したハイエクは、「法の支配」（=司法の独立）の理念と結び付きながら慣習の積み重ねによって形成されてきた英米の判例法の体系（=コモン・ロー（Common Law））を、人びとの自由な活動を支える制度として重視した[80]。この系譜の根底にあるのは、ごく少数の知的エリートがゼロから設計する巨大な組織よりも、伝統の中でその有効性が実証され、修正を施されてきた制度の方が、個人の自由を守るのに適しているという考え方だ。

　ドラッカーも、「ある者が絶対真理を有する、あるいは少なくともほかの人間よりも絶対真理に近いか絶対真理に到達するための方法を知っているとするならば、さらには、絶対真理は知られているあるいは知りうるものとするならば、懐疑や選択の一切が許されないことにな[81]」り、自由は存在しえなくなり、必然的に専制と全体主義がもたらされると主張する。**「自由」の本質は、個人の責任ある意志決定であり、政治的自由とは、責任をもって自己決定する諸個人の自治と価値の探求を可能にする制度が存在することである**[82]。

相対主義も斥ける

　ただし、ドラッカーは理性万能主義の〝リベラル〟と同時に、絶対真理や絶対理性の存在を否定する相対主義者や、当面の都合だけ考えてそれらを無視してしまう実用主義者も危険視する。両者とも、どうせ絶対的に正しい答えなどないのだから、力ずくで自分の意見を通すことのできる強者にこそ〝正義〟がある、という発想になりがちだからだ。[83] では、自由主義者は、真理に対してどういう態度を取るべきか。

自由が成立するためには、人の手には届きえぬ絶対真理、絶対合理が存在するものとしなければならない。さもなければ責任は存在しえない。責任が存在しなければ、物質的な利害による以外、いかなる理念も存在しえないことになる。あるいは、強者以外にはいかなる意見をいう権利も存在しえないことになる。／自由とは人間自らの弱みに由来する強みである。自由とは真理の存在を前提とした懐疑である。ある者が完全無欠の善であるとするならば、その者が支配すべきであって、自由は存在しえない。ある者が完全な悪であるとするならば、その者が支配の力を握ることになる。[84]

「絶対真理」の存在を主張するのは、一見先ほどの言明と矛盾しているように見えるが、矛盾ではない。**ポイントは、それが「人の手には届きえぬ」ということである。**「人の手には届きえぬ」のであれば、ないのと同じだと思うかもしれないが、ドラッカーに言わせれば、「絶対真理」がどこかにあると信じることには意味があるのである。人の知を超えた「絶対真理」があると信じているからこそ、自分自身を真理の基準にしようとする傲慢を免れることができるし、「絶対真理」に照らして自らの振る舞いを吟味しようとする基本姿勢から、「責任」が生じてくるのである。

「絶対真理」を前にした人間の弱さを認めることが［自由―責任］に繋がるという考え方は、本書の第二章で見たように、シュタール論にすでに認めることができる。また『産業人の未来』では、責任と一体になった「自由」概念のルーツはキリスト教にあり、それを本格的に理論化したのは、アウグスティヌス（三五四―四三〇）だとしている[85]――アウグスティヌスは、アダムとエバの堕落は神が人間に与えた自由意志によるとする、『自由意志論』（三八七―三八九、三九一―三九五）を著している[86]。

「個人の自由」を確保することの意義

話を啓蒙主義とフランス革命に戻すと、ドラッカーは、啓蒙主義自体は、理性中心主義的な理念をもてあそぶ知識人たちの営みにすぎず、それを政治的実践に移すことはできなかったと指摘する。啓蒙の理性万能主義を、ファシズム全体主義に見られる反理性主義的な実践と結び付けたのは、ルソーの「一般意志」論だ、という[87]。「一般意志」とは、政治的共同体を構成する「人民」の「共通の自己」の意志であり、個人の個別利害に基づく個別意志の単なる総体や平均ではない。「一般意志」はその内にいかなる「部分＝党派性 partialité」も含まず、常に共同体にとっての公共的利益を志向する。ただし、それがどのようにして生成するのか、そもそも現実に存在しうるのか、ルソーははっきり語っていない[88]。そのため「一般意志」については様々な解釈がある。ロベスピエールたちは、革命の理念を受け入れない者たちを力で排除することで、〝一般意志〟を生みだそうとした。ドラッカーに言わせれば、ルソーが完全で絶対なものとして万物の上に君臨する「一般意志」が存在するという非合理的な信念を打ち出し、革命家たちを魅了し、強い衝動を駆り立てたことで、啓蒙主義は千年王国を実現する実践へと変化した。

このように、ルソーの「一般意志」論を、全体主義の起源とする見方は、ユダヤ系ポーランド人の歴史学者J・L・タルモン（一九一六―八〇）やアーレントと共通する。(89) ドラッカーとアーレントの全体主義観のさらなる共通点として、西欧近代の自由社会を生みだした二大市民革命とされるフランス革命とアメリカ革命（独立戦争）をまったく異なる性質のものとして描き出している、ということがある。**両者とも、フランス革命が理性の名の下に専制的権力を行使することを正当化し、全体主義への道を開いたのに対し、アメリカ革命は政府の権力を抑制して、個人の自由を守るための制度を構築したことを強調する。**

アーレントによると、フランス革命の中心的な理念は、社会的弱者に対する〝人間としての自然な共感〟（と革命の指導者たちがみなしたもの）であり、そのため、貧しさや苦しみからの「解放liberation」という意味での「自由」にのみ焦点が当たり、各人の自由（free）な「活動 action」を保障する永続的な制度を樹立することができなかった。それに対して、アメリカ革命の人びとは、植民地での自治の経験から、各人が政治に参加し、対話しながら公的な幸福を探究するには、しっかりしたルールに基づく体制を確立する必要があることを十分認識していた。実際、三権分立と連邦制によって権力の集中を防ぎ、公共空間での「活動」の余地を大きく確保しながら、なおかつ法的に安定した立憲体制が生みだされた[90]。

ドラッカーの議論も、自由の制度的保障に焦点を当てている。先に見たように、ドラッカーは、フランス革命を理性主義のリベラルによって企てられた、全体主義的傾向を帯びた革命であり、旧体制の破壊しか成果を残さなかったとしている。それに対して、**アメリカ革命を「保守反革命」と呼んで、肯定的に評価している。革命的全体主義の攻勢に対抗して「自由」を守るという性格を持っているということである。**アメリカ革命の方がフランス革命よりも一三年前に起こっているが、ドラッカーに言わせれば、あたかもフランス革命を生みだした啓蒙主義の暴走を予見していたかのように、それに対抗する性格を備えており、ヨーロッパの歴史に決定的な影響を与えた[91]。

それは、初めイギリスにおいて、次いでヨーロッパ全体において、それまで自然かつ必然にして逆転不能と思われていた歴史の流れを逆転させた。理性主義のリベラルを破り、次いでその弟子たる啓蒙専制主義者、すなわち完全勝利を目前にしていた無敵の者たちを破った。／アメリカの独立は、ヨーロッパにおいて、ほとんど完膚なきまでに負け続けていまにも死滅しかかっていた者たち、すなわち、絶対主義や中央集権政府と戦う者たち、完全性を標榜するあらゆる支配者と袂を分かつ反集権、反全体主義の保守主義者たちに勝利と力をもたらした。／それは成文の法典から判例法を救い、法廷の独立を復活させた。そして何よりも、自由の基盤としての人間の不完全性への信条を確認した。[92]

ここでドラッカーは、トクヴィルやハイエクと共通する、やや特殊な歴史観を示している。**絶対主義的君主や啓蒙専制君主の下での中央集権化と、フランス革命における集権化された権力によるラディカルな体制変更を連続的なものとして理解する見方である。**そうした全体主義に繫がっていく、理性万能主義＋専制支配的な動向がヨーロッパにおいてメインストリームになりつつあったとすれば、アメリカの独立が、それに対する強い歯止めになったと考えるのは、ある意味当然である。「成文の法典から判例法を救」うという表現は、長い時間かけて形成されてきたがゆえに細部において矛盾や時代遅れな要素を多々含んでいるコモン・ローに代えて、「功利性」という単一の原理から論理的一貫性をもって導き出される法的諸命題の体系として一つの法律へとまとめられた――「憲法典」「民法典」「商法典」「刑法典」などの――「法典」を制定しようとするベンサムなどの功利主義的法理論を念頭に置いていると思われる。[93]

「(合理的な)マネジメントの理論家」というイメージからすると意外であるが、ドラッカーは、**統一的な法・政治体系による社会の組織的管理を志向するベンサムなどの功利主義よりも、慣習的な制度を大事にしていこうとするバークなどの保守主義(的自由主義)に対してシンパシーを示す。**保守主義のおかげで、英国は、フランス革命に代表される啓蒙主義的な制度破壊の波から守られ、アメリカは、個人の自由な活動とローカルなレベルでの自治を大事にする国家として独立することができたのである。「産業社会」において一人ひとりに位置と役割を与えるための組織を作るという課題を果たすうえでヒントになるのは、保守主義である。

8　保守主義と「産業社会の未来」

計画主義の失敗

「産業社会」に相応しい「組織」のあり方を探究しながら、合理的に社会を組織化することを目指す功利主義的な思想を拒絶した、ドラッカーのスタンスは、一見すると、一貫性がないようにも見える。彼の言わんとしていることを理解するには、計画主義者（Planners）に対する彼の批判を見ておく必要がある。二〇世紀の前半は、「五カ年計画」を打ち出したソ連だけでなく、資本主義諸国でも、経済や社会のあり方に対する「計画」を立案することがもてはやされた。ドラッカーに言わせれば、**「計画 planning」という言葉はいかがわしい神秘主義的なニュアンスを帯びて使われている**。「計画」と称されているものは、産業社会の未来に対する「完璧な青写真」あるいは、あらゆる問題を解決する万能薬を示そうとするが、そうした計画は二重に人を欺く。「それは、問題を解決できないだけでなく、問題を隠すことによって本当の解決を難しくする(94)」。

今日、完全な青写真を提示している者は、何が本当の問題かを知らないことを暗に白状しているにすぎない。しかも、それらの青写真を調べてみるならば、ほとんどの場合、過去の復活か見かけの修復にすぎない。いかに漆喰を塗っても今日の社会の構造的な欠陥を直せるわけではない。ピンクや赤のペンキを塗ってみても同じことである。[95]

「計画」と呼ばれているものが実際には、計画者の頭の中にある古いイメージを適当に焼き直したものにすぎないとすれば、当然、成功の見込みはない。では、どうして予見し切ることのできないはずの未来社会の青写真を描いて、公表しようとするのだろうか。端的に言えば、**確かな「計画」があるように見せかけることで、政府に対するあらゆる制約を撤廃することで、啓蒙専制を行うとしているのである**。彼らは一九世紀の政治には計画も戦略もなく、幸運と運任せであったかのごとく宣伝し、合理的な「計画」に基づく政策を実行すべきだと主張する。ドラッカーに言わせれば、それは虚偽である。例えば、一九世紀末に確立した金本位制はたまたま金が国際通貨として採用されたということではなく、通貨制度と信用制度をめぐる長年の研究と準備の成果であり、アメリカの西部開拓も、無計画に行われたわけではなく、北西部開拓条例を始め各種の法令によって無数の制度的な準備が成されてきた。[96] 少数のエリートがごく短期間に未来を予見する形で作成した「青写真」が合理的で、長い年月をかけて特定できない多数の人のネットワークの中で形成された、現状維持的に見える組織の原則は非論理的などということはないのである。

保守主義の三つの柱

ドラッカーは、「自由のもとにおいて機能する社会 a functioning society on a free basis」[97]を作りだすことに成功した一八世紀後半の英米の「保守主義」を参考にすべきだと示唆する。彼らの取った方法は三つの柱から成る。一つは、過去を理想化し、復活させようとするのではなく、**社会的現実が変化しつつあることを踏まえていること**である。

彼らは、当時の社会状況がすでに商業社会になっているにもかかわらず、社会制度は商業化以前のそれであることを認識していた。彼らが目指したものは、この事実からスタートし自由のもとにおいて機能する商業社会を発展させることだった。彼らは過去の問題ではなく、未来の問題を解こうとした。過去の革命ではなく、未来の革命に勝とうとした[98]。

「未来の革命」を志向する「保守主義」というのは自家撞着的に聞こえる表現だ。しかし、ドラッカーが言っている「保守」は、現状を無視して復古的な体制を構築することではなく、現在に至るまでの長期的な変化の動向を見据え、人びとにちゃんと位置と役割が与えられているという意味での「機能する産業社会 a functioning industrial society」を構築することだという点を押さえておけば、おかしなことではない。

第二の柱は、**具体的な問題の解決に専念したこと**である。保守主義者たちは、自らがコミットしている基本的理念にはこだわったが、その理念を実現するための青写真や万能薬のようなものは信じなかった。理想的あるいは完全な制度は求めなかった。彼らが求めたのは、日々の具体的な問題の解決策であり、細部において矛盾があっても気にしなかった。アメリカの建国の父たちは、いくつかの基本理念と制度と、そのために簡単な手続きを定めただけで、アメリカの政治を遠い未来に至るまで規定するような、体系的で詳細な内容を持つ青写真を描いたわけではなかった。彼らは未来を見通すのが不可能であることを知っており、無理に細かい規定を作らなかった。その結果、「政治の領域における支配が制限される一方、経済の領域における支配が自律的な支配として一般化(99)」していくことになった。政治による経済に対する無理な管理をしなかったことが、自由な経済の発展を可能にしたのである。

第三の柱は、バークが「実証志向＝処方箋＝取得時効 prescription」と呼んだものである(100)。人間は不完全な存在であり、未来を予見して計画的に行動することができないという前提の下、**自らの能力を過信して壮大な実験を企てることなく、効果が確認されている着実な手段によって問題解決に当たろうとする態度**である。

人間は完全な制度を発明することはできない。理想的な仕事のための理想的な道具を発明しようとしても無駄である。馴染みの道具を使ったほうがはるかに賢明である。馴染みの道具ならば、それがどのように使えるか、何ができるか、できないか、いかに使うべきか、どこまで頼りになるかがわかっている。[101]

現に生きている人間が実際に扱えないような組織を机上の理論によって作りだすのではなく、長年の経験から使い勝手の分かっている組織を、修正を加えながらできるだけ使い続けるわけである。アメリカに関しては、革命によって馴染みのない制度を作ったではないか、という疑問も出てくるが、彼らは植民地時代にすでに各州、地域ごとの自治の仕組みを作りだし、運営する経験を重ねており、それをベースにして連邦制度を築いていったのである。

彼らは、自分たちがすでに手にしているものしか使えないことを知っていた。彼らは、未来が常に過去の延長線上にあり、政治家の役割は政治の永久静止の秘密を探し出すことではなく、完全ならざる過去のうち何よりよき未来のために延長させるかを決めることであることを知っていた。[102]

産業社会の勃興によって、商業社会に適合していた自治の仕組みは衰退していった。そのため、（権力としての正統性を獲得していない）中央集権的な官僚機構が大きな青写真を描いて、包括的な問題解決を図るようになったわけだが、それではうまくいかない。一八世紀後半の保守主義者たちが依拠していた慣習や制度をそのまま復活させようとするのは、単なるアナクロニズムだが、ドラッカーはこれら三つの柱から成る保守主義の精神は有効だと考える。保守主義の精神によって、産業社会が直面する諸問題に対処しなければならない。

自由な企業社会という保守主義

では、保守主義の観点から見て、具体的にどのような政治体制、政治と経済に関係が望ましいのか。ナチスやソ連社会主義のように経済全体を中央から計画主義的に統制し、最終ゴールを指定するのではなく、経験値を活用できるような体制が必要である。産業社会における主要なアクターとなった株式会社を自治の基本的単位としても位置付け、それぞれが自らの直面する問題の解決に当たらせるべきである。ドラッカーは、**社会全体を一つの組織のように〝経営〟することを目指す全体主義的な社会ではなく、自由な企業社会の実現を目指すべきだと主張する。**

中央集権的政府が社会的な権力をもつならば自由そのものが不可能となる。せいぜい望んでも啓蒙専制主義である。しかし、かつての経営陣による支配を復活させたのでは、たとえもしそれが可能だったとしても社会そのものが機能しなくなる。自由で機能する社会を可能とするには、企業をコミュニティへと発展させることが必要である。／企業社会は、企業が自らの成員に対し、社会的な位置と役割を与えるときにのみ機能する。そして企業の権力が、その成員による責任と意思決定を基盤とするとき産業社会も初めて自由な社会となる。／今日必要とされているものは、全面計画でも一九世紀のレッセ・フェールでもない。分権と自治を基盤とする産業現場の組織化である。労働者と経営陣、生産者と消費者が戦争に勝つという目的で結ばれているいまこそ、これを始めなければならない。(103)

ドラッカーは、**企業を、単なる金儲けのための契約の集合体ではなく、社会統合的な機能を担った共同体と見ていたわけである。**これは、自生的秩序としての市場を守ることに重点を置き、組織の論理をそこに持ち込むことを拒否するハイエクとも、経済の影響を受けることの少ない公共的討論の場の確保を求めたアーレントなど、他の保守主義的自由主義者とは異なる、かなりユニークな見方である。市場経済の否定的な効果を強調し、経済と人びとの社会生活を再びリンクさせようとする点は、ポランニーと共通するが、三つのアソシエーションの協働による経済の管理を志向する後者とは異なって、自治の単位としての企業に期待するわけである。無論、引用から読み取れるように、彼は既成の企業を一方的に信頼しているわけではなく、企業がより共同体的なものへと変貌することを前提としての話であるが。

この見方が、後のマネジメント論の基調になったとすれば、**彼は「マネジメント」を、伝統的な共同体の絆から解き放たれてバラバラになり、単独では生きていけない諸個人を、社会に再統合するための基礎的なユニットと見ていたことになる。**日本でドラッカーが高く評価されるのは、共同体的な企業観が日本人の感覚に合っているからかもしれない——企業に対する平均的な日本人の態度と、ドラッカーの企業観がそのまま一致するということではない。

第4章

思想としての「マネジメント」

1　ドラッカーの経済思想

ケインズ理論への評価

ここまで見てきたように、ドラッカーは社会主義やファシズム全体主義のように経済を全体的に管理しようとする思想に対しては徹底的な対決姿勢を示し、英米の保守主義的な自由主義の伝統に連なるものとして自己を位置付ける。その反面、市場中心に編成された近代資本主義社会が、人びとから社会的な地位と役割を奪い、絶望状況に陥れ、全体主義に期待するようなメンタリティを生みだしている、というある意味、左派的な問題意識を持っている。その点で、市場の自己調整機能に対して修正を加えるべきでないとするミーゼスやハイエク、新自由主義的な規制緩和論の旗手になったミルトン・フリードマンなどとは異質な発想をしている。共同体的なものを重視したポランニーにむしろ近い面もある。ただし、すでに見たように、資本主義を社会へ再び埋め込もうとするポランニー的な構想は非現実的だと見ている。

そうした経済思想的な微妙な立ち位置から、株式会社などの企業を共同体的な自治の単位として「産業社会」に適合した政治・経済体制を構築すべきという見解に至り、ＧＭの経営についての実証的な研究を機に、企業単位の「マネジメント」に専門的に取り組むようになった。「マネジメント」や「イノベーション」の理論に関する彼の仕事に、思想史的な教養がどのように反映されているか見る前に、彼の経済学的な立場を確認しておこう。

『「経済人」の終わり』に即して見たように、ドラッカーは、常に経済合理的に振る舞うものと想定される「経済人」モデルに依拠してきた、（マルクス主義を含む）近代経済学全体に対して批判的である。ただし、経済人類学に転向したポランニーを別にすれば、**ケインズとシュンペーターの二人に対してはそれなりに好意的である。**この二人のどこを評価しているのか見ていこう。

ジョン・M・ケインズ

戦後すぐに発表した論文**「ケインズ」**（一九四六）では、ケインズを古典派経済学の最後の理論家として位置付けている。不況時における政府の市場への介入の必要性を訴えるケインズは通常、古典派／新古典派に対立する立場とみなされるので、この点が少し変わっている。ドラッカーによると、ケインズの理論は、自由放任主義の「経済」の基本的前提が現代の産業社会や信用経済では通用しなくなったという前提の下に構築されているが、一九世紀の自由放任主義の「政治」における基本的な信条や制度の回復と維持を、さらには市場の自律性と自動性の維持を目的としていた。(1) つまり、**（新）古典派経済学の依**

拠する「経済」的前提がもはや現実に適合していないことを承知のうえで、（新）古典派的な前提で「政治」を行おうとしたわけである。その意味でケインズの政策は、非合理的なものを合理的に動かすという魔法であった。

ドラッカーは、それまでの古典派理論になかったケインズ理論の特徴として、**「貨幣」と「時間」という二つの要因に着目したことを挙げている。**ケインズにとって「貨幣」は交換のためだけに使用される、経済の実体に影響を与えない中立的な媒体ではない。信用経済の貨幣である銀行預金は、財の生産と労働を期待して創造される。つまり、貨幣の供給量は経済的合理性によって機械的に決定されるのではなく、未来に対する自信の程度に基づいて心理的・社会的に決定される。その「貨幣」は、過去から現在に至る各種の投資の蓄積、つまり「時間」を表現したものである。

時間は、過去の投資に対する貨幣上の債務のかたちをとって、あらゆる経済取引とかかわりをもってくる。それら過去に対する貨幣上の債務は、工業化社会のあらゆる経済取引において最大の要素である。なぜならば、我々が使用するあらゆるもの、すなわち住宅・パン・雇用労働のコストの大きな部分が、過去の貨幣上の債務からなっているからである。／貨幣は、経済取引における実体のない不活性な数値ではなく、現実の経済に影響を与え、現実の経済をかたちづくり、現実の経済を方向づける存在である。貨幣の領域における変化は、実体経済の変化を引き起こす。／我々は、このからみ合った二つの経済システム、すなわち財・サービス・労働という、現在存在し機械的に決定される古典経済学の実体経済と、貨幣という過去からの債務を追い、未来に対する自信によって心理的に決定されるシンボル経済をもつ。[2]

「時間」の流れの中で変動する人びとの欲望や期待、信用関係が「貨幣」を介して実体経済にも影響を与えることを見抜き、理論の中に取り入れた点でドラッカーはケインズを高く評価している。

それによって古典派経済学では説明できなかった（長期）不況という現象が発生する原因を説明することが可能になった。ケインズは、人びとが将来の生産のために使われるはずだった貨幣が、将来の経済動向に対する不安ゆえにそのまま蓄積される過剰貯蓄に注目した。人びとが消費を差し控えて、貨幣を蓄えるようになると、生産は停滞することになる。経済システムは、財に対する需要と供給のバランスによって自動的に調整されるという前提で経済を分析する従来の古典派に対し、ケインズは、事業活動は、企業家たちに事業拡大のための借り入れに踏み切らせるための自信の度合い、言ってみれば、心理という経済的に不合理な要因に依拠しているという前提から出発する。[3]低金利と財政赤字（＝貨幣の供給量の増大）によって、人びとの自信を増大させて、それを消費支出に繋げ、さらにそれを資本財への投資に繋げていくことで、経済システムを立て直す政策を定式化した。**「貨幣」が「自信」の関数であることを利用して、「貨幣」の量を人為的に増減させることで、逆に「自信」に影響を与えるというのが基本的な発想だ。**[4]

ケインズ政策のしっぺ返し

ドラッカーは、人間行動によって経済が決定されることを理論的に明らかにし、調整のための処方箋を示したケインズの業績を高く評価しているが、その一方で、ケインズ政策の有効性はニューディールにおいて否定されてしまった、と指摘する。ケインズ理論に従って、財政赤字の下での金利の引き下げが行われたが、少なくとも一九三五〜三九年までの間、つまり第二次大戦が始まる前の四年間、投資の回復と失業の減少は実現しなかった。[5]信用が銀行に注入されたが、企業はそれに合わせて新たな投資のための借り入れをすることなく、古い債務の返済に充てた。政府から消費者の手に渡った貨幣は、すぐに銀行に戻され、過剰貯蓄状態になった。

こうした事態を受けてケインズの弟子たちは、ケインズのそれとは異なった政策を追求するようになった。不況と失業の時期には、公共事業と政府指導によって、完全雇用の達成に必要な量の資本財の生産を確保する政策である。彼らにとって重要なのは、完全雇用であって、それを金利で実現するか財政赤字で実現するかは重要ではなかった。新ケインズ学派は、貨幣政策よりも、(完全雇用をより確実に実現できる)資本財生産を重視するようになった。その代表格が、ハーバード大学教授で、アメリカにケインズ理論を導入したアルヴィン・ハンセン(一八八七―一九七五)である。[6]ドラッカーに言わせれば、この転向はケインズ経済学の概念と彼の政策目標を否定することを意味する。

一般には、ケインズは、企業への政府介入を支持する側に立つと理解されている。これは、ケインズ経済学が最終的にもたらすものからは正当の評価に思われる。しかし、もしそうであるならば、ケインズは自らが意図していたことと、すべて逆の結果を招いてしまったことになる。／なぜならば、ケインズの経済政策の唯一の情熱的なまでの目的は、政府介入のない経済システム、客観的で非属人的な経済的要因によってのみ決定されるシステムを可能にすることだったからである。「自由市場は死んだ。自由市場よ永遠なれ」こそ、ケインズの仕事のすべてに共通する標語だった。(7)

（ドラッカーから見た）ケインズ理論の目的は、古典派経済学が想定していたような「自由市場」を復活させることであって、自由市場を壊して計画経済を組織化することを目指していたわけではない。ただ、その一方で、資本主義経済の本質的な脆弱さと人為的に回復することの必要性を主張したので、彼のテクストを読む人たちがそこに「自由市場」の死亡宣告とオルタナティヴへの提案を読み取ろうとするのも不思議はない。政府が金利によって間接的に市場に干渉するのではなく、公共事業を中心とする財政政策によって、直接的に完全雇用を実現しようとするのは、ケインズの本来の目的から明らかに逸脱しているが、そういう読解もまったく不当とは言えない。

ケインズの仕事を通して、経済の基本的なあり方について政治的に決定しなければ、経済政策を展開できないことが明らかになった。自由主義経済を維持していこうという決定の可能性もあれば、景気循環を超えた財政政策や、年俸制度を始めとする雇用保障を通じて雇用を安定化させる労働政策を選択する決定もありうる。ただ、いずれの決定にしても、民主的な政府の下で、人びとが自分だけの目先の利益に囚われることなく、全体の長期的な利益を目指して合意に達するのは困難である。[8] ケインズは、そうした現代資本主義社会の袋小路を露わにしただけかもしれない。

この二三年後に刊行した『**断絶の時代**』（一九六九）では、第二次大戦以降、西側先進国で盛んになった、新（修正）ケインズ学派の主導する「ニューエコノミクス new economics」が、「完全雇用」に根ざした「完全均衡」という目標を達成できず、失敗に終わったことを明言する。そのうえで、今日必要なのは、古典派／新古典派やケインズのように、静的な均衡を目指す理論ではなく、絶えず変容する経済の動態を見据えた、経済発展の理論だと主張する。[9]

第一次大戦後は継続の時代が続いた。その間は経済発展よりも経済水準の維持が関心事となった。それが均衡理論の再構築としてのケインズ経済学のテーマであり、事実上最も必要とされていたものだった。／だがケインズ経済学の処方は、今日われわれが必要としている経済発展の理論ではなく、それを意図したものではなかった。事実、ケインズ経済学においては、経済維持の水準と、その先の経済発展との間に相克が見られた。／しかし経済学がこの相克を克服できないならば、われわれはいつになっても経済の危機を回避できない。繰り返しになるが、経済発展を通じてでなければ経済の均衡は不可能である。／固定された経済はいかに活発であろうとも衰退する経済である。／経済発展理論は、均衡理論としてのケインズ経済学よりも急進的たらざるをえないとともに、保守的たらざるをえない。まずそれは目的論的でなければならない。すなわち明日の目標からスタートし、そこから今日に戻ってこなければならない。／これまでの経済学は、すべて今日の経済を明日に投射していた。明日の経済構造は今日のそれと同じであるとした。イノベーションによる経済構造の変化には場所がなかった。知識を含め、あらゆる資源について、すでに存在するものの配分を考える以上のことができなかった。[10]

この箇所から読み取れるように、ドラッカーは、市場がどのようにして「均衡」状態に達するかにだけ関心を持つ、従来の「経済学」はもはや役に立たないと考えるに至っている。**「イノベーション」による単純再生産的な均衡の破壊と、新たな条件の下での発展の可能性を探究する新たな知の枠組みが必要だ。その可能性を秘めているのが、「イノベーション」に注目したシュンペーターである。**このさらに一四年後の論文「シュンペーターとケインズ」（一九八三）では、同じ年に生まれ、ほぼ同時期に亡くなった二人を対比する形で、シュンペーターを高く評価する理由を示している。

シュンペーターへの評価

一般的な印象としては、資本主義の修正者であるケインズが進歩的であるのに対し、オーストリア学派のメンバーで、企業家精神を説くシュンペーターは保守的であると見られがちだが、ドラッ

ヨーゼフ・シュンペーター

カーは資本主義経済に対する基本的スタンスから見ると、むしろその逆だと指摘する。[11] ケインズは市場に対して強い愛着を持ち、自由市場から政府や政治家を排除しようとしていた——この点はミーゼスやハイエクと共通である。それに対してシュンペーターは、**自由市場に対して深刻な疑問を抱いており、競争し合う企業の短期的な利害に左右されることのない、特定の企業による理性的な独占の方が好ましいと考えていた。**また、マルクスによって立てられた問いの重要性を認識し、マルクスを最も重要な経済学者とみなしていた。マルクスの出した答えはすべて間違っているとも思っていたが、シュンペーターにとっては、問いは答えよりも重要であった。

シュンペーターは、先に見たようなケインズ経済学の誤りも見抜いていた。

シュンペーターの考えでは、ケインズの根本的な間違いは、健全かつ正常な経済は均衡状態にある経済であるとする前提そのものにあった。シュンペーターは、すでに学生のころから、現代の経済は常に動的な不均衡状態にあると考えていた。シュンペーターの経済は、ニュートンの宇宙やケインズのマクロ経済のような閉鎖系ではなかった。経済は永遠に成長変化するものであり、その本質は機械的ではなく生物的である。このようにして、ケインズが異端者であるならば、シュンペーターは異教徒であった。[12]

不均衡こそ経済の発展の契機となることをいち早く見抜き、それまでの経済学者たちが地震や気象、戦争等と同様に経済外の要素とみなしていた「イノベーション」、陳腐化した古い設備から生産性の高い新しい設備へと資源を移す「企業家精神」こそ、経済、特に現代経済の本質だということを示した。[13] 企業家が技術革新によって、利益を生みだすという発想をシュンペーターはマルクスから学んだが、マルクスのように労働者からの搾取による剰余価値によって利益を得ているとは考えなかった。「創造的破壊」を実行する革新者だけが真の利益を生みだし、新たな資本形成に繋げると共に、それによって労働者の雇用と所得を生みだすことができるのである。

ドラッカーはさらに、**「イノベーション」を核とするシュンペーターの理論によって、「利益 profit」は道徳的な正当性を獲得する、と主張する。** 物と物の閉鎖的な交換の体系を前提とする古典派経済学では、その体系の中にどうして「利益」なるもの、新しい価値が生じるか説明できない。というより、それを説明するための道具立てを持っていない。せいぜい、リスクを負うことに対する動機づけとみなすことしかできない。古典派が「利益」を道徳的に位置付けることができなかったがゆえに、マルクス主義は資本家の「利益」を、労働者からの搾取に由来する不道徳的なものとして非難した。「利益」を正当化できなかったゆえに、ミルは晩年社会主義を受け入れた。[14]

しかし自己完結的、閉鎖的、静的なシステムから、成長し、動き、ダイナミックに変化するシュンペーターのシステムに見方を変えるならば、利益と呼ばれているものも、ただちに不道徳ではなくなる。利益は道徳的必然となる。事実、古典派経済学を悩ませ、ケインズを悩ませた問題は、もはや問題ではなくなる。[15]

シュンペーターのシステムでは、創造的破壊による「利益」は雇用を維持・拡大し、社会を発展させる原動力になるわけだから、優れて道徳的な意味を持つ。企業家が冒険し、企業の生産方式を革新することは、単なる個人の利己的な行為ではなく、社会全体を富ませる行為なのである。これは、ドラッカーの言う「産業社会」、高度に組織化された諸企業によって支えられる社会に見合った経済思想である。当時成熟した成長段階に達した高度先進国ではいかにして資本形成と雇用を創出するか、未来の雇用を維持するためには最低限どれだけの「利益」が必要か解明することが差し迫った課題になっていた。[16] **ドラッカーの経営学は、「イノベーション」を核とするシュンペーターの経済理論と深く結び付いているのである。**

2　「イノベーション」の思想史的意義

イノベーションとは何か?

「イノベーション」について論じた著作『**イノベーションと企業家精神**』(一九八五)の冒頭で、ドラッカーは「**企業家 entrepreneur**」という言葉を作りだして普及させた——先に述べたように、マンチェスター学派にも影響を与えた——フランスの経済学者ジャン＝バティスト・セイによる「企業家」論を引き合いに出している。「企業家は、経済的な資源を生産性が低いところから高いところへ、収益が小さいところから大きいところへと移す[17]」。この資源の移転にはリスクが伴う。確実性を求める人は企業家には向かない。**リスクを取れる気質と、自らの選んだ原理と方法に基づく行動こそが、企業家の本質である**。

セイはアダム・スミスの信奉者で、『国富論』(一七七六)の仏訳者でもあり、スミスの思想と政策の普及に力を注いだが、「企業家精神」についての彼の考え方は、古典派経済学とは異質なものだった。古典派経済学もケインズ学派もフリードマン学派もサプライサイド経済学[18]も、既存の資源やシステムから最大限の利益を引き出すことを図るが、システム外の要素を取り込むことをその本質とする「企業家精神」を自らの体系の中に適切に位置付けることをできなかった。セイの企業家論を再発見したのはシュンペーターである。[19] **セイ＝シュンペーターによれば、企業家であることは、既成の権威を否定し、秩序を破壊することを含意する。**

ドラッカーはこうしたセイ＝シュンペーター的なイメージに従って、「企業家」の果たすべき役割を記述していく。現実社会における人びとのニーズや価値観、政治情勢、科学技術などの動向を読み取り、それにリアルタイムで最も適合する形で、企業の潜在的資源を最大限に活用する道を見出すことが、「イノベーション」のプロとしての「企業家」のなすべきことである。

彼は企業家が見出すべき「イノベーション」の七つの機会を挙げている。

- 予期せぬ成功と失敗を利用すること
- 現実にあるものとあるべきものとの間のギャップを探すこと
- ニーズを見つけること
- 産業構造の変化を知ること
- 人口構造の変化に注目すること
- 経済、政治、教育における認識の変化を捉えること
- 発明発見などの新しい知識を活用すること

ただ、「イノベーション」による「創造的破壊」と新商品の開発だけが企業家の仕事ではない。自らの組織を「イノベーション」に適応させ、変化しながら存続させていくための「マネジメント」も必要だ。ドラッカーはイノベーションに向けての会議や業績評価システム、新事業部門の独立、経験的データに基づいた人物本位の人事、財務上の見通し、創業者をマネジメントの面で補佐するトップマネジメント・チームの構築など、「マネジメント」に必要な諸要素を呈示している。

この二つに加えて、市場に積極的に関わっていく原理と方法、つまり「企業家戦略」も不可欠だ。ドラッカーは、ありうる経営戦略を四つのタイプに分けている。

①総力戦略（Fustest with the Mostest）
②ゲリラ戦略（Hit Them Where They Ain't）
③ニッチ戦略（Ecological Niches）
④顧客創造戦略（Customer Creative Strategy）

①は、企業の全力を挙げてその業界のトップを狙う、できれば市場の独占を目指す戦略である。無論、リスクは高い。②は敵の弱い所を突く戦略であり、創造的破壊を最初に行った者がやっていることをよく観察し、その完成間際にそれを上回るものを一気に作りだす「創造的模倣戦略」と、老舗企業が自分にとって馴染みがないがゆえになかなか手を出そうとしない新規の商品や技術をい

ち早く取り入れる「柔道戦略」がある。③は文字通り、市場の隙間（ニッチ）を狙う戦略であり、それまで技術的ネックになっていたものの開発に力を入れる「関所戦略」、特殊な部品の製造技術を磨く「専門技術戦略」、特殊な性格の市場に関する専門知識を駆使する「専門市場戦略」がある。④は文字通り新たに顧客を創造する戦略であり、顧客が目的を達成するうえでの効用を持った製品を作りだす「効用戦略」、顧客が何に対して金を出すのか考えて細かく価格を設定する「価格戦略」、顧客の事情をよく知って対応する「事情戦略」、顧客にとって価値のあるものを作りだす「価値戦略」の四つがある。

フンボルトの「総力戦略」

この内、①の総力戦略についてドラッカーは、この意味を最もよく表す事例として、思想史的に興味深い例を挙げている。それは一九世紀のドイツの言語学者で政治家でもあったヴィルヘルム・フォン・フンボルト（一七六七—一八三五）によるベルリン大学の創設である。一八〇八年に、自由主義的改革を進めていたプロイセン政府の文化・教育部門の責任者に任命されたフンボルトは、教育改革の目玉としてベルリン大学の創設を提言する。従来のヨーロッパの大学は教会や自治都市のイニシアティヴで設立されたものが多かったが、フンボルト大学とも呼ばれるベルリン大学は、中央集権化された国家による近代化戦略の一環として位置付けられ、官僚・法曹・科学者・教師の養成に重点を置いた大学の典型である。

ドラッカーによると、フンボルトが実際に関心を持っていたのは、大学それ自体ではなく、一八世紀の絶対君主制でも、フランス革命後のブルジョワ支配の共和制でもない、新しい政治体制を作りだすための手段であった。

彼が目指したのは、能力によってのみ採用され昇進する完全に中立的な職業公務員と、同じように完全に中立な職業軍人が、それぞれきわめて限定された領域において独立性を維持するというバランスから成り立つ政治体制だった。今日われわれがテクノクラートと名づけるそれらの人たちは、法の支配のもとに置かれる。彼らはそれぞれ限定された領域の中で完全に独立した存在として機能する。／そのとき、ブルジョアには二つの自由が保証される。一つが精神的、文化的自由であり、一つが経済的自由である。すでにフンボルトは、この考えをその著『政府の有効性の限界』において明らかにしていた。一八〇九年当時、君主制がナポレオンに屈したあとのプロシアでは、フンボルトの考えにとって障害となっていた勢力、すなわち皇帝、貴族、軍が無力化していた。彼はその機会をとらえ、自らの政治理念を実現するための核としてベルリン大学を創設した。／事実、ベルリン大学は、一九世紀のドイツが法治国家と呼んだ独特の政治体制をもたらした。政治と軍の領域では強大な高級官僚と参謀将校からなる自律的なエリート集団が力をもち、文化の領域では教育ある人たちからなる同じく自律的なエリート集団が自治大学を中心にリベラルな文化を育て、かつ経済の領域では規制から自由な自律的経済活動が実現された。[20]

ここでドラッカーが呈示している、「法治国家」体制の下で自律的に行動するエリート官僚や軍人に軸を置くフンボルト流の自由主義[21]は、私たちがイメージしている、すべての市民の平等や価値観の多様性を大前提とする現代人の自由民主主義理解とはかなり異質であり、アナクロのように見える。第一章で見た、彼の友人クレーマーの古い価値観に近づいているように見えなくもない。ただ、**官僚機構を中核に据えたヘーゲル的な国家観や、それを保守主義的なパースペクティヴから修正したシュタールのそれを起点に形成されたドラッカーの保守主義的な自由主義からすれば、それほどおかしな考え方ではないかもしれない。**

ここでの問題は、エリート養成を通して国家の近代化を目指したフンボルトの文教政策が、現代企業の総力戦略にとって、どういう意味で参考になるかである。当時のドイツは、対ナポレオン戦争の敗戦で決定的なダメージを受けていた。領土の約半分を失い、政治的・軍事的・財政的に破綻し、国家として崩壊寸前の状態にあった。哲学者のフィヒテ（一七六二―一八一四）は占領下のベルリンで行った有名な講演『ドイツ国民に告ぐ』（一八〇七―〇八）で、ドイツ国民が再び立ち上がり、フランスに対抗できる強国になるには、まず、祖国愛が必要であり、そのためには国語教育を中心とした国民教育を充実させる必要があることを主張した。[22]ベルリン大学で国家運営を担うエリートを養成しようとしたフンボルトの構想も同じ背景の下で生まれてきた。フンボルトが閣議に提出した設立趣意書には、啓蒙（近代化）の推進と人材育成を進め、プロイセンの文化的影響力をドイツ語圏全体に拡大していこうとする意図を読み取ることができる。[23]

領土を失ったことと、財政危機のため、当時のプロイセンには、ケーニスベルクとフランクフルト・アン・デア・オーダーの二つの総合大学（Universität）しか残っていなかった。前者は首都から遠く離れたバルト海沿岸にあり、後者は財政的にも講師陣の質・量の面でも惨憺たる状況になっており、先端的大学を目指すには程遠かった。そのため、（今日的な視点から見れば）新たな大学の設立は必要であったが、当時のプロイセンの高級官僚たちはあまりに実用主義的であり、学問探究の府である大学の存在意義を十分に認識していなかった。改革派の宰相ハインリヒ・フリードリヒ・フォン・シュタイン（一七五七―一八三一）でさえ、あまり関心を示していなかった。[24] 敗戦による財政危機という事情が加わってくると、その傾向はなおさら強まる。官僚であると同時に、言語学者として当時の先端的な研究に従事し、政治とアカデミズムの双方の事情に通じていたフンボルトの説得と練り上げられた構想によって、プロイセン政府は大学設立へと踏み切った。

それまでベルリンにあったいくつかの学術・高等機関がベルリン大学に統合され、多額の予算が投入された。当時最大規模だった大学の三〜四倍の規模を誇る、西欧史上最大の大学が誕生した。そこにフィヒテを始め、神学者シュライエルマッハー（一七六四―一八三四）、ローマ法・民法学者サヴィニー（一七七九―一八六一）、文献学者アウグスト・ベック（一七八五―一八六七）、医学者フーフェラント（一七六二―一八三六）、地理学者カール・リッター（一七七九―一八五九）、農学者アルブレヒト・テーア（一七五二―一八二八）など、その分野の第一人者とされる学者がドイツ各地から教授として招聘された。ナポレオン戦争で数多くの名門大学が閉鎖に追い込まれ、一流の学者でさえ乞食になりかねない状況で、ベルリン大学はそれまでの一〇倍もの報酬で彼らを雇用した。[25] 無論、それは、ドイツ諸邦の中でオーストリアに次ぐ第二の大国であるプロイセンにとっても大きな負担であった。財政破綻状況下にあっては、失敗できない真剣な賭けであった。ある意味、国家にとっての総力戦だったわけだが、結果としてフンボルトの戦略は投資に見合った成功を収めた。プロイセンはドイツ諸邦の間で知的、文化的面で優位に立ち、間もなく政治経済的に優位に立った。さらにはヨーロッパ大陸でリーダーシップを発揮し、英米からも賞賛を受けるほどの文化的・知的モデルになった。[26]

ベルリン大学はなぜ成功したのか？

失敗を許されない戦略でフンボルトが成功した秘訣は何か。ドラッカーに言わせると、明確な目標を掲げ、そこに組織の全力を投入して一つの方向に進んでいかねばならないこの戦略では、途中での修正や調整は効かない。月に向かってロケットを打ち上げる時のように、徹底した思考と分析が必要だ。小説や映画に出てくる企業家のように、突然の思いつきで行動するわけにはいかない。

例えば、フンボルトのベルリン大学は認識の変化をイノベーションの機会とすることによって成功した。当時、恐怖のフランス革命とナポレオン戦争が教養あるブルジョアを政治的に絶望させていた。とはいえ時計の針を戻し、かつての封建制や一八世紀の絶対君主制に帰ることもできなかった。彼らは、法と教育に基づく非政治的な政府とともに、リベラルでありながら非政治的な世界を欲していた。まさに当時のあらゆるブルジョアが、あの政治書『国富論』の著者アダム・スミスの信奉者だった。これがフンボルトが利用しベルリン大学の創設によって制度化した現実だった[27]。

「非政治的な政府 an apolitical government」とか「リベラルでありながら非政治的な世界 a 'liberal' but apolitical sphere」というのは分かりにくい表現だが、現代の、いわゆる〝平均的な日本人〟が求める〝自由な社会〟を考えればいいだろう。**経済・社会生活の面で各人の行動の自由が最大限に認められる一方で、法治国家によって政治体制は比較的安定していて、市民たちが権利のために激しい戦いを繰り広げる必要がなく、ましてや、自由や権利のために政治に参加するよう圧力を受けることがない状態である。**もっと端的に言えば、官僚たちがちゃんと法に基づいて統治してくれているおかげで、一般市民は政治に関心を持たないでもいい状態である。フランス革命を支持した先端的な自由主義思想からすれば、かなり保守的な考え方であるが、[フランス革命―対ナポレオン戦争」以前の、専制君主制の下で生きていたプロイセン市民の意識とは明らかに異なるものだった。

ベルリン大学は、国策大学であり、財政と人事の面で国家が運営に強く関与する一方で、学問・教育の自由とそのための自治を最大限に——国家の法秩序と真っ向から対立しないかぎり——認めたことで知られている。[28] 学問の内容まで国家が管理するよりも、学者や学生に自由に活動させた方が、創造性が発揮されて、多くの学問的成果が出て（＝イノベーション）、結果的に国家の利益になると考えたからであろう。こうした考え方は、すでにシュライエルマッハーによって定式化されていたが、[29] フンボルトもそれを継承している。組織の目的追求のために、イノベーションに向けて最先端で仕事をしている人たちにフリーハンドを与えるというのは、現代の企業経営にも通じる考え方である。**組織を上から管理しながら、各人の自由な活動との間でバランスを取ろうとするところに、フンボルトの大学論、そして（遅れて近代化の道を歩み始めた）ドイツ的自由の特徴がある。**

フンボルトはこうした市民意識の変化、学問のあり方の変化、そして、ヨーロッパ全体の社会・経済の変化を見て取って、その波にうまく乗って総力戦略を成功させた——と少なくとも、結果を見るかぎり言うことができる。先ほどの「イノベーション」の七つの機会のすべてを的確に捉えていたことになる。ドイツの敗戦と古い権威の解体という状況を逆手にとって、これから（特にドイツで）発展していくはずの分野、多くの人が期待を寄せている分野、新たなニーズが生まれつつあった分野を見極め、そこに多くの人と資源をつぎ込んだわけである。

彼の「イノベーション」の成功は、単に新しい傾向を発見しただけではなく、ドイツ人、プロイセン国家の現状に適した戦略を打ち出したことにあると言えそうだ。ドラッカーの「イノベーション」論は、先に見たように、「組織」の「マネジメント」と一体になっている。**「イノベーション」のためには、「組織」の体質を変えていかねばならないが、だからといって、「組織」の伝統や慣習、人員構成を無視した「イノベーション」もありえない。**古い秩序を壊して、新しいものを取り入れさえすれば、「イノベーション」になるわけではない。**自らがコミットしている「組織」の維持・発展に繋がる、〝新しさ〟を見極めねばならない。**

3　「イノベーション」のための組織とは？

共同体としての企業

『産業人の未来』に即して見たように、ドラッカーは「企業 enterprise」を単なる利益獲得のための集団行動の形式ではなく、「産業社会」に生きる人びとにとっての、「共同体」と見ているふしがある。そうした見方が最も端的に表れているのは、総合的な経営論として執筆された『**現代の経営**』（一九五四）である。この本の冒頭に近い部分でドラッカーは、「マネジメント」を実行する主体である「企業人 businessman」を、経済学的な視点から特徴付けることを試みている。

初期の経済学は、企業人とその行動を、純粋に受動的なものであるとした。事業における成功とは適応していくこと、すなわち、企業人にはコントロールすることも影響を与えることもできない客観的かつ非人間的な力によって形成される経済において、企業の外部に生じる事象に対し、賢明かつ迅速に適応していくことを意味した。／そのような企業人のあり方は仲買人と呼んでよい。もちろんそのような意味での企業人は、たとえ寄生的な存在ではないとしても、きわめて機械的な存在である。単に生産的な用途に資源を向けるだけである。／これに対し今日の経済学においては、企業人とは、可能な行動の中から一つの行動を合理的に選択する者であるとされている。それは、もはや機械的な存在ではない。彼らの選択は、経済に対し明らかに実質的な影響を与える。(30)

経済（学）の変化に伴って、「企業人」にとっての合理性のあり方も変化し、単に決まった答えを見つけるだけでなく、自分にとっての最適解を選択することが求められるようになったわけである。ただ、ドラッカーに言わせれば、現代の企業経済学等で想定されている、利益最大化を図る「企業人」像は依然として受け身的であり、不十分である。「企業人」は、企業の外で起こっている事態に、迅速かつ合理的に適応するだけであってはならない。

マネジメントには新しい経済をつくる責任がある。その経済の中にあって、変化を計画し、その実現の先頭に立ち、担い手となる責任がある。そして企業活動の自由に対する制約を除去する責任がある。／したがって、実現が可能なこと、すなわち経済学のいう経済的与件は、一方の柱にすぎない。実現が望ましいことが、もう一方の柱にある。／人間は、完全に環境を支配することはできず、可能性の枠から出ることもできない。しかし、実現が望ましいものを可能なものとし、続いてそれを実現することはできる。それこそがマネジメントに特有の仕事である。／マネジメントは、単に経済の中に投げ出された一存在ではなく、経済を自らつくるものである。マネジメントは経済環境の主人公として、意識的かつ目的的な行動によってその環境を変えるかぎりにおいて、真にマネジメントをしているといえる。[31]

ここで示されている「企業人」像は、シュンペーター的なそれよりもさらに積極的なそれになっているように見える。「創造的破壊」を実行するだけでなく、自らが「（経済的に）可能なもの」の領域を作りだすことまでも求められている。世界の中に投げ出された自分にとっての最善を選ぶのではなく、「可能なもの what is possible」の領域を拡張し、自分と世界を作り替えていくという発想は、ハイデガー（一八八九―一九七六）やサルトル（一九〇五―八〇）の実存主義に通じているようにも思える。[32] **こうした世界を作り替えるような能動性は、私たちが「マネジメント（管理）」という言葉から連想するものとかなり隔たっており、むしろ対極にあるかのような印象さえ受けるが、すでに見たように、構造的に変化し続ける市場の中での、（産業社会に生きる人びとの新たな共同体とし**

ての）企業の生き残りを目指すドラッカーの経営論は、「イノベーション」と「マネジメント」、新しさと古さの両面を備えている。

マネジメントの四つの要素――①事業のマネジメント

彼は「マネジメント」を構成する要素として、四つを挙げている。

①事業（business）のマネジメント
②経営管理者（manager）のマネジメント
③人と仕事（worker and work）のマネジメント
④時間（time）のマネジメント

①はまさに、先ほど述べた、**「可能なもの」の領域の拡張と、企業体の組織管理という二つの側面の間でバランスを取るという問題**である。後者の側面に関連してドラッカーは、「マネジメント」を専門職化することを批判している。つまり、「マネジメント」を科学や専門技能として捉え、「マネジメント」のための免許を創設したり、特定の学位を持っているものにだけ「マネジメント」の資格を認めることである。

すでにニューヨーク大学のビジネス・スクールで「マネジメント」担当の教授として教鞭を執っ

ていたドラッカーにとっては自己否定にもなりかねない発言だが、彼がこの点を強調するのは、「マネジメント」の専門職化が、リスクや景気の変動、競争、消費者の不合理な選択など、予測を困難にする経済の撹乱要因を除去しようとする思想と連動しているからである。実際、科学管理法(scientific management)を先駆的に導入した、アメリカの機械工学者・経営学者のヘンリー・ガント(一八六一―一九一九)等は経済の完全なカルテルの形成を主張したし、この考え方の信奉者たちはニューディール期にも、国家再建法という形でのカルテル化の試みに一役買っている。一九二〇年代のドイツの合理化運動は、専門経営者によって運営される社会の実現を目指した[33]。ドラッカーは、そうした科学主義的な傲慢・越権を戒め、マネジメントの権限は、当該企業が経済的成果を挙げるのに必要な範囲に限定されるべきであると念押しする。そうした意味も込めて、ドラッカーは「マネジメント」は、科学的に客観化された知識ではなく、(それまでの)実践と成果に基づいて遂行されるべきだと強調する。これは、『産業人の未来』で展開されていた、産業社会における企業の共同体的役割を重視する一方で、マネジメント的手法による社会の設計に反対した、ドラッカー流の保守主義の実践・応用に際しての再確認であろう。**企業は、人びとに社会的な位置と役割を与えるうえで重要な役割を果たすが、個人の私生活まで管理することはできないし、目指すべきではない。「マネジメント」は、自らに与えられた権限とその限界をはっきり知るべきなのである。**

②経営管理者のマネジメント

②③④にも、哲学的・共同体論的な含意を込めた議論が展開されている。②は、企業にとって最も重要な資源である「経営管理者」をどのように管理するかという話だが、これに関連して、ドラッカーは以下のような哲学的な論を展開している。

中世の政治学者ジョン・フォーテスキュー卿が「人々の意思」と呼んだもの、すなわち方向づけされ、焦点を合わされ、統合された自由な人の活動のみが、本当の意味での生きた存在を生み出すことができる。実に、単なる部分の集合を超えた総体こそ、プラトンの昔から「よき社会」なるものの定義である。／人の成長ないし発展とは、何に対し貢献するかを人が自ら決めるようになることである。しかしわれわれは、通常、一般従業員を経営管理者と区別し、彼らを自分や他の人の仕事についての決定に責任もなければ関与もせず、指示されたとおりに働く者として定義する。ということは、一般従業員を物的資源と同じように見、企業への寄与に関しても機械的な法則の下にあるものと考えていることを意味する。これは重大な誤りである。／しかしこの誤りは、従業員の仕事の定義に原因があるのではない。むしろ、従業員の行うことの多くがマネジメント的な要素を含み、うまくマネジメントするならば、きわめて生産的な仕事をすることができるという事実を見逃しているところに原因がある。要するに、企業を企業たらしめるものは、経営管理者のマネジメントであるという事実に変わりはないのである。(34)

ジョン・フォーテスキュー（一三九四頃―一四七九）は、英国の法学者・政治家で、英国の立憲体制の基礎になった重要な論考をいくつか著しており、「一人の無罪の人が有罪判決を受け、極刑に処せられるよりも、二〇人の犯罪人が死罪を免れる方がましだ」という定式で知られている。彼は中世から近代への移行期、英国の国家体制の骨格が出来あがろうとしていた時代に、王や貴族、地主、都市の有力の市民だけでなく、「人民」もまた国家を構成する不可欠な要素であり、「人びとの意思 the will of the people=intencio populi」によって政治体（国家）が構成されると主張したことでも知られている。[35] ここでドラッカーがフォーテスキューやプラトン（前四二七―三四七）への言及を通して言わんとしているのは、**経営管理者、ひいては、（自由裁量があるという意味で）経営管理者的な性格をある程度持っているすべての従業員を、どのようにでも加工できる素材ではなく、自由に行動する意思と能力を持った存在として扱い、自発的に企業経営に参加するように仕向けることこそが、マネジメントにとって本質だということである。**

一見当たり前のことのようだが、「マネジメント」を単なる管理、秩序維持と捉えると、従業員に対し、自らの意思など持たないで、機械の部品のように正確に与えられた指示を実行することだけ求めることになりがちだ。「企業」が、それに属する各人を、（自由な）社会の中に位置付ける媒介的な共同体だとすれば、企業の目的追求や企業文化の形成に各人が能動的に関わる姿勢を持つべきである。特に経営管理者は、単なるオーナー（雇用主）の命令の伝達・執行者に留まることなく、業務遂行を通して企業が目指すべき目標を、主体的に見出さねばならない。この意味でも、「マネジメント」を専門科目化することにドラッカーは反対しなければならない。**経営管理者としてのマネジメントは、機械や道具の扱いのように、所定のコースでの学習で習得できることではなく、共同体的な実践の中で見出していくしかないのである。**

経営管理者の自発的意思の重要性を示す実例として、ドラッカーはフォードの失敗とそれからの復活をめぐる物語を引き合いに出している。[36] 一九二〇年代の初頭、フォードの市場シェアは三分の二だったが、その一五年後には、五分の一くらいまでに落ち込んだ。公的資金の導入による買収によって救済する案が取り沙汰されたほどである。ドラッカーの見るところ、ヘンリー・フォード（一八六三—一九四七）の失敗の原因は一〇億ドル規模の巨大企業を「経営管理者」抜きでワンマン経営しようとしたことにあった。彼は社内の秘密警察的機関を作って、他の役員の決定をすべて把握し、マネジメント上の権限、能力、責任を持ちそうになった役員はすぐにクビにした。彼は現場管理者が〝増長〟して、自分と並ぶマネジメントの一員になることを極端に嫌い、技術者、あるいは彼の忠実な助手だけを重用した。こうした専制君主の態度はフォードに固有のものではなく、二〇世紀初頭には至極当たり前のことだった。熟練労働者が不足する状態で急速に工業化するには、フォードのような態度が必要だったのである。そのため、ソ連のボリシェヴィキ政権の初期のリーダーがフォードの崇拝者だったほどである。マネジメント抜きの工業化が可能であるかのように思えたのである。

フォードが立ち直るきっかけになったのは、後を継いだヘンリー・フォード二世（一九一七―八七）が祖父の方針を覆し、自らのマネジメントを助けてくれる人たち、自ら行動し、責任と権限を持てる人たちを登用したからである。それによってフォードは期せずして、新しい体制へと移行することになった。

フォードのマネジメントは、目標管理によるマネジメントになった。旧体制では、経営管理者には何も知らされなかったのに対し、新体制では仕事に必要な情報とともに、会社全体についての情報も与えられた。経営管理者は、オーナーの私的な助手から仕事に伴う客観的な権限をもつ者へと変わった。恣意的な命令は、目標と基準に基づくものへと変わった。そして最大の変化、しかも最も目立つ変化が組織構造の変化だった。／かつてのフォードは完全な中央集権だった。あらゆる権力が老ヘンリー・フォードの手にあったものだけでなく、あらゆる数字が会社全体についてのものしかなかった。（……）対照的に、今日のフォードは、それぞれが事業の遂行と業績に責任をもち、目標達成のための意思決定の権限を持つ独立したマネジメントのもとにある一五の事業部門に分権化されている。(37)

事業部門を分割してそれぞれ経営管理者を置くというのは、それだけ聞くと、アダム・スミスの分業論の応用、効率化のための措置のように思えるが、これまで見てきたように、単にそれだけではない。**経営管理者が自らの意思を持って、任された事業の方向性について判断し、その結果に対して責任を負う自律的な存在として、企業という——単なる生産効率のためのマシーンではない——共同体の一員になることが肝心だ。**これに伴って、その企業は、オーナーの個人的意思による命令ではなく、一般化され、明示された基準に従って運営される組織に転換することになる。

③人と仕事のマネジメント

このように企業を、本当の意味での共同体に転換するという視点は、当然、③にも通じることである。③のレベルでのマネジメントでは、**各人を「個性や市民性を持つ存在」として見ることがポイント**になる。

そもそも働くか否か、いかに働くか、いかによく働くかを自ら決められる存在、したがって動機づけ、参画、満足、報酬、リーダーシップ、地位と機能を要求する存在として人を見ることが必要である。[38]

具体例としてＩＢＭの人に対するマネジメントが挙げられている。第一に、ＩＢＭは大量生産のため、フレデリック・テイラー（一八五六―一九一五）の科学的管理法（テイラー・システム）[39]を導入して、作業工程を細分・単純化したが、その一方で、一人ひとりがその単純作業をできるだけ多く受け持てるよう訓練した。その内の一つは、ある程度の技能と判断を要するものにした。さらに、それらの作業を組み合わせることで、各人の仕事にリズムを与え、仕事の進め方を工夫できるようにし、自分の仕事に誇りを持たせるようにした。第二に、設計のエンジニアリングの過程に現場の職長や一般従業員を参加させることで、スムーズに生産が行われるようにした。第三に、生産ノルマを設定し、それを超える分に対して奨励金を出すということをやめて、定額給与にしたうえで、現場の職長と従業員の相談でノルマを設定し、各人の仕事の内容を決めるようにした。第四に、不況時でも雇用を維持する方針を出して、仲間が解雇されることを恐れて従業員たちがノルマ以上に生産しないよう自主規制しなくてもよい状態を作りだした(40)。

つまり、各従業員が具体的に従事する作業単位を効率化する一方で、それによって各人がいつでも取り換え可能な機械の部品になったかのような疎外感を覚えることなく、むしろ企業に対してユニークな仕方で貢献している存在であると感じるような状況を作りだす必要があるということだ。**企業がオーナーや株主の私物ではなく、自分が固有の役割を果たせる職場だという認識が、発展の原動力になるのである。**

なぜならば、企業は人の共同体だからである。企業の仕事ぶりとは人の共同体だからである。企業の仕事ぶりとは人の仕事ぶりである。そして人の共同体は、共通の信条に基礎を置き、共通の原則にその結集力を体現する。さもなければ共同体は麻痺し、活動できなくなり、その構成員から成果を引き出せなくなる。[41]

④時間のマネジメント

「共同体 community」であるということは、④の「時間のマネジメント」とも密接に関わっている。「共同体」としての企業は、存続していかねばならない。**マネジメントのためには、現在と未来という二つの時間を考えねばならない。目前の短期的利益と長期的利益のバランスということである。**企業の存続を犠牲にして短期的利益を追求することは許されないが、かといって壮大な未来のために今年大きな災厄を招くかもしれないリスクを取ることは許されない。人間が行動するに際しては常に、未来におけるその帰結に対して責任を持たねばならない。共同体として存続し続けるあらゆる組織について同じことが言える。ただ、企業のマネジメントの場合、特に、この二つの時間のバランスが重要になる。

第一に、企業による生産活動が高度に組織化されるようになるにつれ、利益を得るまでに長い時間がかかるようになったということがある。二〇世紀初頭、エディソン（一八四七―一九三一）が実験に着手してからそれを工場での実験的稼働に至るまで二年かかったが、その半世紀後、ドラッカーがこの著作を書いた当時だと、一五年くらいかかるようになった。半世紀前に新設した工場の償却に二、三年かかっていたのが、労働一人当たりの設備投資が一〇倍にはね上がったため、回収に一〇～一二年かかるようになった。販売やマネジメントのための組織作りのためのコストを考えると、さらに長い期間が必要になる。第二に、他の組織と違って、企業は存続するためには常に利益を上げ続けねばならない、ということがある。軍隊とか警察のような公的組織や、NPOのような非営利組織であれば、その組織自体とは別の所から活動のための資金や人材を得ることができるので、短期的な成果に直接左右されずに長期的な目標を追求することも可能だが、企業の場合は、短期的な成果によって自分自身をその都度維持しながら、長期的目標を追求しなければならない[42]。

各人が利益を獲得するための集合体である企業は、他の組織よりも共同性が低いように見えるが、企業の「現在」の利益のかなりの部分は、当該企業が「未来」にも存続しているための投資に回される。短期的な利益だけのための集合体ではないのである。**「マネジメント」において、「現在」と「未来」を連続的に捉える視点が求められるという意味では、企業はきわめて共同体的な組織だとも言える。**

４　分権的組織の共同体的意義

機能型組織の弊害

フォード再建の物語で出てきた「分権」の問題について改めて考えてみよう。**多民族国家オース**

トリア＝ハンガリーで育ったドラッカーの文化的多元性を尊重する政治思想は、マネジメントにおける分権論に対応していると見ることができる。『企業とは何か』でもGMの成功を例にして分権化の戦略の有効性と限界について論じていたが[43]、『現代の経営』でより詳細な論が展開されている。

まず、組織構造の原理を考えるうえで重要な以下の三つの要素が挙げられている――①成果、②命令系統の最短化、③トップマネジメントの育成と評価[44]。これら三つを同時に充たす組織形態として、**「連邦型組織（federal organization）」**と**「機能型組織（functional organization）」**の二つのタイプの分権型組織（decentralization）が挙げられている[45]。

連邦型組織というのは、それぞれ独自の製品と市場を持つ独立採算的な事業ごとに組織することである。機能型組織というのは、事業プロセスの主な段階ごとに組織を作ることである。連邦型組織の方がより多くの成果を挙げ、生産性が高いので、できればすべての大企業が採用すべきだが、うまく独立採算部門に分割できない時にかぎって、機能型組織を採用すべきだという。組織を細分していくと、どこかで分割の限界がくるので、機能型組織にせざるをえなくなる。その意味で二つの組織形態は補完関係にあるわけだが、機能型が採用されるのがより下位のレベルであればあるほど、つまり、単位となる組織の相互自立の度合いが高いほど、その企業の組織は強固だと言える。

どうして機能型よりも連邦型の組織の方が好ましいかというと、**機能型だと単位となる各組織が単独では何もなしえず、それぞれが固有の目標を立て、その実現のための条件を整え、結果に対して責任を持つことができないからである。**連邦型だとそれが可能になる。一九二九年の大恐慌以降、デュポン、ＧＭ、シアーズ、ＧＥといったアメリカの代表的な企業が連邦型組織を採用しているが、伝統的な組織論の教科書は分権的組織に注意を払ってこなかった。それは伝統的な組織論が、企業が行っている事業を各種機能の集積としか見ていないからである。しかもそれぞれの機能を類似スキルの集合体と定義している。つまりスキルを基準に、理想的な組織のあり方を考えているわけである。

ドラッカーによると、これは五〇〜六〇年前のメーカーの工場をモデルとした発想である。当時の工場では、ねじ切り盤、リーマー盤、平削り盤など同じ種類の機械がまとめて配置されていた。同じような機械を扱える労働者が一つ所に集まって作業していたわけである。しかし、いまや優れた生産組織の第一の原理は、機械中心に仕事をするのではなく、仕事を中心に機械を配置することである。それによって多少余分な機械が必要になったとしても、そこで仕事をする人の思考と情報を集約できるのでより効率的になる。

現代では、典型的なエンジニアリング部門でも、基礎研究、製品設計、応用エンジニアリング、サービスエンジニアリング、工具設計、工場エンジニアリングの他、設備や建物の保守管理などの維持管理機構もあり、多様化している。それらの機能の内、あるものはイノベーション、あるものはマーケティングに関わりがあり、さらには、固定資産の管理など財務活動に関わるものさえある。これらの機能に共通するのは、基本的な道具を使用している、ということぐらいだが、これはスキル以前の話である。従来の企業のエンジニアリング部門には、機能の中にエンジニアリングという言葉が入っているものを無理やり一つにまとめたものであることが多いが、それでは管理不能な混沌状態に陥ってしまう。

経理部門であれば、他の部門が目標管理できるようにするための情報提供、財務、記録と保管という三つの機能がある。記録と保管に付随する機能として、所得税や社会保険料の源泉徴収、政府への各種報告といった機能もある。異なった原理と考え方に基づくはずの諸機能を、無理に一つの原理でまとめようとすると、経理部門内に摩擦を生むだけでなく、他の部門との対立を引き起こす原因になる。

仮に仕事のプロセスの段階ごとに、うまく機能別組織を作ることができたとしても、それでも機能別組織には弊害がある。第一に、経営管理者が自らの部門を第一に考え、事業全体のことを考えなくなるし、そこで働く人びとのヴィジョン、スキル、忠誠心が偏狭になっていく傾向がある。第二に、機能についての目標が設定しにくく、成果を測定しにくい。そのため経営管理者がちゃんと成果を挙げているかどうか分かりにくい。ゆえに、事業の成果ではなく、専門家の視点からだけ仕事を評価することになりがちだ。すると、マネジメント（管理）の階層を機能別に多層化していくことになり、余計に成果を測りにくくなる。連邦型組織は一見、企業内の連帯を希薄化するように見えるが、実際には、各人に組織の中での自分の責任を自覚させ、自らの意思で企業の目的に即したヴィジョンや目標を立てることのできる人材を育成するには、適しているのである。

連邦型組織の五つの条件

ただし連邦型組織を作ればそれでいいというものではない。成功させるには五つの条件が必要だ。

①中央と単位組織の双方が強力であること。中央が企業全体の観点から目標設定を行い、単位組織の各々に対して客観的な評価測定ができること
②単位組織が自らのマネジメントを維持できるだけの規模を持っていること
③各単位組織がそれ自体として成長の可能性を持つようにすること。安定した事業部門と、将来性のある事業部門を別々の組織にするようなことをすべきではない
④単位組織の経営管理者に、広い活動領域と挑戦の機会を与えること
⑤あらゆる単位組織が自らの事業、市場、製品を持ち、対等の立場に立つようにすること。各単位組織は密接かつ友好的な関係を築かねばならないが、例外的な場合を除き、共同事業を行ってはならないし、重複する領域では互いに競争すべきである

これら五つの条件を満たすことは常に可能ではないので、その場合には、機能別組織を取らざるをえない。その場合、機能別組織に、各部門に目標設定の責任を持たせるなどして、連邦型の要素を取り入れる工夫をする必要がある。このように分権化された組織の構造について詳細に分析し、その活かし方を検討しているドラッカーの議論を見ていると、効率化の名の下に無暗に〝独立採算

制〟を導入したがる、現代日本の企業や公的機関の責任者の思考の浅薄さが際立ってくる。各人に組織の中での自己位置を自覚させることに主眼を置くドラッカーの分権論は、すでに見たように、彼の共同体＝企業論と不可分の関係にある。

連邦型組織および機能別組織という分権的組織が成功するには、企業全体に共同体意識が存在していることが必要である。分権的組織とは多様性における統一である。いかに自立した製品事業部といえども、完全に独立してはいない。自立性そのものは企業全体の業績を向上させる手段にすぎない。経営管理者たる者は、自立させられているほど大きなコミュニティ、すなわち企業全体の一員としての意識を強くもつ必要がある。／しかし実際には、分権的組織では共同体意識の必要性という問題は生じない。むしろそのような問題は、機能別部門への局地的な忠誠心がセクショナリズムと反目を生み、さらには事業全体のニーズとさえ正面衝突してしまう中央集権的な機能問題において生ずる。これに対し連邦型組織のもとでは、局地的な忠誠心が事業全体のニーズと一致する。例えば、ビュイック事業部のために全力を尽くすことが、優れたGMマンであることを意味する。(46)

ここから読み取れるように、ドラッカーは、自分の属する組織のために全力を尽くそうとすることが人間本性に備わっているという——かなり楽観的に思える——前提に基づいて、各単位組織ごとに培われる忠誠心をいかにして、全体に対するそれへとスムーズに繋げていくか、ということに現代企業のマネジメントの課題を見ている。連邦型組織の場合、そのコントロールが比較的容易だが、それでも、他の事業部門のことをあまり意識しない島国根性に陥る恐れがないわけではない。ドラッカーは、セクショナリズムや島国根性を克服するための方策として、①事業の廃止や新事業への進出のような重要な問題への決定権はトップマネジメントだけに付与すること、②単位組織を超えて経営管理者を異動・昇進させること、③各単位組織の経営管理者に、仕事の進め方は自由にさせる一方で、共通の目的と信条（common aims and beliefs）を持たせること――の三点を挙げている。(47)

組織形態の多様化に適合して

『現代の経営』の一九年後に刊行された主著『**マネジメント**』（一九七三）では、「連邦型組織」と、「機能別組織」にほぼ対応すると思われる職能別組織に加えて、「チーム型組織（team organization）」、「擬似分権組織（“simulated” decentralization）」、「システム型組織（“system” structure）」の三つの類型を加えた、五つの類型が示されている。(48) また、職能別組織論の創始者として、フランスの鉱山技師・経営者で、テイラーと共に経営管理論の元祖ともされるアンリ・ファヨール（一八四一―一九二五）(49)を、連邦型組織の創始者として、一九二〇年代にマーケティング手法を導入するなどしてGMを改革したアルフレッド・スローン（一八七五―一九六六）の名前を挙げており、組織論の歴史的展開をより意識した記述になっている。

五つの内、仕事を中心とした組織形態が職能別組織とチーム型組織の二つである。職能別組織は古くからある組織形態で、先に見たような欠陥を備えている。（『マネジメント』の刊行時期から見て）比較的最近登場してきたチーム型組織は、異なるスキル、知識、背景を持った人が、異なる分野に属しながらチームとして一緒に働くことである。一般にタスク・フォース、プロジェクト・チームなどと呼ばれるもの、病院の治療のためのチームなどがこれに当たる。この型の組織は全員が自分たちの目的がなんであり、自分の責任がなんであるかを知っていることがメリットであるが、安定性と経済性に欠けており、組織が大きくなると、内部の管理やコミュニケーションが困難になり、組織構造が不明確になるという欠陥がある。

他の三つは、成果を中心とする組織である。擬似分権組織は、職能別組織など、本来異なる組織に、連邦型に似た性格を与えたもののことである。システム型は、チーム型を発展させたものであり、チーム型が個人を単位として編成されるのに対し、この場合は、多様な組織と個人から構成される。NASAやチェースマンハッタン銀行がグローバルに張り巡らしたネットワーク、グループ化した広告代理店等がこれに当たる。システム型は、そこで働く各人が自分の仕事と全体の事業の関係を把握することや、相互のコミュニケーションが困難であり、意思決定の方法が不明確になりがちで、長続きしにくい。

『現代の経営』と違って、『マネジメント』では、どの組織形態が望ましいかさほど強調していない。組織を構成する各人の責任意識やコミュニケーションのあり方に重点を置いているところから見て、「企業＝共同体」観は根底にあることに変わりはないと思われるが、現代において、組織形態が多様化しており、何が最適なのか一概に言えなくなったという認識が働いていると思われる。『マネジメント』の第四八章「組織構造についての結論」では、以下のように〝まとめ〟られている。

あらゆる状況に適合する設計原理はない。最適といえるものさえない。それぞれがそれぞれの条件と制約をもっている。使える範囲は限られている。現業の仕事、トップマネジメントの仕事、イノベーションの仕事のすべてに使える組織構造はない。／したがって、組織構造の設計にあたっては、複雑な状況を複雑なままに精査することが必要である。状況を理解しなければならない。前提としたものを検証していかなければならない。／これまでは、前提としたものは、組織の中の者にとっては当然のことだった。考えもせずに信じ込んできたものであり、それだけに強固なものだった。特に、適用した組織構造が一つあるいは二つの組み合わせである場合においては、組織の設計原理から検討することが当然のことと考えられた。／しかし今日では、組織の設計原理をそのまま現実のものとすることが困難であることは誰でも知っている。組織構造は常に妥協、譲歩、例外を必要とする。(50)

この議論は、『産業人の未来』で示されたドラッカーの保守主義（的自由主義）の応用と見ることができる。理想の社会の青写真を描いてその通りの社会を実現しようとする計画主義者に反対すると共に、古い制度にいたずらに固執するのではなく、変化し続ける現実に適合し、安定していることが実証された制度を活かしていこうとする態度である。単一の組織原理で企業全体をデザインし、それのみに基づいて運営することが、科学的・論理的であるように一見思える。しかし、ドラッカーに言わせれば、**それは複雑で多様化し続ける企業を取り巻く現実と現場での実践を、自らの想定する〝科学的・論理的思考〟に無理やりに合わせてしまう、非合理的な態度である。**

大企業であればあるほど、先の五つ、あるいはこれから現われてくるかもしれない新しい組織類型を多元的に組み合わせて、それぞれに合ったマネジメントをしていかなければならない。多元性を最も反映しやすいように見える連邦型組織も、あまりこだわりすぎると、本末転倒になりかねない。

5　マネジメントの社会的責任をめぐって

ドイツ的な法理解との親和性

『現代の経営』の終章では企業と社会の関係が論じられている。

　社会は、企業にとって単なる環境ではない。あらゆる企業のうち最も私的なものであっても、社会の機関であり、社会的な機能を果たしている。[51]

　この基本的認識自体は、すでに『産業人の未来』において示されていたわけだが、ここではさらに、今日の企業がそれまでとは異なった、より大きな社会的意義を持つようになった理由が三つ挙げられている——①生産活動と意思決定が長期化し、人の寿命を超えたこと、②資源としての人と物質を永続的な存在としての組織にまとめなければならなくなったこと、③人的資源と物的資源を大きな集合体にまとめなければならなくなったこと。[52]『産業人の未来』では、社会を構成する各人の視点から「企業」の社会的意義が論じられていたが、ここでは、**社会全体のマクロな視点から、人的・物的資源を長期的に管理するための組織として企業が存続し続けることの必要性が指摘されている**わけである。法人としての企業に永続的に営業する免許が与えられ、企業に対するニーズに対応して、経営管理者に人と物を管理し、活用する権限が与えられているのである。

　そうした意味で、**企業の経営管理者は「公益」に責任を持たねばならない**。自らの行動を倫理的基準に従わせること、企業の利益追求が公共の福祉や個人の自由を侵害する恐れがある時は、前者に制限を加えることが求められるようになっている、という。これは今日、企業倫理学あるいはビジネス倫理学の分野で、特にＣＳＲ（Corporate Social Responsibility 企業の社会的責任）をめぐって論じられていることのエッセンスである。[53]

したがって、もはや社会性や公共性から生じるマネジメントの機能や責任についての論議を避けることはできない。いまや企業自身が、自らのマネジメントに対し、社会的責任について徹底して検討すべきことを要求している。／なぜならば、政府の政策と法律が企業の行動と活動の範囲を規定するからである。それらのものが企業のとりうる組織の形態を規定する。マーケティング、価格政策、特許政策、労務政策を規制する。さらには資金調達の能力とそのコストを規制する。企業が民営民有の自立的な存在として、自らの選んだマネジメントによって統治され続けるべきか否かさえ、政治と法律が決める。／したがって、現代社会におけるマネジメントの責任は、企業にとってばかりでなく、マネジメントそのものの社会的評価、その成功と地位、経済体制と社会体制、自立した機関としての企業の存続にとっても、決定的な意味をもつ。いまやマネジメントのあらゆる行動が、社会的責任に根ざしたものであることが必要である。基本的に、この社会的責任こそがマネジメントの倫理である。(54)

『産業人の未来』に即して見たように、現代の企業の代表的形態である株式会社はもともと、国家から特権を与えられ、主権を代行する組織だった。その特別な地位は次第に失われ、私企業化していったわけであるが、ここでドラッカーが示唆しているように、現代でも、企業の活動の範囲や行動様式のかなりの部分が、民法・商法などの法律と政府の政策によって規定されている。環境、労働、衛生、消費者保護といった領域については、現代になってかえって法的規制が増えているとも言える。

このように、**企業が、国家の法・政治体系にしっかり組み込まれ、半ば公的機関として国家の政策を遂行し、社会的正義を実行していると見る視点は、あまりアメリカ的ではないように思われる。**ドイツ語圏の法学者として、保守主義者シュタールに依拠していた、ドラッカーならではの発想のように思われる。ただ法学的な見方と言っても、同じオーストリア出身で、やはり法理論を重視していたハイエクのそれとは、「法」の本質に対する理解が真逆であるように見える。(55)ハイエクの「法」が、非組織的で基本的に個人ベースのルールの体系で、政治とは分離しているのに対し、**ドラッカーの「法」は、個人主義的傾向が強まっていく近代社会において共同体の枠を維持するもので、組織をベースにしている。**

「公正としての正義」をめざして

ドラッカーが、企業のマネジメントが担っている政治的・法的役割として最初に挙げているのは、年金の整備と雇用の安定である。人口構造の変化から見て、アメリカの企業は積極的に年金制度を設け、かつ、働き続けることを望む高齢者の雇用維持と若手の採用・昇進のバランスを取るような雇用の仕組みを整えることが求められている。うまく対応した企業は生産性を高め、利益を増大させることができるはずだ。しかし多くの企業がその努力を怠っている。そのため企業への不信感が高まり、社会・政治からの圧力が強まり、強制的な年金や年間賃金保証のような制度の導入を強いられるかもしれない。企業が自らの社会的責任を自覚して、社会の変化に対応して行動しないと、いつか自分たちに跳ね返ってくる恐れがある。それもマネジメントの課題である。

あるいは、古い工場を閉鎖して新しい工場を建てるという場合、旧工場での雇用を通して周辺地域で築かれた共同体的関係をどうするのか、ということも考えねばならない。単純に、どこに工場があるのが効率的か、ということだけで判断すれば、企業に対する社会的評価が低下する。また、大卒だけマネジメントの地位に就け、それ以外の従業員から昇進の機会を奪えば、社会から反発を招くことになる。**純粋に社内マネジメントの問題に見えるようなことでも、何重にも外の社会と繋がっているのである。**

マネジメントは、利益をあげることは株主への責任であるという。しかし株主は、少なくとも上場企業ならば株を売ることができる。だが、社会は企業から逃れられない。企業が十分な利益を生み出さなければ、社会が損失を被る。企業がイノベーションや成長に成功しなければ、社会が貧困化する。／これとまったく同じ理由により、マネジメントは、明日の経営管理者を準備するという社会的責任をもつ。明日の経営管理者なくしては、資源は誤ってマネジメントされることになる。富を創出する能力が破壊される。／また、マネジメントは、社会の信条と一体性を損なうことのないよう、企業をマネジメントする責任をもつ。これは、行ってはならないことについての責任である。マネジメントはわれわれ市民に対し、絶対的、全面的な服従を要求するがごとき不当な権限を行使してはならない。[56]

現代の企業倫理学では、企業が責任を負うべき相手について、ストックホルダー（株主）か、ステイクホルダー（利害関係者）かという枠組みで議論が行われている。ステイクホルダー理論は、〈stake〉の範囲を拡大していけば、従業員や取引業者だけでなく、地域社会までも含むことになるわけであるが、企業と（直接契約を結んでいるわけではない）地域社会の住民の間にどのような関係があるかは必ずしも明確ではない。他者を公正に扱うべき、というリベラルな正義論の観点からの議論が一応有力なようである。[57] ドラッカーは、**企業が国家・社会の中で特別の権利と義務関係を与えられて存在する共同体的組織であり、社会的資源（人と物）の有効な活用をすることを委託されている、という前提で、この問題を考えているようである。**

私益による競争から、公益をめざした共創へ

アダム・スミスの先駆者とされる、オランダ出身で一八世紀前半に英国で活躍した医師・思想家であるマンデヴィル（一六七〇―一七三三）[58] は、『蜂の寓話』（一七一四、一七二三）で、「私悪 private vices」こそが「公益 publick benefits」であると述べ、市場での自由競争による私的利益追求を正当化した。これは周知のように、「公益」などという古い観念に囚われないで、各人が自分の私的利益だけを追求した方が、社会の富が増し、公益になる、という意味の格言だが、ドラッカーは今日ではこの

格言はそのままでは通用しないと主張する。[59]「わが国を強化し繁栄させるものすべてが、わが社を強化し繁栄させるものとするようマネジメントする」、という、シアーズ・ローバックのマネジメントの方針を引き合いに出しながら、ドラッカーは以下のように言う。

自らの利益を公益に従属させるだけでは十分ではない。まさに公益を自らの利益とすることによって、公益と私益の調和を実現しなければならない。[60]

企業は自分の儲けがそのまま公益（common good）に繋がると安易に想定するのではなく、公益に適った企業のあり方を積極的に追求する努力が必要だということである。『マネジメント』の最終章「マネジメントの正統性」でも同じテーマが取り上げられ、やはり、マンデヴィルの格言が取り上げられている。

われわれはマンデヴィルの言葉は使っていても、考え方としてはすでにまったく異なる基盤に立っている。われわれはすでに、はるか前から、公のニーズを事業上の機会に転換することがビジネス・マネジャー（企業経営者）の役割であることを知っている。市場のニーズと、個人のニーズすなわち消費者と従業員のニーズについて予期し、識別し、満足させることが彼の役割である。[61]

ただし、このように自らの事業上の利益を公益と一致させるべく努力するだけでは、企業のマネジメントが社会や国家のリーダー的な役割を果たすうえでの「正統性」の根拠として十分ではない。マネジメントが正統性を得るには、企業の組織自体が、社会から正統性を認められるに相応しいものになっている必要がある。それは、社会的存在である一人ひとりのメンバーを社会に貢献させ、自己実現へと導くような組織であることである。ただし、それは人びとが同じ価値観や教養を信奉するように均一的に管理するということではない。それでは全体主義である。人びとが自由に生きられるようにするには、企業自体が自立したマネジメントによって運営される自由な組織でなければならない。

それぞれの領域において意思決定者であるという自立した存在としてのマネジメントをもつ組織からなる社会が社会として成立するには、マネジメント自身が、私的な存在であると同時に公的な存在であることを認識しなければならない。／マネジメントは、制御されず制御しえず、したがって専制的たらざるをえない存在としての中央の政治権力の僕《しもべ》ではないという意味において私的な存在である。と同時に、意識して公然と、公的なニーズを自らの自立した組織にとっての私的な機会に転換すべく働くという意味において、公的な存在である。(62)

分かりにくい言い回しだが、ポイントははっきりしている。**他の企業とは異なる、その企業固有の原理に基づいて組織を作っていかねばならないが、その際に、その〝企業固有の原理〟が、社会全体の利益に適合するものになっており、その原理に基づいてマネジメントしていくことが、〝自然〟と公益に貢献するよう、長期的な視野に立った原理選択を行うべきということだ。**その都度、アドホックに公益と自社の利益の調和を試みるだけでは不十分なのである。特に、企業で働く各人の自己形成と、社会全体が、企業の業績によって媒介されていることが重要だ。『マネジメント』等で具体的に展開されている組織・管理論は、そうした、公益と私益を両立させる原理を見出すためのヒントなのである。

終章

弱き個人のための
共同体としての企業

リベラルと保守のあいだで

ここまで見てきたように、ドラッカーの「マネジメント」論は、彼独特の保守主義（的自由主義）に依拠している。多民族的な社会であったオーストリア＝ハンガリー帝国が崩壊し、新しく誕生したオーストリア共和国が次第にファシズムに傾斜していく時期に、ウィーンで育った彼は、**精神分析理論に見られるような形而上学的な思弁を排し、実証・実績を重んじるプラクティカルな思考法を身に付けた。**経済学的には、父の交友関係もあってオーストリア学派の影響を受けたが、戦後、同学派の代表格になったミーゼスやハイエクのように、**自生的秩序としての市場を信頼するのではなく、市場が社会にもたらす不安定さに対処すべきことを強調するようになった。**市場の限界を認識しながら金融政策を中心とした政府の介入によって市場の秩序をなんとか維持していこうとしたケインズを評価し、市場の不均衡をイノベーションの機会へと転換すべきことを説いたシュンペーターを最も高く評価している。

彼の「マネジメント」論は、シュンペーター―ケインズ的な経済学の他に、自立化した市場経済による共同体的な絆の破壊に対処すべく、市場取引―再分配―相互扶助の三つの機能が調和した社会を目指したポランニーの自由主義的社会主義や、脱宗教化と個人主義化の進行による秩序の解体を法によって補おうとしたシュタールの保守主義的国家論、フランス革命による合理主義的計画主義に抗して慣習の重要さを説いたバークの保守主義などからも強く影響を受けている。ただし、現実主義的なドラッカーは、非西欧世界に脱資本主義のユートピアを見出そうとしたポランニーの文学人類学志向や、シュタールの神学を前提とした思考とははっきり距離を取っている。**ドラッカーがポランニーから継承したのは、経済の背景としての「共同体」に注目する発想であり、シュタールから継承したのは、「組織」が存続するうえで「正統性」が不可欠だという発想である。**

資本主義の最先端であるアメリカで、企業の経営戦略やイノベーションに関する理論を開拓して著名になったドラッカーは、ハイエクやフリードマンと同様の新自由主義者であるとみなされがちだが、すでに述べたように、彼はケインズを同時代の古典派/新古典派の経済学者たちより高く評価しているし、フンボルトの大学論に対する肯定的な評価にも見られるように、**国家が国民経済をマネジメントすることを否定しているわけではない。**『マネジメント』では、四つの章にわたって公的機関のマネジメントが論じられている。[1] 彼はマネジメントによって「成果」を出すことにはこだわるが、資本主義的な市場がなければ、成果が出せないと考えているわけではない。

市場における個々のプレイヤーが自分の目的を自由に追求できることを最重視するハイエクに対し、ドラッカーは少なくとも高度に発達した「産業社会」においては、**企業を始めとする組織単位で自由を考える必要があるという立場を取る。**「産業社会」では、純粋に個人として経済活動をしている人はほとんどいない。組織が、各人に社会における位置と役割を割り振り、収入を与えている。そうした組織の役割を無視して、むき出しの個人がなんの制約もなしに経済活動しているかのように論じるのは、単なる抽象論である。**「マネジメント」論は、ドラッカーの独特な「人間」観**

や「経済」観を前提にしているのである。

政治哲学における位置づけ

現代のアメリカの政治哲学には大きく分けて、ジョン・ロールズ(一九二一—二〇〇二)などが代表するリベラルな平等論、ハイエクやフリードマン、ロバート・ノージック(一九三八—二〇〇二)などが代表するリバタリアニズム(自由至上主義)、マイケル・サンデル(一九五三—)等のコミュニタリアニズム(共同体主義)、功利主義の四つの立場がある。(2) ドラッカーは少なくとも、公的セクターの役割をできる限り削減し、個人ベースでの自由の余地を拡大しようとする「リバタリアン」ではない。事業の成果を重視する——経営学者という立場からして当然のことではあるが——点では、結果中心に価値判断する功利主義に近いように思えるが、社会的な富の総量の増減だけでなく、各人が固有の位置と役割を付与することも重視しているので、むしろ、各人がそれぞれのやり方で幸福追求できるように制度を整えようとする、リベラルな平等論に近いようにも見える。共同体的な関係性を重視し、国民共同体という大きな枠の中に企業倫理を位置付けようとしている点では、コミュニタリアンに近いようだが、「企業」はコミュニタリアンが想定する共同体とは異なって、各人が自発的に参加する組織であるし、ドラッカーが伝統的な共同体にこだわることに懐疑的な姿勢を見せていることも考慮に入れると、むしろ、リベラルやリバタリアンのように、個人の生き方の選択を重視する自由主義者であるようにも見える。

私なりにやや大雑把に図式化すると、全体の幸福の総量か個人の幸福の多様性かをめぐる［功利主義⇕（広義の）自由主義］の対立軸上ではほぼ真ん中、再分配や政府の介入の是非をめぐる［リベラルな平等論⇕リバタリアニズム］の対立軸上では真ん中よりもリバタリアン寄り（リベラルな平等論よりもずっと左側に位置する共産主義は論外）【図Ⅰ】、共同体的価値と個人の価値観でどうバランスを取るかという「（広義の）自由主義⇕コミュニタリアニズム」の対立軸では真ん中よりも若干自由主義寄り（コミュニタリアニズムよりもずっと右寄りの右翼全体主義は論外）【図Ⅱ】、というところに位置するのがドラッカーだろう。それをさらにまとめると、**各人の幸福追求にとっての組織や共同体の重要性を十分に認識したうえで、様々な立場にある諸個人の努力が社会の富の増大に繋がるよう調整する仕組みを整備していこうとする、常識的な自由主義者、保守的自由主義、ということになろう。**

もっとざっくり言ってしまうと、八〇年代までの自民党の主流派を支持する企業人のようなイメージになるだろう。日本的な常識感覚に合っているからこそ、日本でドラッカーの人気が高く、ドラッカー自身も日本的な経営に関心を持ち続け、著作の随所で日本のことに言及し続けたのだろう。無論、〝（少し前までの）日本的な常識に近い〟ということで安易に理解してしまったのでは、ドラッカーの思想形成を歴史的に辿り直す意味はない。どうやって、その常識的な所に行き着いたのか――そのプロセスが重要である。

ポランニーの言う「大転換」の結果、**共同体的な絆を失った諸個人が、数量化された取引関係を**

カーの位置づけ

図I

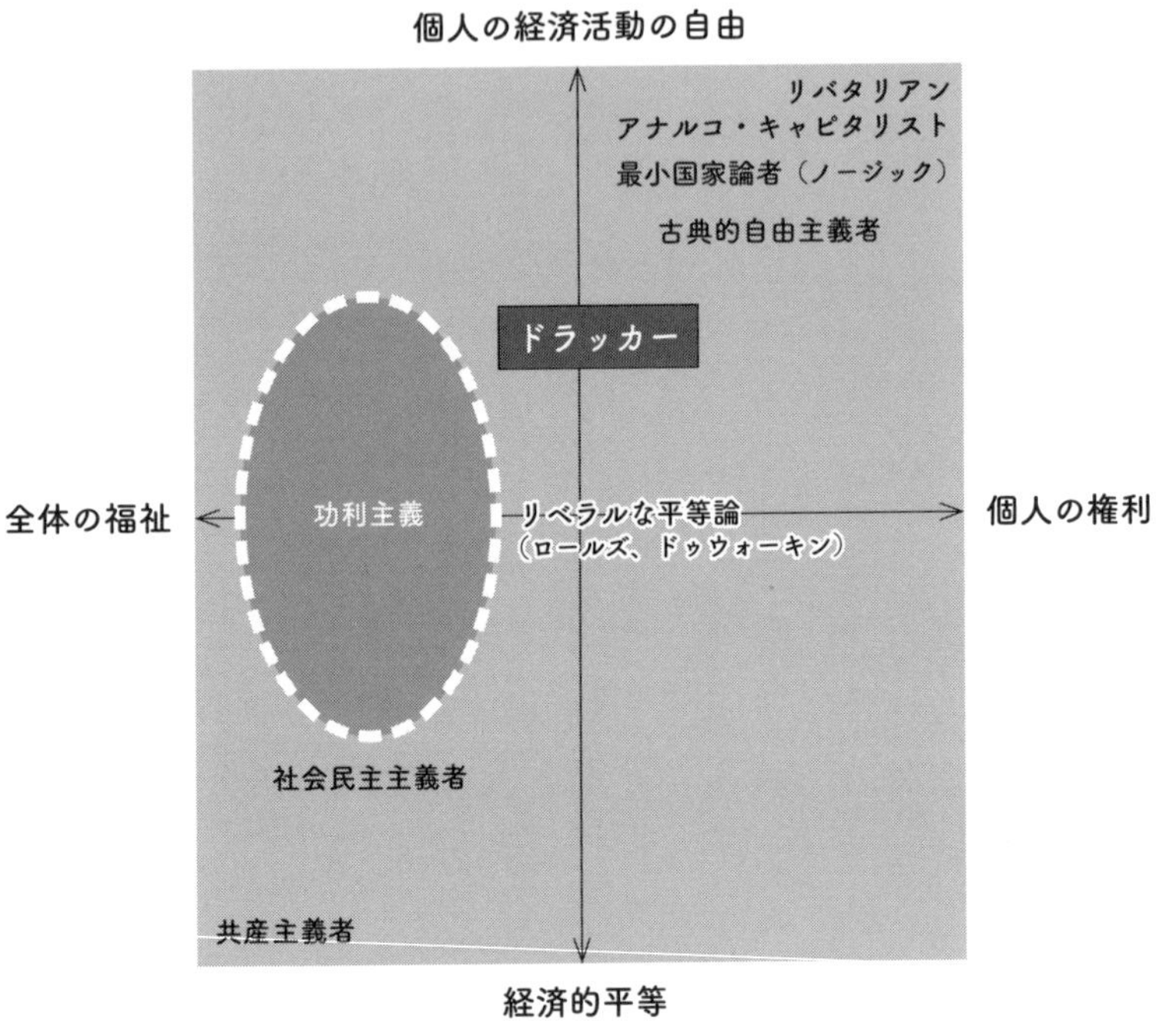

個人の経済活動の自由
リバタリアン
アナルコ・キャピタリスト
最小国家論者（ノージック）
古典的自由主義者
ドラッカー
全体の福祉
功利主義
リベラルな平等論
（ロールズ、ドゥウォーキン）
個人の権利
社会民主主義者
共産主義者
経済的平等

政治哲学にけるドラッ

図Ⅱ

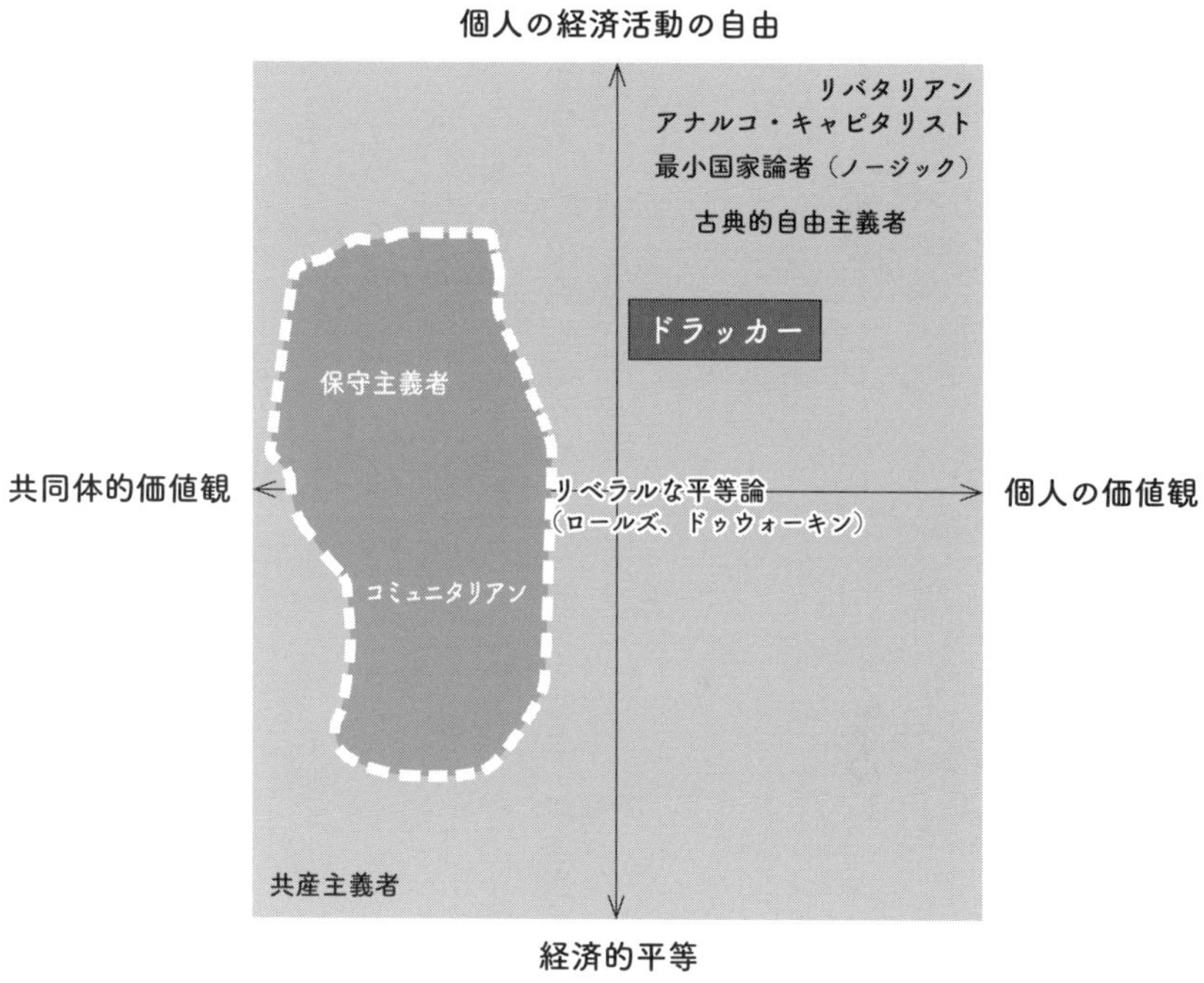

中心とする市場の中で競争しながら生きることを強いられるようになった状況が、彼の思想形成の原点である。誰もが市場の中で自己実現を追求できるほど、強い個人であるわけではない。古典派経済学が想定する「(合理的な)経済人」は限定的にしか成り立たない、もしくは虚構である。確実に競争に勝ち残れる特別な能力のない、ほとんどの普通の人は、不安になる。そのため、共同体を計画主義的に再興しようとする、全体主義という倒錯したプロジェクトに多くの人が引き寄せられ、第二次世界大戦が起こった。大戦後も、それに近い発想が、政治や経済の中で影響力を持ち続けた。そうした時代にあって、**弱い個人に位置と役割を与えるものとしての企業的な組織に注目したことで、「産業人」と「マネジメント」をめぐる、彼の独特の社会・経済思想が生まれてきたのである。**

知識が全面化した社会

最後に多くの人が当然抱くであろう疑問に対する、ドラッカーの「答え」を見ておこう。ドラッカーの言う「産業社会」論は、大量生産するメーカーが経済全体を牽引し、「商業社会」モデルでは、人びとの経済的な振る舞いが説明できなくなった時代状況から生まれてきたものである。しかし、第三次産業、特にITを中心とする情報産業が経済を牽引するようになり、人びとのライフスタイルが多様化している現在、同じようなモデルが通用するのか。多くの人は確かに「組織」に属して働いており、かつそうせざるをえず、消費を中心とする私生活でも、各種の「組織」と絶えず関わっているが、「組織」の意味や形態が、「産業社会」のそれとは異なったものになっているのではないか。

八〇年代末以降の晩年の著作でドラッカーはこの問いに答えることを試みている。ベルリンの壁が崩壊する少し前に刊行された『新しい現実』（一九八九）では、来たるべき社会の主として三つの特徴が挙げられている。

①新しい多元社会の出現
②脱ビジネス社会（a post-business society）
③情報化組織（information-based organization）への移行

①は、西側先進諸国において、政府以外のパワーセンターとして、企業、労働組合、病院、学校、大学、大衆運動などが台頭しているということである。[3] ②は、政府機関、病院、学校、博物館など営利企業ではない社会機関がGNPで大きな割合を占めるようになり、それと連動して、コンピューター専門家、金融アナリスト、物理療法技師、人事管理者、冶金専門家、セールスマン、グラフィック・アーティスト、地方美術館の事業担当部長といった知識労働者（knowledge worker）が、営利企業に限定されることなく様々な職場で、組織に縛られることなく働くようになった、ということである。[4] ③は、病院や大学等と同じように企業や政府機関も、知識を中心に組織されるようにな

ったのに伴って、経営管理者の数が大幅に減り、専門家たちが同僚や顧客との意識的な情報交換を中心に自分の仕事を方向づけ、自己を位置付けるようになる、ということである。(5)

この内、③に関して、独立性・専門性の強い知識労働者たちにどのように事業全体を見渡す視点を与え、専門家たちから成るタスク・フォースのリーダーにどのような役割や資格を与えるのか、組織全体のトップをどうするのか、という問題を提起している。見通しとして、組織化の分権がより重要になるかもしれないと示唆しているが、情報社会化の進展に伴って、『マネジメント』の分類で言うと、例外的なケースであるはずの「チーム型組織」や「システム型組織」の比重が増していくということであるから、従来のような分権化の推進だけでは対処し切れないのではないかと思われる。

この四年後に刊行された『**ポスト資本主義社会**』(一九九三)では、もう少し踏み込んで、「知識knowledge」が経済の中心的な「資源」になりつつあることを、歴史的パースペクティヴから論じている。それは一七五〇年から一九〇〇年にかけて、その技術力によって世界を席巻した資本主義が、「ポスト資本主義社会」としての「知識社会 knowledge society」へと移行していく歴史である。その歴史において常に「知識」が重要な役割を果たしてきたが、「知識」の位置付けは変化している。まず、一八世紀の半ば以降、百年にわたって、知識が道具、生産工程、製品に応用された。それが産業革命である。それによってマルクス主義が問題にするような疎外、階級、闘争、共産主義がもたらされた。次に、一八八〇年頃に始まり、第二次大戦末期を頂点とする時期に、知識が「仕事

work」（の仕方）に応用されるようになった。それが「生産性革命 Productivity Revolution」である。テイラーの科学的管理法は、この変化に対応して生まれてきた。これによってプロレタリア階級の所得が上昇し、階級と闘争と共産主義が打ち破られた。そして第二次大戦後、「知識」が「知識」それ自体に応用されるようになった。それが「マネジメント革命 Management Revolution」である。「知識」を「知識」それ自体に応用する、というのは哲学的で分かりにくい表現だが、それについてドラッカーは以下のように述べている。

いまや知識は、成果を生み出すために既存の知識をいかに有効に応用するかを知るために応用される。これがマネジメントである。同時にそれは、「いかなる新しい知識が必要か」「その知識は実現可能か」「その知識を効果的にするためには何が必要か」を明らかにするためにも応用される。すなわち、知識は体系的なイノベーションにも応用される。(6)

つまり、道具や機械に応用される知識や、仕事の仕方に関わる知識など、各種の対象に関わる知識を、どのように効果的に組み合わせ、どのタイミングで投入するかを決めるための知識、メタレベルの「知識」ということである。今日、ＩＴ化ということで関心が向けられているのは、まさにそうしたメタレベルでの「知識」である。典型的な知識労働者である、コンピューターやＩＴの専門家、各種のアナリスト、教育理論家、経営管理者に求められているのは、そうした種類の「知識」

である。それを「マネジメント」や「イノベーション」とストレートに結び付けるのは、我田引水のようにも思えるが、**「マネジメント」も（既存の技術や資源の組み合わせを変更する）「体系的なイノベーション Systematic Innovation」も、その本質がメタレベルでの「知識」の活用であることは間違いない。**

ともあれドラッカーは「知識」それ自体を主要な対象とする経済は、従来の経済と根本的に異なっており、古典派／新古典派やケインズ派／ネオ・ケインズ派のそれとは異なる前提に立つ新しい経済学が必要になっていることを示唆している。なぜなら、従来の経済学は資源の配分や報酬の分配、資源の投資と消費を問題にしてきたが、「知識」の場合は、そうした枠組みで考えることができない。

しかし知識経済にあっては、経済を規定するものは消費でも投資でもない。消費が増加すれば知識の生産が増加するという根拠はない。投資が増加すれば知識の生産が増加するという根拠もない。少なくとも消費や投資の増大と知識の生産の増大との間のタイムラグは、分析を寄せつけないほどに大きい。たとえ関係があったとしても、それをもとに経済理論や経済政策を構築するには、あまりにタイムラグが大きい[7]。

これはインターネット上の各種の「コモンズ（Commons 共有財）」をめぐる今日の議論でたびた

び指摘されることである。多くの知識がネットを介した不特定多数の人びとの協働で作りだされ、その成果の一部は、ソフトウェアあるいはハードウェアとして製品化され、知的所有権が設定されるが、すべてが商品化されるわけではない。というよりそれは不可能である。(8)ごく一部が商品化されているだけで、多くの「知識」は金銭的対価と関係なく、協働で作りだされ、共有されている。経済学は、商品化された部分だけを対象にすればいいという考え方もありうるが、それでは、人びととの交換を通しての協働という意味での「経済」の実体からかけ離れてしまう。**「知識社会」には、非営利的な組織、ネットワーク的な組織の必ずしも金銭換算が容易ではない生産活動を視野に入れた、新しい「経済学」が求められているのである。**

新しい組織のあり方をさがして

「知識社会」や「知識労働 knowledge work」「知識経済 knowledge economy」といった言葉は、『ポスト資本主義社会』の二五年前に刊行された『断絶の時代』でもすでに使われていたが、(9)この時点では、従来の肉体労働や職人仕事的な技能との対比で、「知識」の比重が増し、学校教育が重要になっているといったレベルでの議論に留まっていた感がある。『ポスト資本主義時代』では、「知識」の社会的機能に関する考察が掘り下げられ、「産業社会」の根幹を成す「企業」や「組織」のあり方自体を根底から覆し、取って替わりつつあるものとして、「知識社会」「知識経済」が位置付けられている。ただ、「知識社会」における「組織」はどのようになるか、どうあるべきか、という問いに対しては、ドラッカーは依然さほど明確な答えは出していないように思える。ただ、各人の組織に対する責任の自覚がより重要になるということは指摘している。

知識を基盤とする組織においては、あらゆる者が自らの目標、貢献、行動について責任を負う。ということは、組織に働く者はすべて、自らの目標と貢献について徹底的に考え、責任を負わなければならないということである。こうして組織には、部下など存在せず、同僚が存在するだけとなる。したがってあらゆる者が、成果から目標へのフィードバックによって、自らの仕事をマネジメントすることができなければならない。／このことは、組織の中のあらゆる者が、「組織と組織の目的に対して、自らにできる最大の貢献は何か」を問いつづけなければならないことを意味する。換言するならば、全員が責任ある意思決定者として行動しなければならない。全員が自らをエグゼクティブと見なければならない。(10)

知識社会において組織の流動化・不安定化が避けられない以上、至極当たり前の話ではあるが、多くの読者は漠然としていて、物足りないと感じるだろう。『マネジメント』や『イノベーションと企業家精神』の具体的な提案と比べると、抽象論であるという印象が強くなる。『ポスト資本主義社会』以降の論考でも、知識社会に関する部分的な予測のようなものは見られるが、企業倫理についての体系的な考察は見当たらない。ただ、八〇歳を超えて、IT技術による経済と社会の大変動を目の当たりにしたドラッカーにとっては、それは致し方のないことだったろう。全体主義に陥ることのない、「自由な共同体」を求め続けて、産業社会における「企業」にそのモデルを見出し、「マネジメント」の思想を展開するようになったドラッカーにとって、晩年になって直視せざるをえなくなった、来たるべき「知識社会」は、希望と共に不安を掻き立てる未知の存在だったのかもしれない。

「知識社会」において、私たちはどのような「組織」あるいは「ネットワーク」に自らの居場所を見出すことができるのか。それは「産業社会」における株式会社のように安定したものになるのか。自由でありすぎることへの不安が、再び全体主義的な人工共同体への希求を強めることにならないのか。それは、ドラッカーの思想史的なテクスト群を読んだ私たちが、これから考えるべき課題だろう。

注

はじめに

（1）江上哲『「もしドラ」現象を読む』海鳥社、二〇一二年。
（2）樫村愛子「『もしドラ』のストーリーテリングとマネジメントの社会学／精神分析学」、『現代思想』二〇一〇年八月号（特集＝ドラッカー）、一九八―二一五頁。
（3）『マネジメント』をはじめとするドラッカーの経営論のテクスト自体に、特定の経営方式や働き方を美化するイデオロギー的な作用があると批判的に論評する論者もいる。先の樫村論文の他、同じ『現代思想』のドラッカー特集号に掲載されていた以下の論文も参照。伊原亮司「ドラッカーの働き方に関する言説と働く場の実態」、同右、一七二―一九六頁。
（4）Joseph A. Maciariello, Karen Linkletter, *Drucker's Lost Art of Management*, McGraw-Hill Education, 2011（阪井和男・高木直二・井坂康志訳『ドラッカー――教養としてのマネジメント』日本経済新聞出版社、二〇一三年）を参照。

第1章

（1）「法実証主義 legal positivism」は、法哲学上の立場で、宗教、道徳、政治、人間の心理などの外在的要因を排して、「実定法 positive law」だけを研究の対象にすべきだとするもの。ケルゼンの「純粋法学 reine Rechtslehre」は、この立場を徹底するため、事実と規範を峻別し、「根本規範 Grundnorm」を起点とする法規範の自己完結的な体系として「法」の総体を把握することを目指す。Hans Kelsen, *Reine Rechtslehre*, 2. Aufl. Österreichische Staatsdruckerei, 1960（長尾龍一訳『純粋法学　第二版』岩波書店、二〇一四年）を参照。ケルゼン理論についての体系的解説書に、高橋広次『ケルゼン法学の方法と構造』九州大学出版会、一九九六年がある。

（2）こうしたドラッカーの家族のウィーン時代の交友関係については、Peter F. Drucker, *Adventures of a Bystander*, Transaction Publishers, 1994（上田惇生訳『ドラッカー名著集12　傍観者の時代』ダイヤモンド社、二〇〇八年）及び、ピーター・F・ドラッカー、牧野洋訳・解説『知の巨人 ドラッカー自伝』、日本経済新聞出版社、二〇〇九年を参照。

（3）フロイトとユダヤ性・ユダヤ教の関係について詳しくは、Peter Gay, *A Godless Jew:Freud, atheism, and the making of psychoanalysis*, Yale University Press, 1987（入江良平訳『神なきユダヤ人――フロイト・無神論・精神分析の誕生』、みすず書房、一九九二年）を参照。

（4）各分野におけるユダヤ系の知識人・文化人の活動については、Steven Beller, *Vienna and the Jews*, Cambridge University Press, 1991, pp.14-32（桑名映子訳『世紀末ウィーンのユダヤ人』刀水書房、二〇〇八年、二一―四二頁）を参照。

（5）ハプスブルク領の各地からのユダヤ人のウィーン移住の状況については、Marsha L. Rozenblit, *The Jews of Vienna, 1867-1914: Assimilation and Identity*, State University of New York Press, 1983, pp.13-45、及び、野村真理『ウィーンのユダヤ人』御茶の水書房、一九九九年、一一―四九頁等を参照。

（6）Herbert Martins, Die Habsburgmonarchie（Cisleithanien）1848-1918, in: Wolfram Fischer et al. (Hrsg.),

Handbuch der europäischen Wirtschafts- und Sozialgeschichte, Bd.5, Klett-Cotta, 1985, p.43を参照。

（7）ウィーンのユダヤ人の教育や職業については、Steven Beller, *Vienna and the Jews*, pp.33-70（『世紀末ウィーンのユダヤ人』、四二―八三頁）を参照。

（8）Peter F. Drucker, *Adventures of a Bystander*, p.ix（『傍観者の時代』、iii頁以下）を参照。

（9）ヒトラーとウィーンの関係については、中島義道『ヒトラーのウィーン』筑摩書房、二〇一五年参照。

（10）Peter F. Drucker, *Adventures of a Bystander*, p.1.（『傍観者の時代』、一頁）

（11）ハンナ・アーレントの思想とユダヤ性をめぐる問題については、Martine Leibovici, *Hannah Arendt, une Juive*, Desclée De Brouwer, 1998（合田正人訳『ユダヤ女　ハンナ・アーレント』法政大学出版局、二〇〇八年）を参照。

（12）『知の巨人　ドラッカー自伝』、一二五―一四八頁、及び、Peter F. Drucker, *Concept of the Corporation*, Transaction Publishers, 1993, pp.291ff.（上田惇生訳『ドラッカー名著集11　企業とは何か』ダイヤモンド社、二〇〇八年、二六九頁以下）を参照。

（13）当時のオーストリア経済の状況については、戸崎徹「オーストリア共和国の経済と国際関係」、『国士舘大学政経論叢』二一号（一九七四）、五三―六三頁を参照。

（14）Joseph A. Schumpeter, *Die Krise des Steuerstaates*, Verlag Leuschner & Lubensky, 1918, S.47ff.（木村元一・小谷義次訳『租税国家の危機』岩波書店、一九八三年、六二頁以下）を参照。

（15）Wolfgang F. Stolper, *Joseph A. Schumpeter: The Public Life of a Private Man*, Princeton University Press, 1994, pp.227ff. を参照。

（16）Peter F. Drucker, *Adventures of a Bystander*, p.36（『傍観者の時代』三五頁以下）を参照。ドラッカーのシュンペーター評についてより詳しくは、Peter F. Drucker, Schumpeter and Keynes, in: Id., *The Ecological Vision.*,

Transaction Publishers, 1993, pp. 107-117（「シュンペーターとケインズ」、上田惇生・佐々木実智男・林正・田代正美訳『すでに起こった未来』ダイヤモンド社、一九九四年、六四―八〇頁）を参照。

(17) トマスの「公正価格」論については、佐々木亘・村越好男「トマス・アクィナスの公正価格論の展望」、『鹿児島純心女子短期大学研究紀要』三一号（二〇〇一）、一―一五頁を参照。

(18) Marjorie Grice-Hutchinson, *The School of Salamanca: Reading in Spanish Monetary Theory 1544-1605*, Clarendon Press, 1952を参照。

(19) H. W. Spiegel (ed.), *The Development of Economic Thought : Great Economists in Perspectives*, John Wiley & Sons, 1952, pp.443-612.（越村信三郎・山田長夫監訳『経済思想発展史Ⅳ＝限界効用学派』東洋経済新報社、一九五四年）

(20) Peter F. Drucker, *The Ecological Vision*, p.113.（「シュンペーターとケインズ」、『すでに起こった未来』、七五頁）

(21) Don Lavoie, *Rivalry and central planning: the socialist calculation debate reconsidered*, Cambridge University Press, 1985等を参照。

(22) Peter F. Drucker, *Adventures of a Bystander*, p.20.（『傍観者の時代』、二三頁）

(23) Peter F. Drucker, *The Practice of Management*, Harper Business, 1993, pp. 11f.（上田惇夫訳『ドラッカー名著集2　現代の経営（上）』ダイヤモンド社、二〇〇六年、一四頁）

(24) Peter F. Drucker, *Adventures of a Bystander*, p.60（『傍観者の時代』五四頁）

(25) ハイエクのローズヴェルト評価については、F. A. Hayek, *The Constitution of Liberty*, Routledge, 2006, pp.166f.（気賀健三・古賀勝次郎訳『ハイエク全集Ⅰ―6　自由の条件（Ⅱ）』春秋社、二〇〇七年、八一頁以下）を参照。フリードマンのニューディール評価については、Milton Freedman, *Capitalism and Freedom*, University of Chicago Press, 1962, pp.75ff.（村井章子訳『資本主義と自由』日経BP社、二〇〇八年、一五三頁以下）を参照。

（26）Peter F. Drucker, *Adventures of a Bystander*, pp.85ff.（『傍観者の時代』、八五頁以下）を参照。伝記作家のロナルド・クラークは、フロイトが一八八五年にウィーン大学の私講師（Privatdozent）に任命された後、長い間員外教授に昇任されなかったことに注目しているが、その主たる理由は反ユダヤ主義や精神分析の〝反道徳性〟ではなく、フロイトが大学の業務にあまり貢献していなかったことや、彼の社交性のなさにあったのではないかと推測している。Ronald W. Clark, *Freud: The Man and the Cause*, Jonathan Cape and Weidenfeld & Nicolson, 1980, pp.208ff.

（27）Peter F. Drucker, *Adventures of a Bystander*, p.86（『傍観者の時代』八六頁）を参照。ただ、比較思想史家のピーター・ゲイは、フロイトが教授になるのに時間がかかった一因として反ユダヤ主義もあったことを指摘している。これについては、Peter Gay, *Freud: A Life for Our Time*, W. W. Norton & Company, 1988, pp.136ff.（鈴木晶訳『フロイト1』みすず書房、一九九七年、一六〇頁以下）を参照。

（28）世紀末ウィーンの反ユダヤ主義については、Steven Beller, *Vienna and the Jews*, pp.188-206（桑名映子訳『世紀末ウィーンのユダヤ人』、二一八—二三七頁）、Carl E. Schorske, *Fin-de-Siècle Vienna*, Cambridge University Press, 1981, pp.116ff.（安井琢磨訳『世紀末ウィーン』岩波書店、一九八三年、一五一頁以下）、John W. Boyer, *Political Radicalism in Late Imperial Vienna*, University of Chicago Press, 1981, pp.316ff. 等を参照。世紀末ウィーンの市長で、反ユダヤ主義の急先鋒だったカール・ルエーガーについて詳しくは、Richard S. Geehr, Karl Lueger. *Mayor of Fin-de-Siècle Vienna*, Wayne State University Press, 1990, pp.209.ff. を参照。

（29）Steven Beller, *Vienna and the Jews*, pp.33-38（桑名映子訳『世紀末ウィーンのユダヤ人』、四三—四七頁）を参照。ただし、ベラーは医学部教員や医師でユダヤ系の人の多くは、ユダヤ教に改宗しており、ユダヤ教徒のままだと、キャリア形成のうえで不利だったことを指摘している。

（30）Peter F. Drucker, *Adventures of a Bystander*, pp.96f.（『傍観者の時代』九五頁以下）を参照。ヤウレックの精神分析協会への入会をめぐるエピソードが事実かどうかについては確認できなかったが、第一次大戦中に戦争神経症を発した患者に対するヤウレックの扱いが人道的な見地から問題になった際、彼とフロイトの間の確執が表面化したことはよく知られている。南光進一郎『ヤウレックとフロイト』日本評論社、二〇一二年、六八頁を参照。ヤウレックは精神分析の学問的価値をあまり認めていなかったが、表面的にはフロイトと友好的な関係を保っていたと指摘する歴史家もいる。Magda Whitrow, *Julius Wagner-Jauregg (1857-1940)*, Smith-Gordon, 1993, pp.101-115を参照。ヤウレック自身の回想録では、フロイトが自分の意見に反する者はすべて精神教協会から追放する極めて不寛容な性格であったことや、ヤウレックの助手であったエミール・ライマン（一八七二―一九四九）がいくつかの精神医学系の雑誌の書評でフロイトの論考に対して辛辣に攻撃したため、フロイトの怒りを買っていたことが言及されている。フロイトはライマンの批判は、ヤウレックの意向によるものだと推測して恨みに思っていた、という。そのことが、戦争神経症患者の問題が浮上した際、フロイトが彼に対して不利な意見を述べることに繋がったのではないか、とヤウレックは推測している。Julius Wagner-Jauregg, *Lebenserinnerungen*, hrsg u erg. v L. Schönbauer u. M. Jantsch, Springer Verlag, 1950. S.73を参照。

（31）Peter F. Drucker, *Adventures of a Bystander*, p.87.（『傍観者の時代』、八七頁）

（32）Sigmund Freud, Vorlesungen zur Einführung in die Psychoanalyse, in: *Sigmund Freud Gesammelte Werke* Bd. XI, hrsg. v. Anna Freud et al., S. Fischer, 1978, S.15ff.（『精神分析入門（上）』新潮社、二〇一〇年、二六頁以下）を参照。

（33）Peter Gay, *Freud*, p.624（鈴木晶訳『フロイト2』みすず書房、二〇〇四年、七二一頁）を参照。

（34）ロナルド・クラークは、フロイト自身に、自分には不吉な運命が付きまとっているとか、聖書の人物のような試練を受けていると思い込む傾向があったことを指摘している。Ronald W. Clark, *Freud*, p.210を参照。

(35) フロイトの患者は中・上流階級のユダヤ人であり、この階層特有の問題を抱えていたという指摘がある。南光進一郎『ヤウレックとフロイト』、六八頁を参照。
(36) Peter F. Drucker, *Adventures of a Bystander*, p.88（『傍観者の時代』、八八頁以下）を参照。
(37) フロイトの精神分析理論の概略については、中山元『フロイト入門』筑摩書房、二〇一五年を参照。
(38) こうした視点から精神分析を徹底に批判する議論として、Gilles Deleuze' Felix Guattari, *L'Anti-Œdipe*, Minuit, 1972（宇野邦一訳『アンチ・オイディプス（上・下）』河出書房新社、二〇〇六年）を参照。
(39) Peter F. Drucker, *Adventures of a Bystander*, pp.90f.（『傍観者の時代』、九一頁以下）を参照。
(40) Peter F. Drucker, *The Practice of Management*, pp.62ff.（『現代の経営（上）』、八二頁以下）を参照。
(41) マイケル・ポランニーについては、佐藤光『マイケル・ポランニー』講談社、二〇一〇年を参照。
(42) カール・ポランニーの初期の経歴については、Gareth Dale, *Karl Polanyi: A Life on the Left*, Columbia University Press, 2016, pp.11-111、及び、若森みどり『カール・ポランニー』ＮＴＴ出版、二〇一一年、一七―三四頁を参照。
(43) ポランニー家の人たちや専門の研究者からは、カール自身を含むポランニー一家についてのドラッカーの記述は誤りが多く、彼のフィクションに過ぎないとの厳しい批判がある。また、カール・ポランニーの思想史変遷についての記述も、ドラッカー自身のそれと対比しようとして強いバイアスがかかっているという批判がある。これらの問題については、Kenneth McRobbie, "Old, Badly Peeled, Half-Raw Potatoes" and Peter F. Drucker's Other Myths About Karl Polanyi, in: Kenneth McRobbie and Karl Polanyi Levitt (ed.), *Karl Polanyi in Vienna: The Contemporary Significance of Great Transformation*, Black Rose Books, 2006, pp.359-377、及び、Judith Szapor, (Laura Polanyi 1882-1957: Narratives of a Life), in: *Polanyiana*, Volume 2, Number 6, 1997（http://chemonet.hu/polanyi/9702/szapor.html）を参照。

（44）Peter F. Drucker, *Adventures of a Bystander*, p.127.（『傍観者の時代』、一三三頁。一部改訳）

（45）*Ibid.*, p.138.（同右、一五二頁。一部改訳）

（46）Gareth Dale, *Karl Polanyi*, pp.49-53 を参照。

（47）Karl Polanyi, Sozialistische Rechnungslegung, in: *Archiv für Sozialwissenschaft und Sozialpolitik*, Bd. 49, Heft 2, 1922, pp.377-420 を参照。この問題でのポランニーの立場についての解説として、若森みどり『カール・ポランニー』、五五―六四頁を参照。

（48）Karl Polanyi, Die funktionale Theorie der Gesellschaft und das Problem der Sozialistischen Rechnungs legung, in: Karl Polanyi, *Ökonomie und Gesellschaft*, Suhrkamp, 1979, pp.81-90（長尾史郎訳「機能的社会理論と社会主義の計算問題」、玉野井芳郎・平野健一郎編訳『経済の文明史』筑摩書房、二〇〇三年、一四一―一六六頁）、及び、Ludwig Mises, Neue Beiträge zum Problem der sozialistichen Wirtschaftsrechnung, in: *Archiv Sozialwissenschaft und Sozialpolitk*, Bd.51. Heft2, 1923, pp.488-500. を参照。

（49）Karl Polanyi, *The Great Transformation*, Beacon Press, 2001, pp.74-75（吉沢英成他訳『大転換』東洋経済新報社、一九七五年、九五―九六頁）を参照。ポランニーは、本来商品ではないにもかかわらず、商品化されたものとして、この三つの他に、「貨幣」を挙げている。

（50）Peter F. Drucker, *Adventures of a Bystander*, p.136.（『傍観者の時代』、一四九頁以下）

（51）*Ibid.*, p.137（同右、一五〇頁）を参照。この点についてのポランニー自身の記述として、Karl Polanyi, *The Great Transformation*, pp.45-58（『大転換』、五七―七四頁）を参照。

（52）Peter F. Drucker, *The End of Economic Man: The Origins of Totalitarianism*, Transaction Publishers, 1995, pp.24-84（上田惇生訳『ドラッカー名著集9「経済人」の終わり』ダイヤモンド社、二〇〇七年、二三―八一頁）を参照。

（53）Peter F. Drucker, *The Future of Industrial Man*, Transaction Publishers, 1995, pp.47-50（上田惇生訳『ドラッカー名著集10　産業人の未来』ダイヤモンド社、二〇〇八年、五一―五五頁）を参照。

（54）古代ギリシア経済の研究としては、Karl Polanyi, *The Livelihood of Man*, ed. by Harry W. Pearson, Academic Press, 1977, pp.145ff.（玉野井芳郎・中野忠訳『人間の経済Ⅱ』岩波書店、一九八〇年）や、Karl Polanyi, Aristotle Discovers The Economy, in: Karl Polanyi, Conrad M. Ansberg, and Harry W. Pearson (ed), *Trade and Market in the Early Empires*, A Gateway Edition, 1971, pp.64ff（平野健一郎訳「アリストテレスによる経済の発見」、『経済の文明史』、二六一頁以下）が、古代メソポタミアの研究としては、Karl Polanyi, Marketless Trading in Hammurabi's Time, in: *ibid*, pp.12ff.（石井溥訳「ハムラビ時代の非市場交易」、『経済の文明史』、二二九頁以下）が、ダオメー王国の研究としては、Karl Polanyi, *Dahomey and the Slave Trade. An Analysis of Archaic Economy,* University of Washington Press, 1966（栗本慎一郎・端信行『経済と文明』サイマル出版会、一九八一年）がある。

（55）Peter F. Drucker, *Adventures of a Bystander*, pp.137f.（『傍観者の時代』、一五一頁）を参照。

（56）*Ibid.*, p.138.（同右、一五二頁。一部改訳）

（57）例えば以下を参照。栗本慎一郎『光の都市　闇の都市』青土社、一九八一年。

（58）歴史学者のイマーヴァールは、『大転換』の出版の後、自らの企業研究の成果である『企業とは何か』を出版するまでの間に、市場経済に対するドラッカーの考えが変わり、ポランニーと明確に袂を分かつに至ったという見方を示している。Daniel Immerwahr, Polanyi in the United States: Peter Drucker, Karl Polanyi, and the Midcentury Critique of Economic Society, in: *Journal of the History of Ideas,* Vol. 70, No.3 (Jul., 2009), pp. 460ff.（吉田昌幸訳「市場と国家、そして株式会社」、『現代思想』二〇一〇年八月号、一五一頁以下）を参照。

（59）Peter F. Drucker, *Adventures of a Bystander,* p.140（『傍観者の時代』、一五五頁。一部改訳）を参照。

（60）*Ibid.*（同右。一部改訳）

（61）*Ibid.*（同右。一部改訳）

（62）Kenneth McRobbie, "Old, Badly Peeled, Half-Raw Potatoes" and Peter Drucker's Other Myths About Karl Polanyi, in: *op. cit.*, p.362f. を参照。

（63）Peter F. Drucker, *Adventures of a Bystander*, pp.110ff.（『傍観者の時代』、一一四頁以下）を参照。

（64）*Ibid.*, p.115（同右、一二一頁）を参照。

第2章

（1）Peter F. Drucker, *Adventures of a Bystander*, p.108（『傍観者の時代』、一一〇頁）を参照。

（2）*Ibid.*, pp.108f.（同右、一一一頁以下）を参照、

（3）*Ibid.*, p.109.（同右、一一二頁。一部改訳）

（4）ケルゼンの「純粋法学」については、注（4）の文献を参照。

（5）Peter F. Drucker, *Die Rechtfertigung des Völkerrechts aus dem Staatswillen. Eine logisch-kritische Untersuchung der Selbstverpflichtungs- und Vereinbarungslehre*, Verlag von Franz Vahlen, 1932, S.1ff.

（6）*Ibid.*, S.19f. を参照。

（7）*Ibid.*, S.54f. を参照。

（8）*Ibid.*, S.55ff. を参照。

（9）*Ibid.*, S.57.

（10）ケルゼンの「根本規範」概念について詳しくは、長尾龍一『ケルゼン研究Ⅰ』信山社、一九九九年、三一五―三四〇頁を参照。

(11) Peter F. Drucker, *Adventures of a Bystander*, p.144（『傍観者の時代』、一六一頁。一部改訳）。

(12) *Ibid.*（同右、一六二頁以下）を参照。

(13) シュタールの伝記や後世の受容を含めた、全般的なシュタールの紹介として、Christoph Link, Friedrich Julius Stahl, in: H. C.Helmut Heinrichs, Harald Franzki, Klaus Schmalz, Michael Stolleis (hg.), *Deutsche Juristen Jüdischer Herkunft*, Verlag C. H. Beck, 1993, S.59-83（小野寺邦広訳「フリードリッヒ・ユリウス・シュタール（1802-1861）」、森勇監訳『ユダヤ出自のドイツ法律家』中央大学出版部、二〇一二年、八五—一二八頁）を参照。

(14) カール・シュミットについては、拙著『カール・シュミット入門講義』作品社、二〇一三年を参照。

(15) この論文はドラッカー協会のＨＰ（http://www.druckersociety）で閲覧できる。druckersociety.at/files/p_drucker_stahl.pdf, S.1（ハーバード・ビジネス・レビュー編集部訳「フリードリヒ・ユリウス・シュタール」、『Harvard Business Review』第三巻一二号（二〇〇九年一二月号）、一〇〇頁）.

(16) ワイマール期の「保守革命」については、Armin Mohler, *Die Konservative Revolution in Deutschland 1918-32,* Ein Handbuch. 4. Aufl.,Wissenschaftliche Buchgesellschaft, 1994を参照。

(17) Moeller van den Bruck, *Das Dritte Reich*. 3. Aufl., hrsg. v. Hans Schwarz, Hanseatische Velagsanstalt, 1981, S.205.

(18) バークの保守主義について詳しくは、拙著『精神論ぬきの保守主義』新潮社、二〇一四年、四三—七四頁を参照。

(19) druckersociety.at/files/p_drucker_stahl.pdf, S.1（「フリードリヒ・ユリウス・シュタール」、一〇一頁）

(20) この点について詳しくは、加藤尚武他編『ヘーゲル事典』（弘文堂、一九九二年）の「『正・反・合』（三肢性）」の項を参照。

(21) Georg Wilhelm Hegel, *Grudlinie der Philosophie des Rechts oder Naturrecht und Staatswissenschaft im Grudrisse*,

Georg Wilhelm Hegel Werke 7, Suhrkamp, 1986, S.435.（上妻精・佐藤康邦・山田忠彰訳『法の哲学　下巻（ヘーゲル全集９ｂ）』岩波書店、二〇〇一年、四七一頁）

（22）Friedrich Julius Stahl, *Philosophie des Rechts I*, Georg Olms Verlagsbuchhandlung, 1963、特に、S.414-490 を参照。次に多くの頁が割かれているシェリングの倍以上の分量である。

（23）*Ibid.*, S.XV を参照。

（24）「歴史法学」については、Otto von Gierke, *Die Historische Rechtsschule und die Germanisten*, Berlin 1903, Neudruckausgabe in einem Band, Scientia Verlag（1973）、及び、堅田剛『歴史法学研究』日本評論社、一九九二年を参照。

（25）Friedrich Julius Stahl, *Philosophie des Rechts I*, S.457 を参照。

（26）druckersociety.at/files/p_drucker_stahl.pdf, S.2（「フリードリヒ・ユリウス・シュタール」、一〇三頁）を参照。

（27）Ibid., S.5（同右、一〇八頁）を参照。

（28）Ibid., S.9（同右、一一五頁）を参照。

（29）Ibid.（同右、一〇九頁。一部改訳）

（30）近代政治思想におけるマキャベリの位置付けについては、仲正編『政治思想の知恵』法律文化社、二〇一三年、一一頁以下を参照。

（31）Friedrich Julius Stahl, *Philosophie des Rechts* I, S.74ff を参照。

（32）Friedrich Julius Stahl, *Philosophie des Rechts* II /2, Georg Olms Verlagsbuchhandlung, 1963, S.272ff. を参照。

（33）*Ibid.*, S.229ff. を参照。

（34）Friedrich Julius Stahl, *Philosophie des Rechts* II /1, Georg Olms Verlagsbuchhandlung, 1963, S.160ff. を参照。

（35）*Ibid.*, S.194.

(36) druckersociety.at/files/p_drucker_stahl.pdf, S.6.（「フリードリヒ・ユリウス・シュタール」、一〇九頁以下。一部改訳）

(37) 社会契約論、あるいはルソーの「一般意志」の意味するところについては、拙著『今こそルソーを読み直す』NHK出版、二〇一〇年、特に、九二頁以下を参照。

(38) Friedrich Julius Stahl, *Philosophie des Rechts* Ⅱ/2, 235f.

(39) *Ibid.*, S.231f. を参照。

(40) druckersociety.at/files/p_drucker_stahl.pdf, S.9f.（「フリードリヒ・ユリウス・シュタール」、一一六頁）を参照。

(41) Ibid., S.6（同右、一一〇頁）を参照。

(42) Katharina Sobota, *Das Prinzip Rechtsstaat: Verfassungs- und verwaltungsrechtliche Aspekte*, Mohr Siebeck, 1997, S.319 ff. シュタールの「法治国家」概念についての日本での研究として、高田敏『法治国家観の展開』有斐閣、二〇一三年、六一―七九、三四四―三四八頁を参照。

(43) Friedrich Julius Stahl, *Philosophie des Rechts* Ⅱ/2, S.137f. を参照。

(44) druckersociety.at/files/p_drucker_stahl.pdf, S.7（「フリードリヒ・ユリウス・シュタール」、一一一頁）を参照。

(45) バークの権利概念については、『精神論ぬきの保守主義』、五五―六〇頁を参照。

(46) Friedrich Julius Stahl, *Philosophie des Rechts* Ⅱ/2, S.518ff. を参照。

(47) druckersociety.at/files/p_drucker_stahl.pdf, S.7（「フリードリヒ・ユリウス・シュタール」、一一一頁以下）及び、Friedrich Julius Stahl, *Philosophie des Rechts* Ⅱ/2, S.424ff. を参照。

(48) 下院は納税額別の三等級に分かれての選挙（三級選挙制度）だった。望田幸男『近代ドイツの政治構造――プロイセン憲法紛争史研究』ミネルヴァ書房、一九七二年、五一―六二頁を参照。

(49) 君主と議会の関係をめぐるシュタールの基本的な考え方については、Friedrich Julius Stahl, *Das Monarchische Princip*, 1845, J. C. B. Mohr、及び望田幸男、前掲書、三六―四〇頁を参照。

(50) druckersociety.at/files/p_drucker_stahl.pdf, S.7（「フリードリヒ・ユリウス・シュタール」、一一一頁）を参照。

(51) シュミットの決断主義については、『カール・シュミット入門講義』、二八九頁以下を参照。

(52) ハラーの家産制国家論のコンパクトな要約として、牧野雅彦『国家学の再建』名古屋大学出版会、二〇〇八年、四七―五二頁を参照。

(53) druckersociety.at/files/p_drucker_stahl.pdf, S.6（「フリードリヒ・ユリウス・シュタール」、一一〇頁）及び、Friedrich Julius Stahl, *Philosophie des Rechts* II /2, S.119ff.、特にS.128を参照。

(54) druckersociety.at/files/p_drucker_stahl.pdf, S.10（「フリードリヒ・ユリウス・シュタール」、一一七頁）及び、Friedrich Julius Stahl, *Philosophie des Rechts* II /2, S.9ff. を参照。アダム・ミュラーの国家観については、原田哲史『アダム・ミュラー研究』ミネルヴァ書房、二〇〇二年、八七頁以下を参照。また、「政治的ロマン主義」については、『カール・シュミット入門講義』、三四頁以下を参照。ブルンチュリの国家観については、J. C. Bluntschli, *Lehre vom Modernen Stat, Erster Theil (Allgemeine Statslehre)*, Verlag der J. G. Cotta's che Buchhandlung, 1875, 特にS.18ff., S.492ff.

(55) Friedrich Julius Stahl, *Philosophie des Rechts* II /2, S.92ff. を参照。

(56) *Ibid.*, S.88ff. を参照。

(57) *Ibid.*, S.91.

(58) ベンサムの法典化論については、戒能通弘『世界の立法者、ベンサム』日本評論社、二〇〇七年、五二頁以下を参照。

(59) 論争の発端になった二人の論文及び、その後のやり取りについては、Jacques Stern (hg.), *Thibaut und Savigny:*

ein programmatischer Rechtsstreit auf grund ihrer Schriften: über die Notwendigkeit eines allgemeinen bürgerlichen Rechts für Deutschland und vom Beruf unserer Zeit für Gesetzgebung und Rechtswissenschaft, Wissenschatliche Buchgesellschaft, 1959 を参照。

(60) ハイエクにおける設計主義批判と、「法」の関係については、拙著『いまこそハイエクに学べ』春秋社、二〇一一年を参照。

(61) Friedrich Julius Stahl, *Philosophie des Rechts* Ⅱ /2, S.98f. を参照。

(62) *Ibid*., S.99ff. を参照。

(63) *Ibid*., S.102.

(64) Georg Wilhelm Hegel, Grundlinien der *Philosophie des Rechts oder Naturrecht und Staatswissenschaft im Grudrisse*, S.24.（上妻精・佐藤康邦・山田忠彰訳『法の哲学　上巻（ヘーゲル全集９ａ）』岩波書店、二〇〇〇年、一七頁以下）

(65) druckersociety.at/files/p_drucker_stahl.pdf, S.7f.（「フリードリヒ・ユリウス・シュタール」、一一二頁以下）を参照。

(66) Friedrich Julius Stahl, *Philosophie des Rechts* Ⅱ /2, S.541ff.

(67) *Ibid*., S.548f. を参照。

(68) Friedrich Julius Stahl, *Die Philosophie des Rechts nach geschichtlicher Ansicht*, Bd, Ⅱ/2, 1.Aufl., J. C. B. Mohr 1837 (Vico Verlag 2009), S.262ff. を参照。

(69) Friedrich Julius Stahl, *Die Revolution und die constitutionelle Monarchie*, Wilhelm Hertz, Berlin 1848, S.3ff. を参照。

(70) Friedrich Julius Stahl, *Philosophie des Rechts* Ⅱ /2, S.550ff. を参照。

(71) Friedrich Julius Stahl, *Was ist die Revolution?*, Wilhelm Schultze, Berlin 1852, S.17を参照。
(72) ド・メーストルの思想の概要については、川上洋平『ジョゼフ・ド・メーストルの思想世界』創文社、二〇一三年を参照。
(73) コルテスの思想の概要については、John T. Graham, *Donoso Cortés: Utopian Romanticist and Political Realist*, University of Missouri Press, 1974を参照。
(74) druckersociety.at/files/p_drucker_stahl.pdf, S.11（「フリードリヒ・ユリウス・シュタール」、一一八頁）を参照。
(75) Ibid., p.8（同右、一一三頁）を参照。
(76) Friedrich Julius Stahl, *Die Philosophie des Rechts nach geschichtlicher Ansicht*, Bd, II /2, 1.Aufl., S.214ff. を参照。
(77) Friedrich Julius Stahl, *Philosophie des Rechts* II /2, S.488ff. を参照。
(78) Georg Wilhelm Hegel, *Grudlinie der Philosophie des Rechts oder Naturrecht und Staatswissenschaft im Grudrisse*, S.482ff.（『法の哲学　下巻（ヘーゲル全集9b）』、五二四頁以下）を参照。
(79) 西尾孝司『ベンサムの幸福論』晃洋書房、二〇〇五年、一一四頁以下を参照。
(80) 小泉仰『J・S・ミル』研究社出版、一九九七年、一四九頁以下を参照。
(81) Friedrich Julius *Stahl, Philosophie des Rechts* II/2, S.493. を参照。
(82) *Ibid.*, S.507.
(83) *Ibid.*, S.508.
(84) *Ibid.*, S.516ff. を参照。
(85) カントのこの論文については、拙著『〈法と自由〉講義』作品社、二〇一三年、二三七頁以下を参照。
(86) この方面でのハーバマスの主著として、Jürgen Habermas, *Strukturwandel der Öffentlichkeit*, Suhrkamp, 1990(細

谷貞雄・山田正行訳『公共性の構造転換』未来社、一九九四年）を参照。

(87) druckersociety.at/files/p_drucker_stahl.pdf, S.12（「フリードリヒ・ユリウス・シュタール」、一一九頁）を参照。

(88) Ibid.（同右、一二〇頁。一部改訳）

(89) Ibid., S13（同右、一二〇頁以下）を参照。

(90) これについては、『精神論ぬきの保守主義』、特に、一七五頁以下を参照。

(91) druckersociety.at/files/p_drucker_stahl.pdf, S.13.（「フリードリヒ・ユリウス・シュタール」、一二一頁。一部改訳）

(92) Ibid.（同右。一部改訳）

(93) 「全体国家」という言葉は、一九二〇年代にファシスト政権下のイタリア国家を形容するために用いられるようになった。ドイツ語圏ではそれを受けて、カール・シュミットが一九三三年に公刊した以下の論文で、独自の「全体国家」論を展開している。Carl Schmitt, Weiterentwicklung des totalen Staats in Deutschland, in: id. *Verfassungsrechtliche Aufsätze aus den Jahren 1924-54*, 4. Aufl., Duncker & Humblot, 2003, S.359-366（「ドイツにおける全体国家の発展」、服部平治・宮本盛太郎訳『政治思想論集』筑摩書房、二〇一三年、一〇五―一一三頁）。「全体主義」概念の歴史については、Enzo Traverso, *Il Totalitarismo. Storia di un Dibattito*, Ombre Corte, 2002（柱本元彦訳『全体主義』平凡社、二〇一〇年）を参照。

(94) 『知の巨人　ドラッカー自伝』、七一頁以下を参照。

(95) Peter F. Drucker, *Die Judenfrage in Deutschland*, in Gsur u. Co, 1936, S.4.

(96) Bruno Bauer, *Die Judenfrage*, Friedrich Otto, 1843　及び Karl Marx, Zur Judenfrage, in: *Karl Marx/Friedrich Engels Gesamtausgabe* (MEGA), Erste Abteilung, Bd.2, Dietz Verlag, 1982（城塚登訳「ユダヤ人問

題によせて」、同『ユダヤ人問題によせて　ヘーゲル法哲学批判序説』岩波書店、一九七四年、五―六七頁）を参照。なお、一九世紀半ばのドイツ語圏におけるバウアーとマルクスを中心とする「ユダヤ人問題」論争の研究として、植村邦彦『同化と解放　十九世紀「ユダヤ人問題」論争』平凡社、一九九三年を参照。

（97）Peter F. Drucker, *Die Judenfrage in Deutschland*, S.5を参照。

（98）東方ユダヤ人の歴史については、Heiko Haumann, *Geschichte der Ostjuden*, Deutscher Taschenbuch Verlag,1990（平田達治・荒島浩雅訳『東方ユダヤ人の歴史』、鳥影社、一九九七年）を参照。

（99）ユダヤ人と金融の関係については、Jacques Attali, *Les Juifs, le Monde et l'Argent*, Fayard, 2002（的場昭弘訳『ユダヤ人、世界と貨幣』作品社、二〇一五年）を参照。

（100）Peter F. Drucker, *Die Judenfrage in Deutschland*, S.6ffを参照。

（101）「国民」には何通りかの定義があり、そのため「国民国家」の定義も一様ではないが、全体像を知るための文献として、E・ルナン他『国民とは何か』河出書房新社、一九九七年、及び、Friedrich Meinecke, *Weltbürgertum und Nationalstaat*, 9. Aufl., 1969, R. Oldenbourg,（矢田俊隆訳『世界市民主義と国民国家Ⅱ』岩波書店、一九七二年）を参照。

（102）Peter F. Drucker, *Die Judenfrage in Deutschland*, S.11ff. を参照。

（103）*Ibid.*, S.17f.

（104）*Ibid.*, S.18を参照。西欧的な「国民」概念に代わるものとして、「民族」や「人種」が政治的に利用されるようになった歴史的経緯については、George L. Mosse, *The Crisis of German Ideology. Intellectual Origin of the Third Reich*, Schocken Books, 1981（植村和秀・大川清丈・城達也・野村耕一訳『フェルキッシュ革命』柏書房、一九九八年）を参照。

（105）Peter F. Drucker, *Die Judenfrage in Deutschland*, S.20を参照。

(106) ユダヤ系の人口の推移については、ドイツの連邦古文書館（Bundesarciv）から発行されている以下の史料を参照。Gedenkbuch: Opfer der Verfolgung der Juden unter der nationalsozialistischen Gewaltherrschaft in Deutschland 1933-1945（https://www.bundesarchiv.de/gedenkbuch/）

(107) Peter F. Drucker, *Die Judenfrage in Deutschland*, S.23f. を参照。

(108) 芝健介『ホロコースト』中央公論新社、二〇〇八年、三二頁以下、及びJohn M. Steiner, Jobst F. von Cornberg, Willkür in der Willkür. Befreiung von den antisemitischen Nürnberger Gesetzen in: *Vierteljahrshefte für Zeitgeschichte* 46（1998）, S. 143-187 等を参照。

(109) Peter F. Drucker, *Die Judenfrage in Deutschland*, S.25.

(110) 「最終解決」の全容については、Raul Hilberg, *The Destruction of the European Jews*, Yale University Press, 2003（望田幸男・原田一美・井上茂子訳『ヨーロッパ・ユダヤ人の絶滅（上・下）』柏書房、二〇一二年）を参照。

第3章

（1）Peter F. Drucker, *The End of Economic Man*, p.xxxvi, p.3（『「経済人」の終わり』、iv頁及び三頁）を参照。

（2）*Ibid.*, p.6.（同右、五頁）

（3）この演説は、以下のＨＰで閲覧できる。http://www.mlwerke.de/gd/gd_001.htm

（4）ヒトラーは、「大衆の受容能力は非常に限られており、理解力は小さいが、その代わりに忘却力は大きい」と述べている。Adolf Hitler, *Mein Kampf*, Zentralverlag der NSDAP. Franz Eher Nachf. 1939, S.198（平野一郎・将積茂訳『完訳　わが闘争（上）』角川書店、二〇〇一年、二三八頁）．原文は以下のＨＰで閲覧できる。http://www.magister.msk.ru/library/politica/hitla003.htm

（5）Peter F. Drucker, *The End of Economic Man*, p.8.（『「経済人」の終わり』、七頁）
（6）*Ibid.*, p.11.（同右、一〇頁）
（7）*Ibid.*, pp.12f.（同右、一一頁）を参照。
（8）*Ibid.*, pp.14f.（同右、一三頁）を参照。マキャベリの政治思想の特徴については、仲正編『政治思想の知恵』、一一頁以下を参照。
（9）Peter F. Drucker, *The End of Economic Man*, pp. 17ff.（『「経済人」の終わり』、一六頁以下）を参照。
（10）*Ibid.*, p.21f.（同右、二〇頁以下）を参照。
（11）テルトゥリアヌスのこの命題が意味するところについて詳しくは、Pierre Bühler, Tertullian: the Teacher of the credo quia absurdum, in: Jon Stewart（ed.）, *Kierkegaard and the patristic and medieval traditions*, Ashgate,2008, pp.131-142を参照。
（12）Peter F. Drucker, *The End of Economic Man*, p.23.（『「経済人」の終わり』、二二頁）
（13）*Ibid.*, p.26.（同右、二六頁）
（14）ハイエクの設計主義批判については、『いまこそハイエクに学べ』、二五頁以下を参照。
（15）Peter F. Drucker, *The End of Economic Man*, p.28.（『「経済人」の終わり』、二八頁）
（16）*Ibid.*, p.29.（同右、二八頁以下）
（17）ベルンシュタインの議論として、Eduard Bernstein, *Die Voraussetzung des Sozialismus und die Aufgaben der Sozialdemokratie*, J. H. W. Dietz,1899（佐瀬昌盛訳『社会主義の諸前提と社会民主主義の任務』ダイヤモンド社、一九七四年）を参照。マルクス主義陣営における「中間階級」をめぐる議論の諸相については、吉田忠雄「中間階級の諸問題」、『政経論叢』三〇巻三―四号（一九六一）、二二七―二四六頁を参照。
（18）Peter F. Drucker, *The End of Economic Man*, pp.30ff.（『「経済人」の終わり』、二九頁以下）を参照。

(19) *Ibid.*, p.32（同右、三〇頁）を参照。

(20) C. Wright Mills, White Collar. *The American Middle Classes*, Oxford University Press, 1956, pp.77（杉政孝訳『ホワイト・カラー』東京創元社、一九七一年、六五頁以下）を参照。

(21) Peter F. Drucker, *The End of Economic Man*, p.36.（『「経済人」の終わり』、三五頁）

(22) *Ibid.*, pp.37f.（同右、三五頁以下）を参照。

(23) *Ibid.*, p.41（同右、三九頁以下）を参照。

(24) *Ibid.*, p.44（同右、四三頁）を参照。

(25)『いまこそハイエクに学べ』、特に第三章「進化と伝統は相容れるのか？」を参照。

(26) F. A. Hayek, Individualism: True and False, in: *Individualism and Economic Order*, University of Chicago Press, 1980, pp.11ff.（嘉治元郎・嘉治佐代訳「真の個人主義と偽りの個人主義」、『ハイエク全集Ⅰ―3 個人主義と経済秩序』春秋社、二〇〇八年、一四頁以下）を参照。

(27) Peter F. Drucker, *The End of Economic Man*, pp.47f.（『「経済人」の終わり』、四五頁以下）を参照。シャハトの経済政策（シャハト・プラン）については、Amos E. Simpson, *Hjalmar Schacht in Perspective*, Mouton 1969, pp.92ff., Edward Norman Peterson, *Hjalmar Schacht for and against Hitler*, The Christopher Publishing House, 1954, pp.216ff.、川瀬泰史「シャハトの新計画 一九三四―三六年」、『立教経済学研究』四六巻一号（一九九二）、四九―六七頁、松井隆幸「ナチスドイツの対外通商政策再考――ナチスの世界観を通して」、『愛媛経済論集』三四巻三号（二〇一五）、九―二六頁、武田知広『ヒトラーの経済政策』祥伝社新書、二〇〇九年、一八七頁を参照。この政策に対するシャハト自身の考え方については、Hjalmar Schacht, *76 Jahre meines Lebens*, Kindler und Schiermeyer Verlag, 1953, S.414ff. を参照。

(28)『いまこそハイエクに学べ』、一三三頁以下を参照。

(29) Peter F. Drucker, *The End of Economic Man*, pp.50f.（『「経済人」の終わり』、四八頁以下）を参照。
(30) *Ibid.*, pp.51f.（同右、四九頁以下）を参照。
(31) *Ibid.*, pp.89f.（同右、八八頁以下）を参照。
(32) *Ibid.*, pp.99f.（同右、九七頁以下）を参照。
(33) *Ibid.*, pp.130ff.（同右、一二九頁以下）を参照。
(34) *Ibid.*, pp.140ff.（同右、一三五頁以下）を参照。
(35) アダム・スミスは『諸国民の富』（一七七六）で、「消費 consumption」こそが経済的富の本質であるという見方を示しており、オーストリア学派のミーゼス等もこの点を強調している。Paul D Mueller, Adam Smith's View on Consumption and Happiness, in: *Adam Smith Review*, Vol.8 (2014), pp.277-289 を参照。
(36) Peter F. Drucker, *The End of Economic Man*, pp.156ff.（『「経済人」の終わり』、一四八頁以下）を参照。
(37) *Ibid.*, pp.165f.（同右、一五二頁以下）を参照。ナチスの経済運営について詳しくは、塚本健『ナチス経済』東京大学出版会、一九六四年、及び、村上和光「ナチス経済の展開と景気変動過程」（上・下）、『金沢大学経済学部論集』第二六巻二号、五七―九〇頁、第二七巻一号、六七―一〇二頁を参照。
(38) Peter F. Drucker, *The End of Economic Man*, p.171.（『「経済人」の終わり』、一五九頁以下）
(39) *Ibid.*, pp.173ff.（同右、一六一頁以下）を参照。
(40) *Ibid.*, pp.204ff.（同右、一八九頁以下）を参照。
(41) *Ibid.*, p.211.（同右、一九五頁）
(42) *Ibid.*, pp.220f.（同右、二〇四頁）
(43) Hannah Arendt, *Totalitarianism: Part Three of The Origins of Totalitarianism*, Harcourt & Brace, 1968, pp.39-86（大久保和郎・大島かおり訳『全体主義の起原3』みすず書房、一九八一年、六三―一四〇頁）を参照。

(44) Peter F. Drucker, *The End of Economic Man*, p.225.（『「経済人」の終わり』、二〇八頁）

(45) *Ibid.*, pp.263f.（同右、二四四頁以下）を参照。

(46) *Ibid.*, p.266.（同右、二四八頁）

(47) Peter F. Drucker, *The Future of Industrial Man*, p.27（上田惇生訳『ドラッカー名著集10　産業人の未来』ダイヤモンド社、二〇〇八年、二二頁以下）を参照。

(48) *Ibid.*, pp.45ff.（同右、四九頁以下）を参照。

(49) *Ibid.*, pp.39ff.（同右、四一頁以下）を参照。

(50) アメリカでは一九世紀末以降、中西部・南部の農民や労働組合を中心とする反エリート主義的なポピュリスト運動が何度か組織化された。詳しくは、Lawrence Goodwyn, *Democratic Promise. The Populist Moment in America*, Oxford University Press,1976 を参照。

(51) Peter F. Drucker, *The Future of Industrial Man*, p.55.（『産業人の未来』、六二頁以下）

(52) Marx/Engels, Manifest der Kommunistischen Partei, in, *Marx/Engels Gesamtausgabe*, Erste Abteilung Bd.6, im Auftrag des Marx-Engels-Lenin-Instituts Moskau, hrsg. v. V. Adoratskij, 1933, S.544ff.（大内兵衛・向坂逸郎訳『共産党宣言』岩波書店、一九七一年、六七頁以下）を参照。

(53) Peter F. Drucker, *The Future of Industrial Man*, pp.56ff.（『産業人の未来』、六五頁以下）を参照。

(54) Adam Smith, *An Inquiry into the Nature and Causes of the Wealth of Nations*, Methusen & Co. Ltd., 1977, Vol.1, pp.7-25, pp.447ff., Vol.2, pp.3ff.（水田洋監訳・杉山忠平訳『国富論（一）〜（四）』岩波書店、二〇〇〇—〇一年、（一）二三—五〇頁、（二）二五七頁以下、（三）一一三頁以下）、及び David Ricardo, On the Principles of Political Economy, and Taxation: in *The Works and Correspondence of David Ricardo*, Cambridge at the University Press, 1951, pp.128ff.（羽鳥卓也・吉澤芳樹訳『経済学および課税の原理（上・下）』岩波書

店、一九八七年、(上)一八三頁以下)を参照。
(55)独占状態における価格と利潤に関する分かりやすい説明として、伊藤元重『入門経済学 第四版』日本評論社、二〇一五年、一一九頁以下を参照。
(56)Peter F. Drucker, *The Future of Industrial Man*, p.70.(『産業人の未来』、七〇頁)
(57)*Ibid.*, pp.60ff.(『産業人の未来』、七〇頁以下)を参照。
(58)*Ibid.*, pp.61f.(『産業人の未来』、七二頁)
(59)仲正編『政治思想の知恵』、二六~五六頁を参照。
(60)Peter F. Drucker, *The Future of Industrial Man*, p.62(『産業人の未来』、七三頁)を参照。アルトゥジウスの社会契約論については、Otto Friedrich von Gierke, *Johannes Althusius und die Entwicklung der naturrechtlichen Staatstheorien: zugleich ein Beitrag zur Geschichte der Rechtssystematik*, Scientia Verlag 1981(笹川紀勝・本間信長・増田明彦訳『ヨハネス・アルトジウス――自然法的国家論の展開及び法体系学説史研究』勁草書房、二〇一一年)、グロティウスの社会契約論については、大沼保昭編『戦争と平和の法――フーゴー・グロティウスにおける戦争、平和、正義』東信堂、一九八七年を参照。
(61)Peter F. Drucker, *The Future of Industrial Man*, p.63.(『産業人の未来』、七三頁以下)
(62)*Ibid.*, pp.63f.(同右、七四頁以下)を参照。
(63)ハイエクにおける「コスモス」と「タクシス」の関係については、『いまこそハイエクに学べ』、一四五頁以下を参照。
(64)Peter F. Drucker, *The Future of Industrial Man*, pp.64ff.(『産業人の未来』、七四頁以下)を参照。
(65)*Ibid.*, p.74(同右、八八頁以下)を参照。シュンペーターの資本主義論については、Joseph A. Schumpeter, *Theorie der wirtschaftlichen Entwicklung*, Duncker & Humblot, 1934, S.110ff.(塩野谷祐一・中山伊知郎・東畑精

一訳『経済発展の理論（上）』岩波書店、一九七七年、一九八頁以下）を参照。シュンペーターは、生産・流通過程にラディカルな変化をもたらし経済の発展を促す「企業家 Unternehmer」を、貨幣や財（資本）の所有と明確に切り離して論じている。ただ、それと同時に、「企業家」の機能を、単なる「経営管理 Betriebsleitung」という意味での〈management〉と同一視する英国のマーシャル学派の見解も批判しており、「経営」の役割の増大を強調するドラッカーのここでの議論とは焦点の当て方が違うので注意が必要。

（66）Peter F. Drucker, *The Future of Industrial Man*, pp.75f.（『産業人の未来』、九〇頁以下）を参照。

（67）*Ibid.*, p.81.（同右、九七頁）

（68）*Ibid.*, pp.83ff.（同右、九八頁以下）を参照。

（69）*Ibid.*, pp.85ff.（同右、一〇三頁以下）を参照。

（70）*Ibid.*, p.88（同右、一〇六頁）を参照。

（71）『いまこそハイエクに学べ』、特に、一八五頁以下を参照。

（72）Peter F. Drucker, *The Future of Industrial Man*, pp.88ff.（『産業人の未来』、一〇七頁以下）を参照。

（73）*Ibid.*, pp.90f.（同右、一一〇頁）

（74）*Ibid.*, pp.94f.（同右、一一五頁以下）を参照。バーナムの経営者革命論については、James Burnham, *The Managerial Revolution: what is happening in the world*, John Day, 1941（長崎惣之助訳『経営者革命』東洋経済新報社、一九五一年）を参照。

（75）Peter F. Drucker, *The Future of Industrial Man*, pp.95f.（『産業人の未来』、一一七頁以下）を参照。

（76）*Ibid.*, pp.102ff.（同右、一二六頁以下）を参照。

（77）*Ibid.*, pp.137ff.（同右、一八〇頁以下）を参照。

（78）*Ibid.*, pp.141ff.（同右、一八五頁以下）を参照。

(79) *Ibid.*, p.141.（同右、一八六頁）

(80)『精神論ぬきの保守主義』第二章、三章、六章を参照。ハイエクの「法」理解について詳しくは、『いまこそハイエクに学べ』第四章「法は社会的正義にかなうべきか？」を参照。

(81) Peter F. Drucker, *The Future of Industrial Man*, p.111.（『産業人の未来』、一四一頁）

(82) *Ibid.*, pp.114ff.（同右、一四六頁以下）を参照。

(83) *Ibid.*, p.112（同右、一四三頁以下）を参照。

(84) *Ibid.*, p.113.（同右、一四四頁）

(85) *Ibid.*, p.113（同右、一四五頁）を参照。

(86) アウグスティヌスの「自由意志」論の政治思想史的意義については、土橋貴『自由の政治哲学的考察　アウグスティヌスからフーコーまで』明石書店、一九九二年、一三頁以下を参照。

(87) Peter F. Drucker, *The Future of Industrial Man*, p.144（『産業人の未来』、一九一頁）を参照。

(88)『今こそルソーを読み直す』、一一六頁以下を参照。

(89) 同右、一八〇頁以下を参照。

(90) 二つの革命に対するアーレントの評価について詳しくは、拙著『ハンナ・アーレント「革命について」入門講義』作品社、二〇一六年を参照。

(91) Peter F. Drucker, *The Future of Industrial Man*, pp.157f.（『産業人の未来』、二一二頁以下）を参照。

(92) *Ibid.*, p.158（同右、二一三頁）を参照。

(93) ベンサムの法理論について詳しくは、戒能通弘『世界の立法者、ベンサム——功利主義的法思想の再生』、日本評論社、二〇〇七年を参照。

(94) Peter F. Drucker, *The Future of Industrial Man*, p.199.（『産業人の未来』、二七三頁）

(95) *Ibid.*（同右）

(96) *Ibid.*, pp.199ff.（同右、二七四頁以下）を参照。

(97) *Ibid.*, p.180（同右、二四三頁以下）を参照。

(98) *Ibid.*, p.181.（同右、二四五頁）

(99) *Ibid.*, p.184.（同右、二五〇頁）

(100) *Ibid.*, p.184（同右、二五〇頁）を参照。この〈prescription〉という概念を、バークは主として、民法上の取得時効の概念との類比で、長期間の慣行ゆえに正統性を得ている制度や権利と関連付けて使っているが、ドラッカーはむしろ邦訳のように、役に立つ処方箋として通用しているものという意味で使っている。バーク自身の〈prescription〉概念については、『精神論抜きの保守主義』、二九頁以下、五五頁以下を参照。

(101) Peter F. Drucker, *The Future of Industrial Man*, p.185.（同右、二五一頁）

(102) *Ibid.*, p.186.（同右、二五二頁）

(103) *Ibid.*, pp.207f.（同右、二八七頁）

第4章

(1) Peter F. Drucker, Keynes, in: *The Ecological Vision*, pp.119ff.（「ケインズ」、『すでに起こった未来』、八一頁以下）を参照。

(2) *Ibid.*, pp.120f.（同右、八四頁）

(3) *Ibid.*, p.124（同右、八九頁以下）を参照。

(4) ケインズの貨幣論の分かりやすい解説として、根井雅弘『ケインズを読み直す』白水社、二〇一七年、特に九九頁以下、松原隆一郎『ケインズとハイエク』講談社、二〇一一年、特に一一四頁以下等を参照。

（5）Peter F. Drucker, *The Ecological Vision*, pp.124f.（『すでに起こった未来』、九〇頁）を参照。

（6）*Ibid.*, pp.125f.（同右、九一頁以下）を参照。ハンセンのケインズ理解については、Alvin Hansen, *A Guide to Keynes*, McGraw-Hill Book Company, 1953（大石泰彦訳『ケインズ経済学入門』東京創元社、一九五六年）を参照。ハンセンの［財政政策→完全雇用］志向については、Alvin Hansen. *Fiscal Policy and Business Cycle*, W. W. Norton and Company, 1941（都留重人訳『財政政策と景気循環』日本評論社、一九五〇年）、id., *Economic Policy and Full Employment*, McGraw-Hill Book Company, 1947（小原敬士訳『経済政策と完全雇用』好學社、一九四九年）を参照。

（7）Peter F. Drucker, *The Ecological Vision*, p.126.（『すでに起こった未来』、九二頁）

（8）*Ibid.*, pp.130f.（同右、九九頁以下）を参照。

（9）Peter F. Drucker, *The Age of Discontinuity*, Transaction Publishers, 1992, pp.137ff.（上田惇生訳『断絶の時代』ダイヤモンド社、二〇〇七年、一二五頁以下）を参照。

（10）*Ibid.*, p.145.（同右、一三二頁以下）

（11）Peter F. Drucker, *The Ecological Vision*, pp.108ff.（「シュンペーターとケインズ」、『すでに起こった未来』、六六頁以下）を参照。

（12）*Ibid.*, p.111.（同右、七一頁）

（13）*Ibid.*, p.111（同右、七一頁以下）を参照。

（14）*Ibid.*, p.112（同右、七三頁）を参照。ミルの晩年の社会主義については、小泉仰『J・S・ミル』、一三九頁以下、及び、Alan Ryan, *J. S.Mill*, Routledge & Kegan Paul, 1974, pp.183ff. を参照。ライアンによると、ミルが傾倒したのは、オーウェン、サン＝シモン、フーリエなどの、いわゆるユートピア的社会主義であって、マルクス主義ではない。

（15）Peter F. Drucker, *The Ecological Vision*, pp.112f.（『すでに起こった未来』、七三頁以下）

（16）*Ibid.*, pp.113f.（『すでに起こった未来』、七四頁以下）を参照。

（17）Peter F. Drucker, *Innovation and Entrepreneurship: Practice and Principles*. Routledge, 2015, pp.25ff（上田惇生訳『ドラッカー名著集5　イノベーションと企業家精神』ダイヤモンド社、二〇〇七年、二頁以下）を参照。セイ自身の著作にはこのままの表現は見当たらないが、例えば以下の箇所がほぼ対応している。Jean-Baptiste Say, *Cours complet D'économie politique pratique*, Tome I, Réimpression de l' édition 1852（Collection des Principaux Economistes Tome 10）, Otto Zeller, 1966, p.94ff. et s.　セイは様々な箇所で「企業家」の特性について述べているが、それらをまとめたものとして、Jean-Baptiste Say, *Textes choisis* et *preface par Pierre-Louis Reynaud*, Librairie Dalloz, p.114 et s. を参照。この抜粋集には含まれていないが、以下のテクストでも、「企業家」の役割がコンパクトに記述されている。Jean-Baptiste Say, *Catéchisme d'économie politique*, Maison Mame, 1972, p.46 et s.（堀経夫・橋本比登志訳『経済学問答』現代書館、一九六七年、三二頁以下）

（18）サプライサイド経済学の基本的考え方については、Thomas J. Hailstones, *G Guide to Supply-Side Economics*, Robert F. Dame, Inc.,1982、その現実的な政策展開については、Bruce R. Bartlett, *Reaganomics. Supply Side Economics In Action*, Application House Publishers, 1981 を参照。

（19）Peter F. Drucker, *Innovation and Entrepreneurship*, pp.32f.（『イノベーションと企業家精神』、四頁以下）を参照。セイとシュンペーターの関係を含む、経済学史における「企業家精神」の位置付けの変遷については、根井雅弘『企業家精神とは何か――シュンペーターを超えて』平凡社、二〇一六年を参照。

（20）Peter F. Drucker, *Innovation and Entrepreneurship*, pp.262f.（『イノベーションと企業家精神』、二五四頁）.

（21）フンボルトの国家観については、Siegfried A. Kaehler, *Wilhelm v. Humboldt und der Staat. Ein Beitrag zur Geschichte deutscher Lebensgestaltung um 1800*, 2. Auflage, Vandenhoeck & Ruprecht, 1963、彼の「自由主義」

については、吉永圭『リバタリアニズムの人間観——ヴィルヘルム・フォン・フンボルトに見るドイツ的教養の法哲学的展開』風行社、二〇〇九年等を参照。

(22) Johann Gottlieb Fichte, Reden an die deutsche Nation, in: *Fichtes Werke* Band Ⅶ, hrsg. v. Immanuel Hermann Fichte, Walter de Gruyter & Co, 1972, S.257-516（大津康訳『改訂　ドイツ国民に告ぐ』岩波書店、一九四〇年）を参照。

(23) Wilhelm von Humboldt, *Wilhelm von Humboldts Gesammelten Schriften*, Band X, hrsg. v. Königlichen Preussischen Akademie der Wissenschaften, B.Behr's Verlag 1903 (Photomechanischer Nachdruck – Walter de Gruyter & Co, 1968), S.136-160を参照。これに関連して、首都における各種の学術機関の存在意義について述べた以下の覚書も参照。Ibid., S.250ff.

(24) こうした当時の事情については、Rudolf Köpke, *Die Gründung von Königlichen Friedrich-Wilhelms-Universität*, Ferd. Dümmler's Verlagsbuchhandlung, 1860 及び Stephen D'Irsay, *Histoire des Universités*, Tome II, 1935, p.184 et s.（池端次郎訳『大学史（下）』東洋館出版社、一九八八年、二七六頁以下）を参照。

(25) Peter F. Drucker, *Innovation and Entrepreneurship*, pp.260f.（『イノベーションと企業家精神』、二五二頁）を参照。

(26) *Ibid.*, p.263（同右、二五四頁以下）を参照。

(27) *Ibid.*, p.265.（同右、二五六頁以下）

(28) Heinz-Elmar Tenorth, Verfassung und Ordnung der Universität, in: ders. (hrsg.) *Geschichte der Universität Unter den Linden1: Gründung und Blütenzeit der Universität zu Berlin 1810-1918*, Akademie Verlag, 2012, S.77ff.、及び、松元忠士『ドイツにおける学問の自由と大学の自治』敬文堂、一九九八年、五三頁以下を参照。

(29) Friedrich Daniel Ernst Schleiermacher, Gelegentliche Gedanken über Universitäten im deutschen Sinn, in: *Die Idee der Deutschen Universität*, Hermann Gentner Verlag, 1956, S.219-308（深井智朗訳『ドイツ的大

学論』未來社、二〇一六年）を参照。

(30) Peter F. Drucker, *The Practice of Management*, p.11.（『現代の経営（上）』、一三頁）

(31) *Ibid.*, pp.11f.（同右、一四頁）

(32) ハイデガーやサルトルについての簡単な説明として、拙著『ハイデガー哲学入門――「存在と時間」を読む』（講談社、二〇一五年）、特に、一一五頁以下を参照。ドラッカーは『「経済人」の終わり』で、全体主義が登場する歴史的背景について語る文脈でキルケゴールやニーチェに言及しているほか、論文「もう一人のキルケゴール」（一九三三）（Peter F. Drucker, The Unfashionable Kierkegaard, in: *The Ecological Vision*, pp.427-439、『すでに起こった未来』、二七一―二九六頁）でキルケゴールの実存主義を論じており、同じ系統の思想家としてハイデガーやサルトルの影響を受けていたとしてもおかしくないと思われる。

(33) Peter F. Drucker, *The Practice of Management*, p.10（『現代の経営（上）』、一一頁）を参照。

(34) *Ibid.*, pp.12f.（同右、一六頁。一部改訳）

(35) フォーテスキューの国家論の概要については、M. R. L. L. Kelly, Sir John Fortescue and the Political Dominium, in: *Constitutions and the Classics: Patterns of Constitutional Thought from Fortescue to Bentham*（ed. D.J.Galligan), Oxford University Press, 2014, pp.51-85, 特に、pp.63-64を参照。

(36) Peter F. Drucker, *The Practice of Management*, pp.113-120（『現代の経営（上）』、一五四―一六五頁）を参照。

(37) *Ibid.*, pp.116f.（同右、一六〇頁以下）を参照。

(38) *Ibid.*, p.14.（同右、一八頁）

(39) テイラー・システムについては、Frederick Winslow Taylor, *The principles of scientific management and shop management*, Routledge/Thoemmes Press, 1993、上野陽一訳編『科学的管理法（新版）』産業能率短期大学出版部、一九六九年等を参照。

(40) Peter F. Drucker, *The Practice of Management*, pp.256-261（上田惇生訳『ドラッカー名著集3　現代の経営（下）』ダイヤモンド社、二〇〇六年、九四―一〇〇頁）を参照。

(41) *Ibid.*, p.64.（『現代の経営（上）』、八五頁）

(42) *Ibid.*, pp.14ff.（同右、一八頁以下）を参照。

(43) Peter F. Drucker, *Concept of the Corporation*, pp.41-129（『企業とは何か』、四二―一一八頁）を参照。

(44) Peter F. Drucker, *The Practice of Management*, pp.202ff.（『現代の経営（下）』、一六頁以下）を参照。

(45) *Ibid.*, pp.205ff.（同右、二一頁以下）を参照。

(46) *Ibid.*, pp.221f.（同右、四七頁）

(47) *Ibid.*, pp.222ff.（同右、四七頁以下）を参照。

(48) Peter F. Drucker, *Management: Tasks, Responsibility, Practices*, Harper Business, 1993, pp.551ff.（上田惇生『ドラッカー名著集14　マネジメント（中）』ダイヤモンド社、二〇〇八年、二四四頁以下）を参照。

(49) アンリ・ファヨールの経営管理理論については、佐々木恒男『アンリ・ファヨール――その人と経営戦略、そして経営の理論』文眞堂、一九八四年、佐々木恒男編著『ファヨール――ファヨール理論とその継承者たち』文眞堂、二〇一一年等を参照。

(50) Peter F. Drucker, *Management*, pp.599f.（『マネジメント（中）』、三一三頁以下）

(51) Peter F. Drucker, *The Practice of Management*, p.381.（『現代の経営（下）』、二六四頁）

(52) *Ibid.*, p.382（同右）を参照。

(53) 企業倫理学あるいはビジネス倫理学の発展史の概観として、田中朋弘「倫理学としてのビジネス倫理学」、田中朋弘・柘植尚則編『ビジネス倫理学』ナカニシヤ出版、二〇〇四年、四頁以下、ビジネス倫理学とＣＳＲの関係については、Richard T. De George, *Business Ethics*, Seventh Edition, University of Kansas, 2010, pp.185ff.、中谷常二編著『ビジネス倫理学』晃洋書房、二〇〇七年、一—二二頁を参照。
(54) Peter F. Drucker, *The Practice of Management*, p.383.（『現代の経営（下）』、二六六頁）
(55)『いまこそハイエクに学べ』、一五九頁以下を参照。
(56) Peter F. Drucker, *The Practice of Management*, p.387.（『現代の経営（下）』、二七二頁以下）
(57) 中谷常二編著『ビジネス倫理学』、五〇—九二頁を参照。
(58) マンデヴィルの思想については、田中敏弘『マンデヴィルの社会・経済思想』有斐閣、一九六六年を参照。
(59) Peter F. Drucker, *The Practice of Management*, pp.391f.（『現代の経営（下）』、二七八頁以下）を参照。
(60) *Ibid*., p.390.（同右、二七七頁）
(61) Peter F. Drucker, *Management*, p.810.（上田惇生訳『ドラッカー名著集15　マネジメント（下）』ダイヤモンド社、二〇〇八年、三〇一頁、一部改訳）
(62) *Ibid*., pp.810f.（同右、三〇三頁）.

終　章

(1) Peter F. Drucker, *Management*, pp.130-166（上田惇生訳『ドラッカー名著集13　マネジメント（上）』ダイヤモンド社、二〇〇八年、一六四—二一一頁）を参照。
(2) この四つの立場の相関関係については、Michael Sandel, *Justice. What's the Right Thing to Do?*, Harvard University Press, 2010（鬼澤忍訳『これからの「正義」の話をしよう』早川書房、二〇一一年）、拙著『集中講義！アメリカ現代思想』ＮＨＫ出版、二〇〇八年等を参照。
(3) Peter F. Drucker, *The New Realities*, Transaction Publishers, 2003, pp.71-99（上田惇生・佐々木実智男訳『新しい現実』、ダイヤモンド社、一九八九年、一〇五—一五〇頁）を参照。

（4）*Ibid.*, pp.167-180（同右、二四九―二六八頁）を参照。

（5）*Ibid.*, pp.200-212（同右、二九九―三一八頁）を参照。

（6）Peter F. Drucker, *Post-Capitalist Society,* Butterworth-Heinemann, 1993, p.38.（上田惇生訳『ドラッカー名著集8　ポスト資本主義社会』ダイヤモンド社、二〇〇七年、五六頁）

（7）*Ibid.*, p.168.（同右、二三三頁）

（8）インターネット上のコモンズの所有権や生産的な活用をめぐる啓発的な議論として、Lawrence Lessig, *The Future of Ideas,* Random House, 2001（山形浩生訳『コモンズ』翔泳社、二〇〇二年）, Id. *Free Culture*, Penguin, 2004（山形浩生・守岡桜訳『FREE　CULTURE』翔泳社、二〇〇四年）, Id. *Remix*, Penguin Press, 2008（山形浩生訳『ＲＥＭＩＸ』翔泳社、二〇一〇年）等を参照。

（9）Peter F. Drucker, *The Age of Discontinuity,* pp.261ff.（『断絶の時代』、二七一頁以下）を参照。

（10）Peter F. Drucker, *Post-Capitalist Society*, p.98.（『ポスト資本主義社会』、一三九頁）

写真出典

P. 1　public domain

P. 37　Library of Congress

P. 46　©Kari Polanyi Levitt

P. 71　Herrenhaus (Gebäude)

P. 187　National Portrait Gallery

P. 194　The Warren J. Samuels Portrait Collection at Duke University

さらに深めたい読者のための
ブックガイド

①

ピーター・F・ドラッカー

『すでに起こった未来』

ダイヤモンド社、1993 年

1946 年から 92 年までの、社会科学の基礎的な諸問題をめぐるドラッカーの短い論考を集めた論文集。本論中でも何度か触れた「シュンペーターとケインズ」と「ケインズ」では、ドラッカーが 20 世紀の経済学に対してどのような見方をしており、誰から影響を受けていたかコンパクトに知ることができる。「企業倫理とは何か」では、キリスト教的な決疑論、マキャベリの『君主論』に代表される「分別 prudence」の倫理、儒教的な相互依存の倫理等と対比したうえで、現代の「企業倫理」の特徴を、セクハラ問題等を例にしながら描き出している。「もう一人のキルケゴール」では、キルケゴールの「実存」思想を、一九世紀のヒューマニズム的楽観主義、その反転による絶望、そのいくつ先としての全体主義と関係付けながら分析することが試みられている。「ある社会生態学者の回想」からは、バジョット、ラドヴィッツ、シュタール等の保守主義から、ドラッカーがどのような影響を受けたか概観することができる。

②

ピーター・F・ドラッカー

『変貌する産業社会』(1957)

電子版、ダイヤモンド社、2017

原題は《The Landmarks of Tomorrow》。『産業人の未来』で論じた「商業社会」から「産業社会」への移行をめぐる問題を、歴史哲学的なパースペクティヴから捉え直すと共に、ポスト産業社会への展望をも示した著作。冒頭で、「全体は、その各部分によって構成された結果である」とするデカルト的な世界観が近代を規定してきたことと、その見方が、ゲシュタルト心理学に代表される、「全体」を一定の形態(Gestalt = configuration)を有するまとまりとして捉える、新しい世界観によって揺るがされつつある、という科学哲学的問題が提起される。新しい世界観が、(全体にとっての)「目的」という概念を復権させると共に、(成長、発展、生成などを含意する)「過程」にアクセントを置いていることを指摘したうえで、それを(「進歩」とは異なる概念としての)「イノベーション」の科学社会学的な位置付けや、個人主義と全体主義双方の歴史的位置付けをめぐる議論へと繋げていく。個人と社会、自由と秩序の間の二項対立を克服する、動態的な社会秩序に対応する組織の必要性を説いている。教育が発展することによって、「知識」の社会的役割が高まっていることを指摘し、知識社会論的な方向性を既に示している。

③

ピーター・F・ドラッカー

『非営利組織の経営』（1990）

ダイヤモンド社、1991

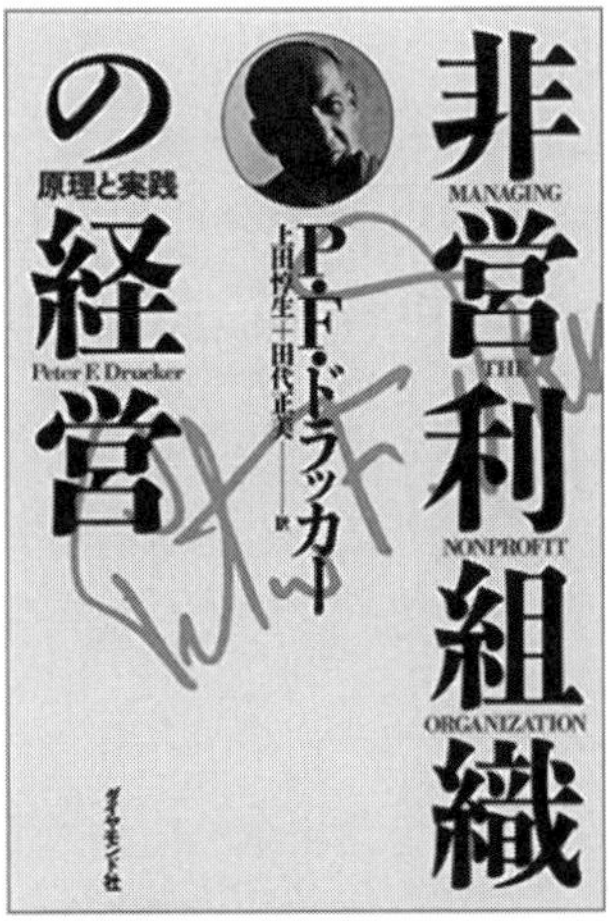

ドラッカーは論集『未来企業』（1992）に収められている論考で、組織の戦略や役員会の実効性の面で、非営利組織の経営から企業が学ぶところが多いことを指摘しているが、この著作では、非営利組織の経営のエッセンスが叙述されている。利潤を出すことが唯一の使命と考えられがちの企業と違って、非営利組織は自らのミッション（使命）を明確に定義することが常に求められる。ミッションは、単にどういう方向を目指しているのか示すだけではなく、組織に働くあらゆるメンバーが自分がどう行動すればそれに貢献したことになるのか、具体的指針を与えるものでなければならない。そして、立てた目標に照らして、自らの活動の点検、改訂、廃棄を行わねばならない。ミッションにあまりに多くのものを詰め込みすぎると、混乱するので、シンプルなものへと絞り込むべきである。また、組織は自らの属する共同体の中で一定の役割を担うべき存在であるので、自らの活動に対するニーズ、自らが得意とし成果を出せる分野、全力を挙げてコミットする対象を見出す必要がある。ドラッカーは、こうしたミッション論に基づいて、非営利組織のイノベーションやマーケティング戦略、資金獲得等について論じている。ガールスカウト、学校、教会が具体例として取り上げられ、組織運営の当事者とドラッカーとの対談も収められている。

④

ピーター・F・ドラッカー

『ネクスト・ソサイエティ』(2002)

ダイヤモンド社、2002

ドラッカーの晩年の論文集。『新しい現実』や『ポスト資本主義社会』で提起していた、「知識労働者」を中心とした企業構造の流動化・再編や、経済におけるＮＰＯの比重の増大などが主要なテーマであるが、ＩＴ革命やＥコマース、ネット企業のキャッシュ・フロー等についてより具体的な議論をしている。金融サービスについて論じている章では、「デリバティヴ」を、科学的であると僭称するまがい物のイノベーションであり、金融サービス業自体が行う投機の利益を大きく、リスクを小さくしようとするものだと批判し、顧客の利益になる真のイノベーションを行うべきだと主張している。中高年中流階層のニーズに合った商品の開発や、財務代行業務、為替保険などを提案している。日本で規制改革が官僚の抵抗によって先送りになりがちになることを論じた章では、日本の官僚制の弊害を指摘する一方で、エリート指導層としての耐久力は高く評価している。ヘーゲルやシュタールの官僚主導の国家観や、シュンペーターのエリート民主主義の影響が垣間見えるようで興味深い――あるいは、ドラッカー自身がプロイセンの官僚制国家に対して憧憬を抱いていたのかもしれない。

⑤

ヨーゼフ・シュンペーター

『経済発展の理論』(1912)

上・下巻、岩波書店、1977

ドラッカーに最も影響を与えた経済学者であるシュンペーターの主要著作。スミスやリカード以来、従来の経済学が、経済生活の諸条件が不変であるという前提の下で、経済過程の循環・均衡のメカニズムを描き出そうとする静態的なものだったのに対し、均衡の中心点を移動させ、発展を引き起こすのは何かという動態的な視点から、経済を捉え直すことを試みている。生産に投入される物や力の「新結合の遂行」、具体的には、①新しい財貨の生産、②未知の生産方法の導入、③販路の開拓、④新しい原材料や半製品の獲得、⑤新しい組織の実現による独占の打破——を発展の主要な原動力と見なし、これを制度的に支える「信用」と、実行する「企業家 entrepreneur」の役割に注目している。ドラッカーとは微妙に異なった視点からではあるが、「企業家」という経済主体についての社会学的考察がかなりのウェイトを占めている。

⑥

ヨーゼフ・シュンペーター
『資本主義・社会主義・民主主義』

(1942、47)

Ⅰ・Ⅱ巻、日経ＢＰ社、2016

資本主義と社会主義の対決がどのように推移し、それに民主主義がどのように関わるか予測した政治哲学的著作。シュンペーターは、資本主義がある程度発展し、“イノベーション”がルーティン化して、専門的研究に従事する技術者たちに担われるようになると、それまで資本主義を牽引してきた「企業家」が不要になることを指摘する。官僚的な技術者によって支配される巨大な産業単位は、中小企業を排除して市場を独占すると共に、自らを産み出したブルジョワジーを収奪するようになる。資本主義の本質である「競争」が次第に衰退していく。また、資本主義の発展に伴う身分制の解体と、大衆の平等志向の高まりのため、階級格差を生み出す資本主義に対する批判が次第に強まっていく。資本主義によって可能となった民主主義的な政治が、結果的に、社会主義的諸政党の台頭を促進し、経済を民主的に選出された政府が公的管理する民主主義的社会主義へと移行していくことを予測している。「公益」や「人民の意志」に重きを置く従来の民主主義論に対し、人民の支持を獲得すべく競争する候補者たちによる闘争として民主主義を捉える見方（競争的民主主義）を呈示している。

⑦

カール・ポランニー

『大転換』（1944、57）

東洋経済新報社、2009

若い頃のドラッカーに、「経済人の終焉」をめぐる文脈で影響を与えたカール・ポランニーの主要著作。①バランス・オブ・パワー・システム、②国際金本位制、③自己調整的市場、④自由主義国家という四つの制度に支えられた「一九世紀文明の崩壊」を論じる。一九世紀以前の経済は、互酬、再分配、家政という三つの行動原理の組み合わせによって規制され、共同体的な性格を強く持っていた。そこに遠隔地の間の取引、交易のための「市場」が付け加わった。重商主義的な政策を追求する国民国家の段階までは、市場は他の三つの原理と調和を保ちながら、財の生産と分配を自らの論理によってスムーズに組織化する自己調整的な性格を有していた（と思われていた）。しかし、労働、土地、貨幣が（擬制）商品として取引されるようになると、市場は三つの原理を侵食し始めた。加えて、労働市場の形成によって、階級対立が生じて国家の安定性が揺らぎ、市場の獲得をめぐる国家間の対立が激化していった。国際システムの崩壊が第一次大戦をもたらし、大戦後も、通貨の不安定や経済的利害の対立状態が続き、市場の自己調整的機能が見かけ上も失われて、全体主義への道を開いてしまった。ポランニーは危機から離脱するために、「市場」を国家間の協力と社会主義的手法によって制御することを提唱する。

⑧

フリードリヒ・ハイエク

『隷属への道』(1944)

日経ＢＰ社、2017

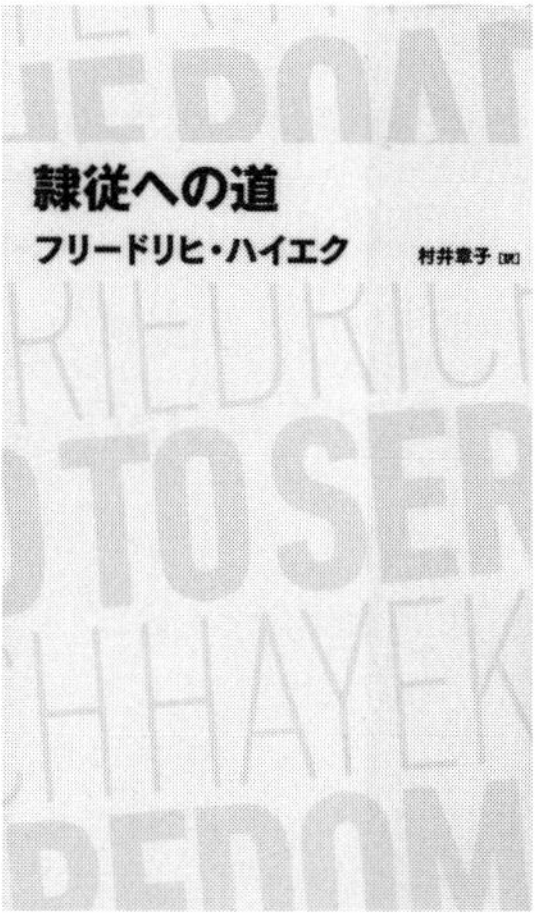

ドラッカーの『経済人の終わり』や『産業人の未来』と比肩される、経済学者ハイエクによる全体主義批判の書。全体主義の特徴として、経済の計画化、政府によるコントロールという側面を強調していることはドラッカーと共通しているが、「経済人」モデルに依拠した「市場」観に対する不信感が全体主義の核にあるという心理学的な議論を前面に出すドラッカーに対し、異なった目的を追求する人々の一見非合理的な行動を匿名化されたルールの体系によって制御し、調整する「市場」への信頼の回復を訴えるハイエクの議論は対照的である。また、あくまでも個人の振る舞いの自由をベースとした、古典的な自由観にこだわり、「組織」の論理を市場に持ち込むことに消極的なハイエクに対し、ドラッカーが企業をはじめとする各種の人為的に形成された「組織」に、人々に社会的な位置と役割を与える媒介共同体的な機能を担うことを期待している点も対照的である。

⑨

望田幸男
『近代ドイツの政治構造
プロイセン憲法紛争史研究』
ミネルヴァ書房、1972

フリードリヒ・ユリウス・シュタールの保守主義的国家観と密接な関係にある、3月革命(1848)前後から60年代の憲法紛争に至るまでの、プロイセンの憲法史を詳しくまとめた研究書。プロイセン王国は3月革命に見られる民衆の不満を和らげるため、48年12月に欽定憲法を制定し、形の上では立憲君主制へと移行したが、三権分立の不徹底、王に対する法の免責、非常状態における基本権の停止、納税額に応じた三級に分かれた選挙など、自由主義者たちにとっては不満の多い内容だった。議会主義原理と君主主義原理の対立、政治の担い手であった名望家たちの振る舞い、ブルジョワ自由主義政党の動向、政治メディアなど、プロイセンの立憲制の特徴が多角的に描き出されている。欽定憲法に至る前史として、30～40年代のシュタールの保守主義憲法論が取り上げられており、彼の理論における、有神論と「法治国家」の関係についても詳細に検討されている。

⑩

エドマンド・バーク

『フランス革命の省察』(1790)

みすず書房、1997

近代保守主義の嚆矢とされ、ドラッカーの保守主義(的自由主義)、特に「時効=実証性 prescription」をめぐる理論にも強い影響を与えた、英国の思想家バークのフランス革命論。ごく少数の知的エリートの頭の中で描かれた設計図に従って、国家の仕組みをゼロから作り直そうとするフランス革命の指導者やその影響を受けた英国の啓蒙主義者の考え方を、長い年月をかけて形成され、安定的に運用されている制度や実践を破壊するものとして激しく批判している。普遍的権利をアプリオリに設定する人権論よりも、制度や慣習によって支えられているものとして権利を捉える英国的な見方の方が、人々の自由をより確実に保証することを主張する。無教養で情念のままに動き、自分の行動の結果に責任を取らない民衆に無制限の権力を与える「民主主義」に対して極めて懐疑的な見方を示しており、これは、自由主義と民主主義の緊張関係をめぐる、後のトクヴィルやミルの考察にも繋がっていく問題提起である。ハイエクとドラッカーのバーク受容の微妙な違いは、両者の経済・政治思想を理解するカギになる。

関連年表

	ドラッカーの生涯	世界の出来事
一九〇九	ウィーンに生まれる	
一九一一		ＩＢＭ設立 テイラー『科学的管理の原理』
一九一二		シュンペーター『経済発展の理論』
一九一四		オーストリア皇太子暗殺→第一次世界大戦勃発 ピエール・デュポン、ＧＭに出資
一九一六		ファヨール『産業ならびに一般の管理』
一九一七		ロシア革命 レーニン『帝国主義論』 フロイト『精神分析入門』
一九一八		第一次世界大戦終結 オーストリア＝ハンガリー帝国崩壊→オーストリアは共和政に移行 ハンガリー民主共和国成立→ハンガリー・ルーマニア戦争（～二〇） マサリク、チェコスロヴァキアの初代大統領に就任 ケルゼン、オーストリア憲法裁判所判事に就任

一九一九		シュンペーター『租税国家の危機』 シュンペーター、オーストリア共和国の蔵相に就任
一九二三		シャハト、ドイツの中央銀行の総裁に就任 アルフレッド・スローン、GMの社長に就任
一九二七	**ギムナジウム卒業→ハンブルクで商社に勤務**	
一九二九	**『フランクフルター・ゲネラル・アンツァイガー』紙の記者になる**	ドイツ、ヤング案受け入れ ウォール街大暴落→世界大恐慌
一九三〇		ケインズ『貨幣論』
一九三一	**フランクフルト大学で法学博士号取得**	
一九三二		ドルフース、オーストリア首相に就任
一九三三	**新聞社を退職し、英国に移住** 「フリードリヒ・ユリウス・シュタール」	フランクリン・ローズヴェルト、アメリカ大統領に就任（ニューディール開始） ドイツ、ナチス政権樹立 シャハト、中央銀行総裁に再任
一九三四		オーストリアで、オーストロ・ファシズム体制成立 ドルフース暗殺 シャハト、経済相兼任 ケルゼン『一般国家学』

一九三六	『ドイツにおけるユダヤ人問題』	ケインズ『雇用・利子および貨幣の一般理論』
一九三八		ナチス・ドイツによるオーストリア併合 バーナード『経営者の役割』
一九三九	**アメリカに移住** 『経済人の終わり』	第二次世界大戦勃発 シュンペーター『景気循環論』
一九四一		大西洋憲章 太平洋戦争開始→アメリカ参戦 フロム『自由からの逃走』 バーナム『経営者革命』
一九四二	『産業人の未来』 **ベニントン大学教授就任**	シュンペーター『資本主義・社会主義・民主主義』
一九四三	**アメリカ国籍取得** **GMの経営の調査に従事（〜四五）**	フリッツ・クレーマー、米陸軍の志願兵となる
一九四四		ブレトン・ウッズ協定 ハイエク『隷属への道』 ポランニー『大転換』
一九四五		ローズヴェルト死去 第二次世界大戦終結 ヘンリー・フォード二世、フォード社社長に就任 IMF設立

一九四六	『企業とは何か』 「ケインズ」	ポパー『開かれた社会とその敵』 チャーチル、「鉄のカーテン」発言 ケインズ死去
一九四七		ヘンリー・フォード死去 サイモン『経営行動』
一九四八		イスラエル独立宣言
一九四九	「もう一人のキルケゴール」	
一九五〇	『新しい社会と新しい経営』 **ニューヨーク大学経営大学院の教授に就任**	朝鮮戦争勃発（～五三） シュンペーター死去
一九五一		アーレント『全体主義の起原』
一九五二		クレーマー、米陸軍参謀長の顧問に就任
一九五三		スターリン死去
一九五四	『現代の経営』	マズロー『動機付けと人格』
一九五五		オーストリア、永世中立国宣言
一九五六		ハンガリー動乱

一九五七	『変貌する産業社会』	EEC（欧州経済共同体）発足
一九五八	『アメリカの今後の二〇年』	バーリン「二つの自由概念」
一九五九	『明日のための思想』	ビーア『サイバネティクスとマネジメント』
一九六〇		ハイエク『自由の条件』
一九六一		ベルリンの壁建設
一九六二		キューバ危機 フリードマン『資本主義と自由』 マズロー『存在の心理学に向かって』 マクルーハン『グーテンベルクの銀河系』
一九六三		ワシントン大行進 ケネディ暗殺 バックミンスター・フラー『宇宙船地球号』
一九六四	『創造する経営者』	アメリカ、公民権法制定 ポランニー死去
一九六六	『経営者の条件』	ポランニー『ダホメと奴隷貿易』 ミーゼス『ヒューマン・アクション』
一九六七		EC（欧州共同体）発足

一九六八	『断絶の時代』	ビーア『マネジメント・サイエンス』 コトラー『マーケティング・マネジメント』 ニクソン政権発足 キッシンジャー国家安全保障大統領補佐官に就任 パリの五月革命 プラハの春
一九六九		ウォルマート設立
一九七一	**クレアモント大学院大学の教授に就任**	ニクソン・ショック（ドルと金の兌換一時停止→ブレトン・ウッズ体制崩壊） ロールズ『正義論』
一九七二		ウォーターゲート事件
一九七三	『マネジメント』	キッシンジャー、フォード政権の国務長官に就任 第四次中東戦争勃発→第一次オイル・ショック ハイエク『法と立法と自由』（〜七九）
一九七四		ノージック『アナーキー・国家・ユートピア』
一九七五		ベトナム戦争終結 マイクロソフト設立
一九七六	『見えざる革命』	アップル設立

一九七七		ポランニー『人間の経済』
一九七九	『傍観者の時代』	サッチャー、英国首相に就任
一九八〇	『乱気流時代の経営』	ポーター『競争の戦略』
一九八一	「企業倫理とは何か」	レーガン、アメリカ大統領に就任
一九八二	『変貌する経営者の世界』	サンデル『自由主義と正義の限界』 ディ・ジョージ『ビジネス倫理』
一九八三	「シュンペーターとケインズ」	フォークランド紛争
一九八五	『イノベーションと企業家精神』	ゴルバチョフ、ソ連共産党書記長に就任 プラザ合意
一九八六	『マネジメント・フロンティア』	ポーター『競争優位の戦略』 ゴルバチョフ、ペレストロイカ提唱 チェルノブイリ原発事故 英国でビッグバン実施
一九八七		アメリカ、ブラック・マンデー
一九八九	『新しい現実』	ベルリンの壁崩壊
一九九〇	『非営利組織の経営』	湾岸危機

一九九一		湾岸戦争 旧ユーゴスラビア紛争始まる ソ連崩壊
一九九二	『未来企業』	ハイエク死去
一九九三	『すでに起こった未来』 『ポスト資本主義社会』	EU（欧州連合）発足
一九九四		アマゾン設立
一九九五	『未来への決断』	WTO設立 オーストリア、EU加盟 Yahoo!設立
一九九八		Google設立
一九九九	『明日を支配するもの』	ユーロ導入
二〇〇一		九・一一事件
二〇〇二	『ネクスト・ソサイエティ』	
二〇〇三		イラク戦争
二〇〇五	**死去**	

あとがき

経営戦略家とかフューチャリストではなく、思想（史）家としてのドラッカーについて論じてほしい、というNTT出版の山田兼太郎氏のかねてからの強いリクエストに応えて、本書を実際に書き始めたのは二年前のことである。これまでルソー、ウェーバー、カール・シュミット、ハイデガー、ハイエク、アーレント、デリダ、丸山眞男、ロールズ……と、いかにもオーソドックスでメジャーな思想家についての本をたくさん書いてきたので、この辺で、普通の思想史には登場しない、実学的なイメージの強いドラッカーのような人物を論じるのもいいのではないか、という気がした。ドラッカーが法哲学出身で、純粋法学のケルゼンと義理の甥であることや、オーストリア学派やカール・ポランニーと親しい関係にあったことも、思想史的な魅力だった。

とはいえ、書き進めていくに当たって心理的抵抗がなかったわけではない。ドラッカーは思想史的な素養が豊かで、実際初期には法理論や政治哲学に分類される仕事をしており、本書でもそこに力を入れた。しかし、その彼は最終的に経営学者になった。法、経済、政治、宗教に関する彼の哲学的考察と、マネジメントやイノベーションをめぐる戦略的考察とどう関係づけて理解すればいいのか。うまく関係づけられないと、ドラッカーは、生きていくために途中で哲学的な仕事を辞めてしまった、中途半端な人になってしまう。本文中でもところどころで示唆したが、思想史家としてのドラッカーは粗削りであり、細部が詰められていない雑な議論をしているところが目立つ――初期の仕事が、ナチスのユダヤ人迫害と、亡命生活の慌ただしさの中で仕上げられたということは割り引いて考えねばならないが。

加えて、正直に言うと、「ビジネス」というのは、私にとって本格的に苦手な領域である。私がこれまで仕事をしてきた思想史関係の仕事でも、私の本来の得意分野ではない、法学、経済学、分析哲学、芸術などに属する問題に言及しなければならないことはしばしばあった。これらの分野には、スノッブで閉鎖的な〝プロ意識〟の人間、つまり、自分たちの専門領域に素人が口を出すことは許さぬ、という態度の人間が少なくない。その手の人間は、「経済学を専門にしていない素人にハイエクをちゃんと論じられるはずがない。どうせ表面をなぞるだけだ！」、という類のあまり品のよくない嫌味を――テクストをちゃんと読まないで――言いたがる。そういう嫌味を言われると、不快なので、ちょっとした苦手意識がないわけではない。しかし、そういうスノッブな連中のリアクションにはそれなりに慣れてきたし、本や論文の中で論じたテーマに関して、ちゃんとした学者ときちんとした論争をすれば、負けないという自信はある――口が悪いだけのツイッタラーなどは論外。無論、それだけの準備をしたうえで本を書いている。

しかし、商品を作って売る、組織を作る運営する、というのは、そういう学問や芸術といったものとは全く違うフィールドである。理論で勝負しても意味はないし、経営者とかビジネス・コンサルタントと、〝正しいドラッカー〟理解をめぐって争う気にもなれない――本業で忙しい経営者やコンサルタントがいちいち私と〝論争〟したがるとも思えないが。私は若い時に訪問販売をやった経験が多少あるが、それに懲りて、物売りはもう二度と嫌だ、という気分が今でも強い。どういうタイプの実務がというより、商売そのものが苦手なのである。

大学という組織に属している関係で、学内行政係の仕事をする機会はそれなりにあるし、学術・出版関係の仕事で編集責任者になると、他人の働きぶりに気を使わないといけない。「マネジメント」的なことは避けて通れないのだが、そういうのは非常に気を遣うので、極力やりたくない。大学の幹部職員や本や雑誌の編集者は、他人が当初の計画通りに動いてくれない時にどうするか考えておくべき立場にあるのだが、それがあまり出来ていない人が結構いる。そういう人と一緒に仕事をするとイライラするが、自分がその人たちの〝マメジメント〟を部分的に肩代わりするのは、なおさら嫌だ。余計にストレスがたまるのが目に見えているからだ。かといって、〝ビジネス意識〟満々の大学経営者や教員、スーパーキャリア公務員、改革派の教育評論家のようなタイプの人も好きではない。押し付けがましいからだ。

そうした根本的な苦手意識があるので、ビジネス書によくある、ドラッカーとか戦国武将とかスポーツの監督とかの名言を引き合いに出して、「○○に学ぶ◇◇◇の精神」という類の売り文句が本当に嫌いである。本屋に行く時、なるべく目を背けるようにしている。ただ、そういうものの教祖扱いされている人物だからこそ、本人の思想をちゃんと知らなければならない、それを通して自分が嫌っているものの正体を見届ける必要はある、という気持ちもかねてからあった。そういう葛藤の中で本書を書き始めた。

本書を書き進めていく内にはっきり分かったことは、ドラッカーが「マネジメント」を厳密な科学的方法論に基づいて構築できるものだとする見方を斥ける一方で、基本的心構えとか生まれつきの素質、特別な訓練によって獲得される資質のような、個人的なものとも捉えていなかった、ということである。むしろ、弱くて不器用で、環境の変化になかなか適合できない、しかし古くからある共同体に帰る道も閉ざされた諸個人が、現代社会でどうやって生きていったらいいか、と考える中で、企業を媒介共同体として捉えるドラッカー独自の「マネジメント」観が生まれてきたのではないか。彼にとって「マネジメント」とは、効率的な組織を作り運営することよりも、そのままではなかなか個性を生かせない人たちに居場所を与え、生き残らせるための思考戦略だったのではないか。そういう風に思えてきた。

半自伝的著作『傍観者の時代』のタイトルが示唆しているように、彼自身が完全にしっくりきて落ち着くことのできる居場所をうまく見つけることのできない、典型的な「傍観者」であり続けたからこそ、「マネジメント」の社会的機能を第三者的に客観視する、「マネジメント」の思想家になることができたのかもしれない。GMに頼まれて「傍観者」の立場で研究をしたのに、その成果がGMそのものには気に入られず、その他の企業から高く評価されたことが、彼のマネジメント学者としての出発点になったというエピソードには象徴的な意味があるように思える。

この見方が外れていないとすると、ドラッカーは、私とかなり近い問題意識から学究生活に入ったことになる——こういう言い方がかなりおこがましいことは承知している。そういう見方が固まってくると、一気に書き進めることができた。この本を書き終えて、「マネジメント」という異分野に少しばかり関心を持てるようになった。「教養としてのマネジメント」という言い方は、単なるキャッチフレーズではない、深い意味があると思えるようになった。

二〇一八年一月一五日、

数日間降り続いた大雪がなかなか解けてくれない金沢大学角間キャンパスにて

仲正昌樹　(なかまさ・まさき)
1963年、広島県生まれ。東京大学大学院総合文化研究科地域文化研究博士課程修了(学術博士)。現在、金沢大学法学類教授。文学や政治、法、歴史などの領域で、アクチュアリティの高い言論活動を展開している。著書に『今こそアーレントを読み直す』(講談社現代新書)、『いまこそハイエクに学べ』(春秋社)、『日本とドイツ 二つの全体主義』(光文社新書)、『現代ドイツ思想講義』(作品社)、『集中講義!アメリカの現代思想』(NHKブックス)、『精神論ぬきの保守主義』(新潮選書)、『現代思想の名著30』(ちくま文庫)など多数。

思想家ドラッカーを読む——リベラルと保守のあいだで

2018年2月28日　初版第1刷発行

著　者　仲正昌樹

発行者　長谷部敏治
発行所　NTT出版株式会社
〒141-8654　東京都品川区上大崎3-1-1　JR東急目黒ビル
営業担当　TEL 03(5434)1010　FAX 03(5434)1008
編集担当　TEL 03(5434)1001
http://www.nttpub.co.jp

ブックデザイン　小口翔平（tobufune）
印刷・製本　株式会社光邦

ISBN 978-4-7571-2369-4 C0030

NTT出版

『思想家ドラッカーを読む』の読者に

難破する精神

世界はなぜ反動化するのか

マーク・リラ著／会田弘継監訳／山本久美子訳

四六判上製　定価（本体 2400 円＋税）ISBN 978-4-7571-4349-4

アメリカ大統領選中に緊急出版され、トランプ現象の背景にある「政治的反動」という思想をときあかし、ワシントン・ポスト、ニューヨーク・タイムズ、フィナンシャル・タイムズなどにとりあげられ、アメリカの論壇で大きな反響を呼んだ一冊。

❖

カール・ポランニー

市場社会・民主主義・人間の自由

若森みどり著

A5 判上製 定価（本体 4200 円＋税）ISBN 978-4-7571-2285-7

グローバル化が全面化するなか、市場システムの破壊的な性格を論じたカール・ポランニーの古典『大転換』が再び注目されている。最新の国際的な研究動向、ポランニー政治経済研究所の未公表資料などを用いて、ポランニー社会哲学の全体像に迫る。

❖

ドイツ同族大企業

吉森賢著

A5 判上製　定価（本体 4800 円＋税）　ISBN 978-4-7571-2350-2

BMW、ポルシェ、ボッシュなど、好調なドイツ経済を牽引する大企業には、数多くの同族企業がある。日本とは異なり、同族企業が社会的に高く評価され、大企業として成功・存続しているのはなぜか？　豊富な事例を踏まえて、その秘密を探る。